诺贝尔经济学奖经典文库

计量经济学的问题与方法

PROBLEMS AND METHODS OF ECONOMETRICS

The Poincaré Lectures of Ragnar Frisch 1933

拉格纳·弗里希（Ragnar Frisch） 著

[挪] 奥拉夫·毕哲浩特（Olav Bjerkholt）
阿丽亚娜·杜邦-基弗（Ariane Dupont-Kieffer） 编

王成璋 等译

机械工业出版社
China Machine Press

图书在版编目（CIP）数据

计量经济学的问题与方法 /（挪）弗里希（Frisch, R.）著；（挪）毕哲浩特（Bjerkholt, O.），（挪）杜邦 – 基弗（Dupont-Kieffer, A.）编；王成璋等译．—北京：机械工业出版社，2015.5

（诺贝尔经济学奖经典文库）

书名原文：Problems and Methods of Econometrics：The Poincaré Lectures of Ragnar Frisch 1933

ISBN 978-7-111-50195-4

I. 计… II. ① 弗… ② 毕… ③ 杜… ④ 王… III. 计量经济学–研究 IV. F224.0

中国版本图书馆CIP数据核字（2015）第098022号

本书版权登记号：图字：01-2014-7995

Ragnar Frisch, Olav Bjerkholt (Editor), Ariane Dupont-Kieffer (Editor). Problems and Methods of Econometrics: The Poincaré Lectures of Ragnar Frisch 1933.

ISBN: 978-0-415-45144-4

计量经济学的问题与方法

出版发行：机械工业出版社（北京市西城区百万庄大街 22 号 邮政编码：100037）

责任编辑：杨 明　　责任校对：董纪丽

印　刷：北京盛兰兄弟印刷装订有限公司　　版　次：2015 年 6 月第 1 版第 1 次印刷

开　本：170mm × 242mm 1/16　　印　张：17.25

书　号：ISBN 978-7-111-50195-4　　定　价：65.00 元

凡购本书，如有缺页、倒页、脱页，由本社发行部调换

客服热线：（010）68995261 88361066　　投稿热线：（010）88379007

购书热线：（010）68326294 88379649 68995259　　读者信箱：hzjg@hzbook.com

丛书序一

厉以宁　北京大学教授

机械工业出版社经过长期的策划和细致的组织工作，推出了“诺贝尔经济学奖经典文库”。该丛书预计出版经济学获奖者的专著数十种，精选历届诺贝尔经济学奖获得者的代表性成果和最新成果，计划在三四年内面世。我以为这是国内经济学界和出版界的一件大事，可喜可贺。

要知道，自从20世纪70年代以来，世界经济学领域内名家辈出，学术方面的争论一直不断，许多观点令经济学研究者感到耳目一新。这既是一个怀疑和思想混乱的时期，也是一个不同的经济学说激烈交锋的时期，还是一个经济学家不断探索和在理论上寻找新的答案的时期。人们习惯了的经济生活和政府用惯了的经济政策及其效果都发生了巨大的变化，经济学家普遍感到有必要探寻新路，提出新的解释，指明新的出路。经济学成为各种人文学科中最富有挑战性的领域。难怪不少刚刚步入这个领域的经济学界新人，或者感到困惑，或者感到迷茫，感到不知所措。怎样才能在经济学这样莫测高深的海洋中摆对自己的位置，了解自己应当从何处入门，以便跟上时代的步伐。机械工业出版社推出的这套“诺贝尔经济学奖经典文库”等于提供了一个台阶，也就是说，这等于告诉初学者，20世纪70年代以来荣获诺贝尔经济学奖的各位经济学家是怎样针对经济学中的难题提出自己的学说和政策建议的，他们是如何思考、如何立论、如何探寻新路的。这就能够给后来学习经济学的年轻人以启发。路总是有人探寻的，同一时期探寻新路的人很多，为什么他们有机会进入经济学研究的前沿呢？经济学重在思考、重在探索，这就是给后学者最大的鼓励、最重要的启示。

正如其他人文科学一样，经济学研究也必须深入实际，立足于实际。每一个新的经济观点的提出，每一门新的经济学分支学科的形成，以及每一种新的研究和分析方法的倡导，都与实际有关。一个经济学家不可能脱离实际而在经济学方面有重大进展，因为经济学从来都是致用之学。这可能是经济学最大的特点。就以"诺贝尔经济学奖经典文库"所选择的诺贝尔经济学奖获得者的著作为例，有哪一本不是来自经济的实践，不是为了对经济现象、经济演变和经济走向有进一步的说明而进行的分析、论证、推理？道理是很清楚的，脱离了经济的实际，这些分析、论证、推理全都成了无根之木、无源之水。

与此同时，我们还应当懂得这样一个道理，即经济学的验证经验是滞后的，甚至可以说，古往今来凡是经济学中一些有创见的论述，既在验证方向是滞后的，而在同时代涌现的众多看法中又是超前的。验证的滞后性，表明一种创新的经济学研究思路也许要经过一段或短或长的时间间隔才能被变化后的形势和经济的走向所证实。观点或者论述的超前性，同样会被经济的实践所认可。有些论断虽然至今还没有被完全证实，但只要耐心等待，经济演变的趋势必然迟早会证明这些经济学中的假设一一都会被人们接受和承认。回顾 20 世纪 70 年代以来的诺贝尔经济学奖获得者的经历和学术界对他们著作评价的变化，难道不正如此吗？

经济学同其他学科（不仅是人文学科，而且也包括自然学科）一样，实际上都是一场永无止境的接力赛跑。后人是有幸的，为什么？因为有一代又一代前人已经在学科探索的道路上作了不少努力。后人总是在前人成就的基础上更上一层楼，即使前任在前进过程中有过疏漏，有过判断的失误,那也不等于后人不能由此学习到有用的知识或得出有益的启示。

我相信，机械工业出版社隆重推出的“诺贝尔经济学奖经典文库”会使越来越多的中国人关注经济学的进展，促进中国经济学界的研究的深化，并为中国经济改革和发展做出自己的贡献。

2014 年 9 月 21 日

丛书序二

何　帆　中国社会科学院

20世纪，尤其是20世纪后半叶，是经济学家人才辈出的时代。诺贝尔经济学奖（全称是瑞典中央银行纪念阿尔弗雷德·诺贝尔经济学奖）由瑞典中央银行于其成立300周年的时候设立，并于1969年首次颁奖。这一奖项被视为经济学的最高奖。截至2014年，共有75名经济学家获奖。

我们当然不能仅仅以诺贝尔奖论英雄。有些经济学家英年早逝，未能等到获奖的机会。诺贝尔经济学奖主要是授予一个领域的代表人物的，但有些领域热门，有些领域冷门，博弈论是发展最为迅猛的一个领域，研究博弈论的经济学家有很多高手，可惜不能都登上领奖台。有时候，诺贝尔奖的授奖决定会引起争议，比如1974年同时授给左派的缪尔达尔和右派的哈耶克，比如2013年同时授予观点相左的法玛和席勒。尽管同是得奖，得奖者的水平以及学术重要性仍存在较大的方差。但是，总体来看，可以说，这75位经济学家代表了20世纪经济学取得的重大进展。

经济学取得的进步是有目共睹的。经济学发展出了一套系统的分析框架，从基本的假设出发，采用严密的逻辑，推导出清晰的结论。受过严格训练的经济学家会发现和同行的学术交流变得非常方便、高效，大家很快就能够知道观点的分歧在哪里，存在的问题是什么；经济学形成了一个分工细密、门类齐全的体系。微观经济学、宏观经济学和经济计量学是经济学的旗舰，后面跟着国际经济学、发展经济学、产业组织理论等主力，以及法律经济学、实验经济学、公共选择理论等新兴或交叉学科；经济学提供了一套规范而标准化的训练，不管是在波士顿还是上海，是在巴黎还是莫斯科，甚至是在伊朗，学习经济学的学生使用的大体上是同样的教材，做的是同样的习题。从初级、中级到高级，经济学训练拾级而上，由易入难，由博转精；经济学还值得骄傲的是，它吸收了最优秀的人才，一流大学的经济系往往国际化程度最高，学生的素质也最高；在大半个世纪的时间里，经济学成为一门显学，经济学家对经济政策有重大的影响，政府部门和国际组织里有经济学家，大众媒体上经常见到活跃的经济学家，其他社会科学的学科经常会到经济学的殿堂里接受培训，然后回到自己的阵地传播经济学的火种。

但是，我们也不得不指出，经济学发展到今天，遇到了很多“瓶颈”，创新的动力明显不足。经济学百花齐放、百家争鸣的时代似乎已经过去，整齐划一的研究变得越来越单调乏味。有很多人指责经济学滥用数学，这种批评有一定的道理，但并没有击中要害。经济学使用的是一种非常独特的数学，即极值方法。消费者如何选择自己的行为？他们在预算的约束下寻找效用的最大化。企业如何选择自己的行为？它们在资源的约束下寻找利润的最大化。政府如何选择自己的行为？它们在预算的约束下寻找社会福利函数的最大化。经济学的进步，无非是将极值方法从静态发展到动态，从单个个体的最大化发展到同时考虑多个个体的最大化（博弈论），从确定条件下的极值发展到不确定下的极值，等等。其他学科，比如物理学、生物学也大量地使用数学工具，但它们所用的数学工具多种多样，变化极快，唯独经济学使用的数学方法仍然停留在原地。

经济学遇到的另一个问题是较为强烈的意识形态色彩。经济学家原本也是各执一词，争吵激烈，大家谁也说服不了谁，最后还是要“和平共处”。20 世纪 70 年代之后，经济学不仅在研究方法上“统一”了，思想上也要“统一”，经济学界对异端思想表现得格外敏感，如果你跟主流的思想不一致，很可能会被边缘化，被发配到海角天涯，根本无法在经济学的“部落”里生存。这种力求“统一思想”的做法在很大程度上损害了经济学的自我批判、自我更新。

经济学常常被批评为社会科学中的“帝国主义者”，这不仅仅是因为经济学的研究方法经常会渗透到其他学科，更主要的是因为经济学和其他社会学科的交流并非双向而平等的，别的学科向经济学学习的多，而经济学向其他学科学习的少。经济学变得日益封闭和自满，讨论的问题“玄学”色彩越来越浓厚，往往是其他学科，甚至经济学的其他领域的学者都不知道讨论的问题到底是什么意思，于是，经济学和其他学科的交流就更加少，陷入了一个恶性循环。

科学的发展离不开现实的挑战。20世纪中叶经济学的大发展，在很大程度上是对20世纪30年代的大萧条，以及战后重建中遇到的种种问题的回应。20世纪70年代的滞胀，引起了经济学的又一次革命。如今，我们正处在全球金融危机之后的新阶段，经济增长前景不明，金融风险四处蛰伏，收入分配日益恶化，这些复杂的问题给经济学家提出了严峻的挑战，经济学或将进入一个反思、变革的新阶段，有可能迎来一次新的“范式革命”，年轻一代学者将在锐意创新的过程中脱颖而出。

创新来自继承，也来自批判。机械工业出版社拟推出“诺贝尔经济学奖经典文库”，出版获得诺贝尔奖的学者的各类著作，其中既有精妙深奥的基础理论，又有对重大现实问题的分析，还有一些是经济学家们对自己成长道路的回忆。有一些作者是大家耳熟能详的，也有一些是过去大家了解不多，甚至已经淡忘的。这将是国内最为齐全的一套诺贝尔经济学奖得主系列丛书，有助于我们对20世纪的经济学做出全面、深入的了解，也有助于我们站在巨人的肩头，眺望21世纪经济学的雄伟殿堂。

2014年12月12日

译者序

1980 年 6～8 月，受中国社会科学院委托，中国数量经济学会在北京颐和园举办计量经济学讲习班，会议请到了 L. R. 克莱因，T. W. 安德逊、刘遵义、邹至庄、萧政、安藤、栗庆雄七位世界著名计量经济学家讲学，并在 1990 年把他们的讲稿以《计量经济学讲义》之名结集出版。时至今日，时间已过去近 35 年，30 多年来很多计量经济学名著被翻译介绍到中国，开拓了中国学者的眼界，极大地促进了中国计量经济学科的发展。《计量经济学的问题与方法》（拉格纳 · 弗里希于 1933 年在庞加莱会议的讲座），全面论述了弗里希的计量经济学理论，是一件难得的作品，当然也是世界计量经济学名著之一。

拉格纳 · 弗里希于 1895 年出生在挪威奥斯陆一个金银器匠家庭，他于 1926 年获得奥斯陆大学的数理统计学博士学位，同年他发表了论文《经济学理论规律的定量表示》，认为经济学应该走定量分析的道路。1929 年，他发表了自己在计量经济学方法论领域的第一篇重要文章《统计变量的相关性与发散性》，同年又发表了《经济学理论中的静力学与动力学》，在经济学中引入了动态分析。1969 年，“由于发展了动态模型，并将其应用到经济进程分析中”，弗里希与简 · 丁伯根一起获得首次颁发的诺贝尔经济学奖，他是现代经济学的奠基人之一，并提出了经济学中的一些新词汇，如“计量经济学”和“宏观经济学”，他是计量经济学的创始人之一。

本书是奥拉夫·毕哲浩特（Olav Bjerkholt）和阿丽亚娜·杜邦-基弗（Ariane Dupont-Kieffer）对弗里希在庞加莱会议中八个讲座的整理。这八个讲座阐明了统计学、计量经济学和数学作为统一体的概念。拉格纳·弗里希对计量经济学的贡献是不容置疑的，作为这门学科的创始人之一，弗里希教授分别从体制角度和科学角度诠释了计量经济学的概念，将经济学的理论量化方法与实证量化方法很好地结合了起来。庞加莱会议的八个讲座是对弗里希的计量经济学理论的一个概述，弗里希对于课题的选择很认真，所选择的课题包括消费者的公理化研究、动态宏观经济学以及时间序列分析等领域，在第八个讲座中又涉及认识论，在他的作品中也论述了这些领域之间的关系，他在讲座中着重强调了量化和测量的问题。弗里希关于计量经济学思想的研究远远并不局限于这八个讲座里所谈及的内容，与哲学以及其他的人文科学精神相比，计量经济学精神反而与物理学以及工程学精神有着更加密切的关系，因此在本书中也出现了一些物理及工程学科的名词和概念。计量经济学的研究与发展同样为提出适当有效的经济政策做出了积极贡献，这也是以弗里希为代表的计量经济学家不懈追求的动力。

本书是由西南交通大学经济管理学院王成璋教授主译的，全书由王成璋教授统纂定稿，并由其将全部译稿认真仔细地校对评阅。我们感谢参加翻译的几位博士和硕士研究生。具体分工如下：第1、2章（康虹），第3～5章（刘星宇），第6～8章（陈鑫钰）。此外，机械工业出版社的诸多同志为出版本书付出了辛勤的努力，在此我们表示诚挚的感谢。我们衷心地希望该书的翻译和出版对于促进我国计量经济学教学工作的发展以及从事相关研究人员的参考学习有所帮助。由于时间和水平有限，难免存在诸多不足，敬请读者批评指正。

编者按

在20世纪，伴随着计量经济学、宏观经济学以及一些更加科学的方法的出现，经济学领域发生了翻天覆地的变化。奥斯陆大学教授、1969年第1届诺贝尔经济学奖获得者拉格纳·弗里希（Ragnar Frisch）为经济学的发展做出了巨大的贡献，成为经济学转型过程中的关键性人物之一。拉格纳·弗里希作为联合创始人，不仅在1930年（继1926年创造计量经济学一词之后）创办了世界计量经济学会，同时也参与编写《计量经济学》杂志长达22年。1933年3～4月，弗里希在亨利·庞加莱研究所开展了一系列有关计量经济学问题与方法的八个讲座。讲座手稿的发现有助于经济学家从整体视角更加充分地理解计量经济学。

这本书全面地论述了弗里希的计量经济学理论，是一件难得的作品，且首次以英文版本出现。奥拉夫·毕哲浩特（Olav Bjerkholt）和阿丽亚娜·杜邦-基弗（Ariane Dupont-Kieffer）整理并编写了本书。两位作者认为弗里希的八个讲座在关于计量经济学问题的讨论上，无论是从哲学基础还是实用程序角度都给我们提供了一种既通俗易懂又机敏聪慧的思维方式。

考虑到20世纪经济学的发展以及一般经济学更广阔的发展前景，特别是弗里希在计量经济学领域所做的贡献，使得《计量经济学的问题与方法》这本书适用于每一位对经济学和计量经济学历史感兴趣的学者。

奥拉夫·毕哲浩特在1984～1996年任挪威统计局研究部的主

管。1996 年至今，一直为挪威奥斯陆大学教授。

阿丽亚娜·杜邦-基弗曾任巴黎第一大学经济思想史和社会学系的研究员。现为法国国家运输与安全研究所经济学和社会学系的研究员，同时参与运输经济和环境政策问题的研究工作。

序 言

法国经济学家很久以前就意识到，应当将拉格纳·弗里希在1933年3～4月于巴黎亨利·庞加莱研究所发表的演讲稿出版问世。

这些演讲稿的意义表现在三个方面：①拉格纳·弗里希的伟大形象；②一种新兴学科的诞生——计量经济学；③（演讲稿发表时）正是经济学家开始面对新的挑战和呼吁经济学反馈的时候。

作为弗里希的学生，挪威经济学家和统计学家奥拉夫·毕哲浩特同时用英语和法语发表了庞加莱会议稿。他在这一点上的贡献是没有人可以替代的。阿丽亚娜·杜邦-基弗在两次世界大战期间成长为一名经济学家，她被赋予“法国经济学工程师”的称号，并且积极推动计量经济学的发展。因此，法国的经济学家都不会质疑阿丽亚娜·杜邦-基弗带给奥拉夫·毕哲浩特的帮助。

我对拉格纳·弗里希很熟悉，他在1955年和我的美国同事罗伯特·斯特罗茨（Robert Strotz）合写了《计量经济学》一书，这次卓有成效的合作使弗里希获得了巨大的成就。因此，写这篇序言我感到很荣幸。

由于奥拉夫·毕哲浩特和阿丽亚娜·杜邦-基弗撰写的“编者序言”组织得如此巧妙，因此我的任务变得简单。编者序言的第一部分“承诺人的旅程”不仅能够与我之前提及的三个方面，以及我自己对计量经济学的理解方式联系在一起，也能够将这一部分与我们这一代许多其他同事的理解方式联系在一起。我们很快分享了“一种非典型课程”和“一种国际性开放”。我们不难理解诸如“只有在一个好的政治环境下经济学家才能够发挥才能”这样的句子，也不难理解诸如“像弗里希这样的老师致力于将计量经济学推进到学术、管理和政治等领域所呈现出的能量”这句话。因此，尽管我能够直接证实的仅仅是1950年之后发生的事，但我依然为能够写这篇序言而感到高兴。

我不需要过多宣传拉格纳·弗里希的形象，这些内容在“编者序言”以及斯特罗姆（S. Strom，1998）编辑出版的《拉格纳·弗里希百年论文集》里已经得到详细阐述。

至于第二个方面——计量经济学的诞生，从庞加莱会议的副标题“计量经济学的问题与方法”中就可以明显体现出来。在庞加莱会议中，拉格纳·弗里希曾大力推广计量经济学这门新学科，其影响力是不容置疑的。弗里希提出的计量经济学对经济学的发展做出了巨大贡献，总体来说主要体现在物质财富和精神财富两个层面。然而相对于物质层面而言，精神层面的影响将更加深远。从他对探索科学的不懈追求和对开拓新知识的无限渴望上来讲，弗里希对这个世界的贡献以及对后人的影响已经远远不止50年。

事实上，计量经济学诞生于两次世界大战之间，无休止的战争对科学的探索来说无疑是一场前所未有的挑战。然而在1969年，一个公认的事实是，这项惊人的成果被首次授予了“诺贝尔经济学奖”。获此殊荣的就是计量经济学的奠基人拉格纳·弗里希教授（挪威）和计量经济学模式建造者之父简·丁伯根（Jan Tinbergen）（荷兰）。本书“编者序言”的第一段是摘自埃里克·伦德伯格写给获奖得主的祝贺词。

正如作者在“编者序言”里所讲的那样：“20世纪30年代的经济危机和货币危机的规模，逼迫政府当局不得不对经济事务中的问题实施积极干预的政策”。随后出现了新的理论性建议，这种建议与干预政策的性质和应当采用的方法有关。为了提出适当有效的经济政策，计量经济学家们积极参与了这一运动。

埃里克·伦德伯格完整的演讲内容远远超出我在这本书里所讲述的。埃里克·伦德伯格指出，在战后时期，拉格纳·弗里希和简·丁伯根不仅关心20世纪30年代的经济危机和货币危机所带来的问题，也或多或少依据各国国情关注其在1950～1960年的定量规划问题。随后，经济学家的关注点由经济政策的稳定性转向经济政策的长期性。事实上，特别是对弗里希而言，如此充满诱惑的前景规划无疑是其不懈追求的动力。

尽管我们从庞加莱会议的最后一个讲座中能够看出这一点，但是也许由于讲座中呈现出的犹豫不决，导致“编者序言”中并没有太多与此相关的内容。

然而，讲座8的副标题提到了机械定律（除了社会法律）和刚性，后来这些理论在战后规划政策中的应用要比稳定政策更加典型。事实上，从本书结尾处的参考文献可以看出，读者可能会更加注重他的短期贡献（1946）而非长期贡献（Frisch，1970b）。

编者序言部分的“讲座6：多重变量分析的危险性”事实上指向另外两个因素，这两个因素本身也十分有趣。第一点，即后来所谓的“识别问题”，这也是第6章主要关心的内容。特里夫·哈维尔莫（T. Haavelmo，1944）曾经对这个问题进行过较为详细的研究，研究的主要内容是如何识别（测试、核实或鉴定）多方程模型中每个方程的意义和形式。

第二点是将经济学家的注意力从计量经济学的历史吸引到近期贡献上来。尽管一些内容超出了讲座6和讲座8所涵盖的范围，这些小段的引用依然广受读者欢迎。当弗里希构思整个庞加莱会议时，这些引用无疑起到了很好的激励作用。为了更好地研究这些引用，奥拉夫·毕哲浩特和阿丽亚娜·杜邦-基弗在最近发表的论文中发挥了积极的贡献，这应当推荐给每一位分享拉格纳·弗里希观点的人。

此外，本书编者关注的是从1933年到21世纪初的文献，这些文献正是以恰当的途径来分析和决定宏观经济政策的，希望此书的读者能够接受这一事实。

埃德蒙·马林沃（Edmond Malinvaud）

2008年于巴黎

前 言

1932～1936年我初次接触经济学，那时我发现世界上最著名的经济学家们精通的是文学而非数理。对我而言，初看很开心——应用数学是增强理解政治、经济的万能钥匙。

作为芝加哥大学的大一新生，我已经读完了1870年的新古典主义继承者的著作，古典主义代表者有斯密、马尔萨斯、李嘉图、穆勒·琼斯、瓦尔拉斯和卡尔·门格尔，他们直接或间接地提出了法国古诺和德国范杜能的数学开端。

通过更新的20世纪的数学发现，我们认识了挪威的拉格纳·弗里希、荷兰的简·丁伯根和美国的欧文·费雪和哈罗德·霍特林。当然，英国也有来自艾伦和约翰·希克斯的许多优秀作品。

幸运的是，弗里希在挪威奥斯陆的论文中一些内容经翻译后在《计量经济学杂志》和其他地方发表。但这让我们意犹未尽。奥斯陆的访问者，例如简·丁伯根和艾利奇·施耐德，用英文发表了来自弗里希目录中更多内容。

在21世纪第一个十年，我阅读了当时巴黎庞加莱研究院的弗里希的文章，这些文章具有非常重要的价值。现在我们终于有幸目睹了这些本应在奥斯陆研讨会才能被人了解的知识。而且，类比达尔文进化理论，好的想法不断向前发展，而那些不被世人所接受的推测则会在竞争中不断被淘汰。目前的读者中很少有人知道弗里希的成果。并且，这些重现的乐章让历史学者可以适当地估量科学随着一个又一个十年进步了多少。

让我们干杯！尽情享受这本书！

保罗·萨缪尔森

2008年于麻省理工学院

引　言

女士们、先生们：

首先，请允许我表达谢意。我很荣幸受邀在亨利·庞加莱研究院上发表一系列的文章，很荣幸有机会在知识界的中心呈现一些我特别感兴趣的论点。这些论文的目的是希望给你们关于现在我们称为“计量经济学”的问题和方法的大致印象。

如果我被允许详细明确地阐述这个学科的事物，我可以说它是经济问题的研究，或更通俗的表述是人类经济的问题，并且使用比通常更精确的方法。计量经济学是尽可能多地使用数学方法，以精确的数字形式来描述规律和命题。计量经济学集合了三种不同的角度：理论经济学、现代统计学和数学。

计量经济学精神，相比与哲学和其他人文学科之间的关系，与自然科学和工程学的精神有着更为密切的关系。你可能认为计量经济学和自然科学、数学之间的关系是该机构中关于计量经济学中一系列讲座的对证。

在某种程度上，计量经济学已经是一门传统的学科，我们在其中见到的方法和问题都源于很早的世纪，但在其他以及更重要的意义上讲，它又是新的。因为我们开始用系统的方法努力解决问题。另外，不容忽视的重要事实是给计量经济学一个新的意义，即这么多年来我们见证了一批快速增长的世界各国的年轻经济学家在计量经济学研究的贡献。这个学科的问题和方法因此有特别的相关性。

我并不是有意向你们系统地介绍计量经济学中的内容和理论结构，介绍这些内容在这些论文中有可能变得很表面化。为了展现问题的性质和我们试着解决它们的方法，更有趣的是选择一些典型的问题然后尽量长时间地处理它们。

我选择的主题被概要地在系列讲座中的大纲中描述。初看它们你们会觉得很发散。然而我希望，如果能跟随我，你们会看到所有它们在科学中都有合乎逻辑和必要性的地方。这门学科试着描述广泛的经济机制的功能，这个机制把我们现在的人联系在一起，并对我们日常生活几乎每个方面都有巨大的、多种多样的影响。

在很大程度上，我会谈到一些问题，这些问题是现在计量经济学家正在研究的也有些还没有完全解决的问题。在讨论过程中，我会适当地安排大部分时间为你们讲述一些我自己的研究成果，而有些是由挪威大学经济学院计算得出且还未发表的。

首先请允许我对度量和定量进行一个总体的阐述，这个观点对计量经济学的总体目标十分重要。如果我们观察每天的经济问题并讨论得出论证和结论，我们会受到各种事实的冲击，有时是完全相反的观点，都能得到支持甚至是以合理的方式接受。

有些人建议在当前形势下工资水平应该降低，这样就可以增加公司的利润，然后鼓励经济活动；然而也有人认为工资水平应该增加，因为工资形成了国民的购买力，如果不增加工资，就不可能让国民摆脱经济萧条。

还有人关注利率，他们认为降低利率可以摆脱萧条，但仍有人坚持说这样的措施对摆脱萧条没有任何作用，正如我们现在看到的一样。

像这样我们会继续引用许多相反的理论。对它们的解释或许最初很令人惊讶，但我相信，几乎所有的论证和结论都有定量的要素，这些要素对给出结论的精确含义很有必要，但这些定量的描述在当前的讨论中不会涉及。

一个简单的对比会让你更好地理解我所说的：想象此时一个人坐在一艘划着的小艇上，划呀划。假设我们将解释小艇的运动。毋庸置疑，为了试图解释小艇的运动，我们正好可以将这一动作作为思考的出发点。

显然，考虑到小艇在某种情况下存在压力的事实情况，我们就不能对小艇的运动问题简单地用定性的方法进行研究和讨论。小艇问题的实质在于产生的不同压力之间的比较。有必要考虑它们在动态的系统中的情况。那会是分析量级比较，但这个比较只是给这个问题一个准确的含义，用以了解小艇的方向是向前还是向后。

这种情形与经济中的许多问题很相似，我不是说所有问题，但在许多十分重要的问题上是相似的。在经济机制中有各种关系，以一种方式联系或其他不同部分联系，关系在所有的方向上并通常与趋势相反时也可能会相互增强。通常真正的问题是判断在关系中哪个是主要的，哪个是可忽略的，再定量地分析主要因素。

因此可以简单地理解，如果我们满意自己所注意到的内容，一些现象会以定量的形式对其他产生影响，那么几乎所有类型的论证和结论都能提出或多或少得到合理的解释。当我们对研究的现象给出一些清晰的定量的性质并推导出所有的结论，分析才可能得出这些问题的真解。

对于实际问题和经济理论，理论经济分析的好处在很大程度上依赖于努力进行定量经济分析，这就是计量经济学存在的真正价值。

目 录

导　言

关于拉格纳·弗里希在庞加莱会议中所奠定的经济学基础

奥拉夫·毕哲浩特和阿丽亚娜·杜邦-基弗

尊敬的国王陛下，各位殿下以及女士们、先生们：

在过去的 40 年中，随着经济学不断朝数学规范化和统计量化的方向发展，经济科学领域也确实取得了巨大的进步。沿着这个方向，我们运用科学的分析方法对复杂的经济现象，如经济增长、周期性波动以及经济资源再分配等进行了解释。20 世纪 20 年代末以来，弗里希教授和丁伯根教授就一直致力于这个方向的研究，并做出了巨大的贡献。他们旨在从严谨的数学角度来规范经济学理论，并使其在形式上能够允许实证量化和统计的假设检验等。弗里希早年一直致力于数学模型的构建工作，在此过程中也产生了众多的追随者。此外，他在假设检验方法上的贡献也同样不可小觑。有了宏观经济分析理论的支持，弗里希教授和丁伯根教授就能够顺理成章地为政策的稳定和经济的长期规划构建理论。20 世纪 30 年代末，弗里希又为挪威整个国民经济体系的发展提出了新的思路，他提出要建立一个翔实的国民核算系统（ecocirc system）来支持经济政策的合理规划。

1969 年，埃里克·伦德伯格在给他的颁奖词里总结道：作为第一个诺贝尔经济学奖的获得者，拉格纳·弗里希可谓是经济学领域的领头人，他为经济学的转变做出了巨大贡献。拉格纳·弗里希所做的贡献，无论是学术上的贡献，如创立了经济学的一个新的分支——计量经济学，还是在方法上的贡献，如通过建立新的方法论工具和理论工具实现了从政治经济学向理性经济学的转变，都对20世纪经济思想的发展起到了很大的推动作用。20世纪中叶的这次转变，我们称其为“干涉主义的胜利”（Beaud和Dostaler，1993：69）。第二次世界大战以后，欧洲经济呈现回暖的趋势，但20世纪30年代的经济危机和货币危机也使政府当局意识到对经济采取积极的干预政策的重要性。作为国际交流的一部分，国民经济核算、国民预算、宏观经济管理、指示性计划等新思想正蓬勃发展，它们的出现明确了干涉主义的性质和模式，为干涉主义的胜利埋下了伏笔。受丁伯根和弗里希作品的启发，计量经济学家也积极投身于经济学分析工具的探索中。他们赋予这次转变一定的技术性特征，这次转变有助于建立学术、行政和政治环境之间的联系，具体而言，这次伟大的转变不仅能够通过模型构建和模型估计建立新的计量经济学方法，而且在1945年以后，还通过影响未来的政策制定者来将这种新思想引入到其他的国家。

弗里希所做的贡献主要体现在其有关经济思想史的几个重要的作品中。弗里希教授所探究的领域不仅范围广，并且所使用的分析方法也多种多样。所以，其所探究的话题将不可避免地涉及经济学的各个方面，不仅包括边际效用的度量、生产理论、推测市场、经济波动的解释以及研究方法的多样性问题，还包括了线性回归方法的综合运用、需求曲线的统计识别以及线性规划和非线性规划等方面。由此看来，弗里希在有关经济思想史的各个领域中所做出的贡献都是不容忽视的。弗里希所做的贡献不仅仅体现在宏观经济模型的发展史中，在许多其他的领域如国民经济核算、博弈论以及效用理论等的发展史中也出现过弗里希教授的身影。在 20 世纪，拉格纳·弗里希将其全部的精力都投入到经济学统计工具和分析工具的探索工作中去，可谓是整个经济学发展史上的第一人。

虽然从某种程度上说，历史学家零星的认识有时会被隐藏，但是人们为寻求国际间经济学发展的新视野而试图推动科学和机构项目发展的抱负却是连续的，特别是在下文中，我们试图对拉格纳·弗里希教授的人生历程进行简短地介绍，他的一生与其致力于变革经济教育和研究的伟大抱负是分不开的。我们希望通过这些向人们展示一个伟人的生活与其所从事的工作以及其毕生的追求三者之间的相互联系。我们之所以尽己所能将弗里希在 1933 年提出的方法传播给当代的学生和学者，是因为我们迫切需要传达其有关计量经济学的复杂性和独创性定义，这一点是需要当代的学生和学者所熟知的。弗里希早期的作品给了考尔斯委员会很大的启发，并从此作为委员会的范例从 20 世纪中叶开始逐渐发展成为现代计量经济学。但是有一点需要说明的是，弗里希关于计量经济学的认识绝对不仅仅只局限于技术层面。

事实上，要想通过弗里希的作品牢牢地把握其关于计量经济学定义的关键并非那么容易，因为弗里希的作品不仅是多方面的，而且部分作品还是高技术含量的。1933 年 3～4 月，弗里希应邀在巴黎的亨利·庞加莱研究所做演讲，对计量经济学中的问题与方法进行了深入而系统的讨论，这对于我们来说无疑是一个极好的机会，因为此次开立的八个讲座的完整手稿的出现对我们进一步地理解弗里希教授的作品，提供了很大的指导意义。这些讲座对我们理解计量经济学的概念是相当关键的，作为这门学科的创始人之一，弗里希教授分别从体制角度和科学角度诠释了这个概念。我们目前试图通过构建结构模型彻底改变经济学家连接理论和实践的方式，所以1926年“计量经济学”这一概念的提出对我们目前的研究项目起了巨大的推动作用。世界计量经济学会成立于1930年，拉格纳·弗里希是该学会的创始人之一，并自1933年开始他就一直担任《计量经济学》杂志的编辑一职。

西奥多·波特（1995）、朱迪·克莱因（1997）和阿兰·迪斯（1993）的作品都肯定了这一点，具体而言，在我们对经济学进行科学研究时，将学术领域与行政领域内的经济学理论相互结合起来是十分有必要的。正如波特（2001）、玛丽·摩根（1990年）和哈罗马斯（2001）所强调的那样，虽然对于数量经济学与统计经济学的结合在早期已有过一些尝试，但是直到20世纪初我们才看到连接这两者的桥梁出现。弗里希教授就是桥梁的建造者之一。他关于计量经济学的定义，奠定了几种方法在经济理论和计量方法中的地位，从而为现代计量经济学的形成指明了方向。不仅如此，弗里希所创建的结构模型也是20世纪下半叶应用最广泛的经济模型，极大地促进了20世纪经济学的快速发展。

1933年弗里希能够在庞加莱研究所开展讲座，我们不得不承认这对于弗里希来说是一个难得的机会，他在八个讲座里创新性地从理论方法的角度揭示了计量经济学的概念，并将这种思想传递给了在场的每一个人。但是，弗里希关于计量经济学思想的研究远远不只局限于在八个讲座里所谈及的内容。他对于课题的选择很认真，所选择的课题包括消费者的公理化研究、动态宏观经济学以及时间序列分解等领域，在第8个讲座中又涉及了认识论，在他的作品中也论述了这些领域之间的关系。当时弗里希举行的系列讲座，很确定的是第一个讲座系列是在计量经济学方面，只有两个是在欧洲的计量经济学会上举行的（洛桑1931年，巴黎1932年）。此时，计量经济学的第一个问题才刚刚出现。弗里希的研究成果将经济学的理论量化方法与实证量化方法很好地结合了起来，并将其写进了计量经济学协会的章程中，他的这一做法给协会的全体成员，无论是老一辈的政治家如欧文·费雪和约瑟夫·熊彼特，还是新一代的年轻学者都留下了深刻的印象。世界计量经济学会的诞生预示着一个新的学科的到来。

1933年春是一个特殊的时期，在这一时期，弗里希在科学研究领域的造诣达到了最高峰。从1926年开始他就发表一些期刊文章，此后又花了两年半的时间在美国参加各种国际会议。但他的一些主要观点只在挪威出现过，经常出现在课堂笔记里或是一些无法访问的期刊上。阻碍弗里希思想传播的因素主要来自两个方面，一是顶级的经济学期刊对于包含数学公式的文章不是很欢迎，二是来自弗里希个人方面的因素，也就是说在其还没有完成对一个问题的调查并得出完整而精确的结论前，他是不会考虑出版事宜的。

幸运的是，弗里希有时会被要求为一些学者出资，也就是借助这样的机会，弗里希能够在古斯塔夫·卡塞尔的纪念文集里提到有关商业周期的宏观经济学解释理论的文章（Frisch，1933b）。同样在这一年，他的文章又出现在另一本纪念文集里，前后这两篇文章的思想都是基于庞加莱的讲座部分展开的。事实上，弗里希曾多次对几个主要的出版社做出过承诺，允许推广其思想、理论、方法及结论，但后来几乎没有出现过。

庞加莱会议的八个讲座是对弗里希计量经济学理论的一个概述，所以作为对科学领域的贡献而言，关于这八个讲座的手稿注定是要被公之于众的。关于这些手稿未被发表的原因说法各异，但最有可能的原因似乎是由于弗里希生命的完结。演讲稿是奥斯陆通过打印机准备的打印稿，不含公式部分。在庞加莱研究所达布讲堂开展的讲座的手稿则在很大程度上是标注在原始打印稿的空白部分的内容。所以关于这个讲座的内容是精心翻译过来的，尽可能地接近弗里希的表达方式。

庞加莱研究所并非一个经济学机构。他演讲的对象主要是来自数学专业和物理学专业的听众。现如今，对于这些听众是如何被邀请来的我们已经很难说清楚。但有一点不能排除的是，弗里希通过某种方法邀请了自己的朋友，即法国统计学家乔治·达莫瓦。庞加莱研究所是一个权威的学术机构，正因为如此，不仅仅是弗里希的讲座，其他在此开展的系列讲座也成为其领域经典的贡献。对此也有另外一个原因。弗里希屡次强调自然科学作为计量经济学的模型而被应用，但又不是映射经济学意义上的物理或力学的概念，然而考虑到经济学方法的科学性，我们有必要应用到物理学的原则。但并不排除从自然科学的角度得出的推论是合理的。在讲座的开场白中，弗里希是这样阐述它们之间的关系的：

与哲学以及其他的人文科学精神相比，计量经济学精神反而与物理学以及工程学精神有着更加密切的关系。所以，我们可以将计量经济学和物理学以及数学之间的这种密切联系作为评定庞加莱系列讲座的标准（引言）。

事实上，在庞加莱开展的这一系列讲座确实带来了很大的反响。很显然，弗里希并没有假设听众都有深厚的经济学基础。但弗里希试图通过自己的努力极力调动观众对讲座的浓厚兴趣，为了对计量经济学的问题和方法进行清晰的解释，他在讲座中着重强调了量化和测量的问题。我们不得不承认，这次讲座对于弗里希来说确实是一次难得的机会，借助这次讲座他不仅向社会传达了自己的科学理念和关注点，还阐述了自身关于事实与理论、世界观与科学研究的独特认识。

这一系列讲座肯定了弗里希的研究成果与计量经济学史之间的连贯性。以上是对弗里希职业生涯的简要回顾，在下文中我们将对八个讲座中的相关要点进行梳理，并给出简短的结论。但愿在此我们能够准确传达弗里希计量经济学精髓部分的主要特点。

承诺人的旅程

弗里希进行科学探索的动力主要来源于对改革经济学研究以及

教学的满腔抱负。正是由于这一强大信念的存在，使得他的一生与科学研究紧紧联系在了一起。回顾弗里希的一生，我们不得不承认相比其他国家的计量经济学家而言，弗里希为挪威的科学研究以及制度创新所带来的影响力更加深远。这一切都预示着一门新兴学科即将诞生，即计量经济学。

一种非典型课程：从银器匠到计量经济学

拉格纳·安东·基蒂莱·弗里希于1895年3月3日出生在克里斯蒂（1925年改名为奥斯陆）的一个做金银器匠生意的三口之家。这个家族式的企业成立于1856年。弗里希的祖先早在克里斯蒂安四世统治时期（约1630年）就从萨克森的弗莱贝格来到康斯博格的银矿上工作，并从此扎根在了挪威。弗里希的父亲，安东·弗里希，在挪威历史上重大政治与社会改革的动荡时期，加入了自由党（丹麦自由党），从此被卷入了政治斗争中。多年来，他一直是克里斯蒂的市议会的议员。弗里希父亲所从事的政治活动在很大程度上培养了他的政治良知，然而，在另一方面则是来源于他的母亲拉格纳·弗雷德里克·克蒂森，他的母亲不断培养他的知识兴趣以及宗教理念，特别是对于其以后的经济学研究给予了很大的支持。1913年弗里希以优异的成绩完成初中学业以后，并在同一年进入了一家著名的珠宝公司做学徒。他又于1916年就读于奥斯陆大学，并在做学徒的同时开始了从事经济学研究的工作。关于这部分经历他写道：

我在规划自己未来的时候，我会或多或少想当然地认为我应该继承黄金、白银的传统。为了达到这个目的，我开始在著名的奥斯陆公司工作，在大卫·安德森的车间当学徒。1920 年，我结束了作为一个金匠的手工实习工作。其实，在我的学徒生涯刚开始之际，我的母亲就强烈地感觉到我不可能长久地满足于这种生活。所以，在我学徒生涯结束以后，她坚持要求我继续去大学深造。我们对奥斯陆大学进行了仔细的考察，发现只有经济学的学习时间最短并且内容最简单，所以，就这样我选择了经济学。这就是我涉足经济学的原因。

奥斯陆大学在 1916 年经济学专业为两年制，经济学共涉及五个主题：经济学理论、应用经济学、公共财政、描述性统计及精算学。后面的主题主要是对统计学和概率论原理的介绍。教弗里希这门课的老师是国际知名的数学家阿道夫·古德贝格（1866—1936 年）。这位伟大的数学家对弗里希的影响很大，否则他也不会选择在 1931 年洛桑计量经济学学会第一次欧洲会议上展示这位老师的一些思想。弗里希也对李嘉图、马歇尔以及维克赛尔的思想进行了研究。老师分别是奥斯卡·耶格教授（1863—1933 年）和托瓦尔德·塞勒姆教授（1867—1926 年），其中奥斯卡·耶格教授的论文就是关于亚当·斯密的理论，这篇论文曾在 1894 年作为挪威的首次经济学议题，托瓦尔德·塞勒姆教授则是一个马歇尔派经济学家。

1917 年年底，弗里希以难得的高分成绩通过了学校规定的基础课拉丁语和哲学的考试。1919 年秋季学期末，弗里希获得了奥斯陆大学的经济学学位，他是奥斯陆大学自 1905 年开立这门课以来第二个以优异成绩获得该学位的学生。在为期两年的学习生涯即将结束之际，弗里希显然已经产生了成为一名经济学“科学家”的想法，但也尚未排除成为珠宝商这条路。

一种国际性开放

1920年，拉格纳·弗里希娶了监狱管理局一名高级官员的女儿玛丽·赛达尔。不久之后，他的父亲使他成为了珠宝公司的一个平等的合作伙伴。所以弗里希在当时家境比较富裕，相对于其他人来说也拥有更多的出国深造的机会。1921年，他接受了奥斯陆大学资助的部分经费，并前往巴黎进修经济学和数学专业。就这样，他开始沿着挪威的一些数学家的足迹一路探索，并不断向世人展示着他们的作品。1921年春至1923年春，弗里希夫妇一直居住在法国的首都巴黎。在这两年的时间里，他们不断奔走于德国、瑞士以及法国南部这些周边地方。随后六个月时间里，他们主要居住在英国伦敦。在此期间，弗里希没有安排任何研究计划，而是参加了一系列的经济学讲座，同时也广泛阅读了有关数学和统计学的知识。当他在这三个领域已经非常精通时，他回到了挪威。在此期间，他开始研究边际效用的测量和时间序列分析这两个领域的内容，这两方面的研究在随后的几年里占据了他大量的时间。弗里希早期发表的作品绝大多数限于数学和统计学领域，几乎没有经济学领域的作品。

弗里希外出学习归来以后，将自己的时间分成了两部分，一部分用于珠宝公司的工作，另一部分用于科学研究。私下里，他还承担教学工作，1925年，他正式成为了一名助教。此外，他还参加了一次数学会议，并因此结交了一些欧洲的统计学家，并且与那些也同样关注经济问题的统计学家建立了深厚的友谊。1926年10月，弗里希由于自己的一篇关于数理统计的论文（Frisch，1926c）被授予奥斯陆大学博士学位。在此之前，弗里希在挪威数学杂志发表了一篇法语论文《纯经济学问题》（Frisch，1926a），它可以被理解成一个纲领性的预公告，预示着计量经济学的到来。同样在1926年，弗里希与他的朋友弗朗索瓦·迪维西亚产生了成立数理经济学家国际交流会的想法。其中弗里希则表现得更为积极和迫切，他立即开始联系各地熟知的经济学家、数学家以及统计学家，并努力取得了他们的支持。

1926年，劳拉·斯佩尔曼·洛克菲勒基金会授予弗里希一项为期三年的研究奖学金，并允许其于1927年2月前往美国深造。这项奖学金支持了他在美国的生活。由于奖学金的条件限制，弗里希无法获得玛丽的陪同，所以他只计划在美国停留一年时间，然后利用剩下的时间再去欧洲的一些国家，这次旅程以意大利为起点。在美国的一年里，他曾与哈佛的约瑟夫·熊彼特碰过几次面。这次经历使他彻底了解了熊彼特，并与欧文·费雪和查尔斯·鲁斯也结下了深厚的友谊。虽然，弗里希通过自己系统的尝试，努力与那些同样关注“量化”经济学的学者接触，但事实证明，与自己志同道合的人屈指可数。通过与熊彼特、欧文·费雪和查尔斯·鲁斯的接触，为了进一步推进计量经济学的发展，他产生了创建“计量经济学”机构以及期刊的想法。

1928年3月，弗里希回到了欧洲，与玛丽一起暂时住在了意大利的奖学金宿舍。但是，不久之后，弗里希的父亲突然病重，他又不得不迅速赶回奥斯陆。在他的父亲去世以后，家族企业也陷入了困境中。但是为了追寻自己的梦想，他利用仅有的奖学金，开始了狂热的工作，以此来缓解珠宝公司和家庭财政问题。

1928 年秋，弗里希被任命为助教（讲师）。但此时此刻，他对自己的未来开始感到迷茫。因为这个职位只有教授的一半薪水，根本不足以支撑一个家庭，再加上珠宝公司此时已濒临破产，仅要维持其生存需要付出巨大的努力。幸运的是，1929 年春欧文·费雪的来信使弗里希看到了希望。信中费雪向弗里希承诺，耶鲁大学将正式邀请其作为大学的客座教授，此外，他还邀请弗里希与其一起做研究工作。为了摆脱当时的困境，弗里希接受了欧文·费雪的邀请。随后，他变卖了家产，并委托一名经理来运营珠宝公司。1930 年 2 月，弗里希夫妇就离开奥斯陆前往耶鲁大学。

1931 年 6 月，应美国明尼苏达大学阿尔文·汉森教授的邀请，弗里希延长了在耶鲁大学的时间。在接下来一年半的时间里，他又重新开始思考自己早年的思想，并着手开展了一些雄心勃勃的项目。事实上，弗里希后期的很大一部分成果都可以或多或少地归功于他在这两年（1930～1931）的教学与科研工作。1930 年 12 月 29 日，在克利夫兰美国经济学协会的年会上，弗里希见到了十二三个来自美国、奥地利和挪威的学者，并一起成立了计量经济学会，选举出欧文·费雪作为该协会的第一任主席（Bjerkholt，1998）。大约一年后，阿尔弗雷德·考尔斯出现在了欧文·费雪的办公室，他提供考尔斯委员会作为计量经济学会的研究机构，并为协会的期刊提供财政保障。考尔斯提出由弗里希作为杂志的编辑，计量经济学会理事会批准了考尔斯的申请，并于 1932 年任命弗里希担任该杂志的主编。

在此之前，当弗里希还在美国的时候，他就被任命为奥斯陆的教授。这是来自议会（国民议会）的一项特别法案，因为经过激烈的竞选活动以后，两名经济学教授耶热和威德都担心弗里希会经不住诱惑而就此留在美国院校，并且当时耶鲁大学确实已经为他留有位置。幸运的是，他们的竞选活动是成功的。弗里希回到了奥斯陆，并接受了教授一职，也随即举行了就职演讲。但是他也一直在耶鲁大学任职，直到他成功地与洛克菲勒基金会欧洲办事处就财政支持达成了协议以后，他才勉强地与他的同事英格瓦·威德，联合创建了一家研究机构。经济研究所在 1932 年年初正式成立。

弗里希似乎从来没有后悔自己选择了奥斯陆，经济研究所成为了他的实验室。资金主要用在了购买计算设备和支付助手薪资上。弗里希通过自己的不断努力，成功地引起了国际上学者的关注。许多国际上的学者都慕名来到他的实验室进行访问，有些甚至会停留一个完整的学期。在承担着家庭责任的同时，他仍然继续出国访问和学习。在整个 20 世纪 30 年代，在大多数的计量经济学欧洲会议上，他可以说是一名杰出的，有时甚至是起领导作用的参与者。1932 年、1934 年和 1937 年的三个夏季，他都是在考尔斯委员会度过的。1933 年春，他特意请了两周的假为庞加莱研究所的八个系列讲座做了精心的准备。一年后，他花费同样的时间去了一趟伦敦和剑桥，虽然也开展了几个讲座，但开展讲座并不是其主要的目的，也许是出于有很多东西要学习。

同时负责教学和科研工作的奥斯陆教授

弗里希在奥斯陆大学担任教授时，他一直在为加强和改善经济学教学质量而拼命地工作。经济学的研究也不再是一个简单的为期两年的学习过程。1934年，议会正式提出将经济学研究上升为一个为期五年的研究计划，从此经济学享有了与法律以及医学（Andvig and Thonstad，1998）等专业性研究同等的待遇。该方案包括了大量的数学先决条件以及统计学和计量经济学的小论文。弗里希是一名充满正义感的教授，在第二次世界大战前他主动承担了教学计划的主要责任。对于这段历史，1973年，哈维尔莫在科学研究院对弗里希的悼词里这样写道：

自从弗里希开始在奥斯陆任教以来，似乎经济学研究的根基就开始动摇。至少对于那些亲身受教的学生来说，体会将更加明显。1931年，他是这样告诉那些受到惊吓的学生，如果你想在经济学分析上有点成就的话，你就必须首先对状态进行假设，其次写下你想要推理的模型，然后再在此假设前提下进行进一步的分析。与传统的方法不同的是，这种方法会考虑到更多的因素，同时也更具倾向性，并希望在此基础上尝试得出一些更为合理的结论。

弗里希自身的教学可以分为两方面，一方面与他自己的研究密切相关，比如一些宏观经济学的课程，在他讨论的这些课程的标题里，缪尔达尔、罗伯逊和凯恩斯都进行了研究。第二方面由微观经济理论的一些课程组成，即生产理论和实用理论，主要包括马歇尔和威克塞尔的理论著作。弗里希也经常努力地用数学方法来回顾这些学习过的理论，以使学生更容易理解这些理论。他的讲座专业性很强，当然也深奥难懂。

他的课程和讲义甚至在国际上也颇有声誉，吸引了许多外国的学者。特别是荷兰和斯堪的纳维亚的经济学家，相对于别人来说，语言障碍对于他们没那么严重。但即使是约瑟夫·熊彼特对弗里希的油印讲义也抱以学习的态度（通过一个挪威老师的辅助）。

弗里希邀请一些计量经济学专家来参观他的研究所，虽然来的人不是很多，但他们作为欧洲的先行者来了。为此，他和荷兰一些计量经济学家的关系更加密切，包括简·丁伯根、佳林·库普曼斯、彼得·沃尔夫，这其中一些人对挪威的语言比较了解。

弗里希和他的学生组成了一个团队，他们一起工作，在进行统计教学的时候，比较推荐实践练习的模式。也就是在运用统计分析方法的时候，通过面向生活的实际问题，使得统计分析更加贴近生活，统计分析的方法更加合理和科学。在第二次世界大战结束后的早些年中，弗里希进一步发展了挪威的经济模型，在此期间，他一直坚持这种解决生活实际问题的实践练习方式，他让他的学生组成一个政党，并且彼此竞争来出台各自的经济政策，并在出台经济政策之后彼此比较结果。

弗里希所在学院的计量经济学研究一般都是通过大量的实证调查来进行的，从 1935 年开始，弗里希的第一任助理是特里大·哈维默，他主要负责管理大量的数值型的实验和实证性的研究计划，他与弗里希合作研究，主要是在实证研究项目的关键阶段有密切的联系与合作。其中国民经济核算这个项目具有非常重要的地位。这个项目是弗里希建议实施的，他得到了政府的支持，得以继续研究这个项目。1943年，这个战争不断的年代，在弗里希所在的学院，几乎没有国民经济核算项目完全完成过，因此这个学院几乎要倒闭了。但是弗里希通过他的学生和助理的辅助进行了一些早期工作作为国民经济核算项目准备，显然，这些早期工作对于国民经济核算项目的迅速推进起了非常重要的作用，尤其是在第二次世界大战之后立即推进国民经济核算项目期间。在这期间，国民经济核算对于经济复兴所需要做的工作是非常必要的。在20世纪30年代末和40年代初，弗里希教了一些很有天赋的学生，这些学生得到了弗里希给予的最好教育，也得到了弗里希的承诺，那就是用计量经济学来改良社会，在第二次世界大战之后的经济复兴期间，这些学生在经济规划、导向等方面也获得了显要的地位。

弗里希在他的早年中对于挪威的政治几乎没有表现出明显的兴趣。他的政治立场是非社会主义的自由主义左派，这可能和他父亲的政治立场相差不远。当弗里希身处美国并经历着经济萧条的开始，他准备回到挪威去观察这相似的经济发展过程，这个经济发展过程是由于国家民众大规模的失业、国民贫穷导致的，而那些政治家却只能无奈地看着。这给弗里希留下了非常深刻的印象。上述所有情况都表明一个问题，那就是社会秩序缺乏合理性。贫穷不是由于缺乏物质的供应，而是由于纯粹的浪费。弗里希想方设法接近内阁部长以及银行家，为了说服他们赞成一个能够应对经济危机的明智的经济政策。但是这一切都是徒劳的。弗里希不是政党的一员，而是作为一个联络员，主要与工党（挪威工党）的主要顾问联络，并帮助编辑工党参与竞选的竞选纲领中的经济部分，在将挪威建设成福利国家期间，弗里希与工党的联系更加紧密了，直到他最终寻找到了与自由主义左派进一步联系才慢慢离开工党。

一个坚定的人

在第二次世界大战之后，弗里希寻求一些新的方法来进行他的研究及教学。他留下了20世纪30年代的主要经济议题，虽然这些议题很少能得到回应，但这也完全将他的注意力转移到了第二次世界大战之后经济形势的需求上。在两次世界大战期间，弗里希通过他自己的观察，注意到世界经济大萧条的状况，由此对资本主义制度唯利是图的本性十分不信任。在20世纪30年代，他忙于参与制定经济稳定的政策、措施并为这些政策措施提供一些建议，即通过采用一些货币和财政手段来缓解这种经济形势。但是在第二次世界大战之后，他信心更加充足，并制定了更多的综合性的经济政策，由此拓宽了他本身的视野。弗里希和很多人分享了这个经济观点，即呼吁在战后初期立即规划经济局势，而这种方式对20世纪30年代的经济形势也确实很有帮助。弗里希很关注全面规划的民主制度，并且，他给自己指定任务，以求寻找到这方面最困难问题的解决方式。

然而弗里希的工作与政府行政管理的工作要求差异相当大，但是他以前的学生在政府的行政管理工作中产生了很大的影响，自然地，弗里希本人有时也会受到政府的邀请，为政府的工作提供一些建议。

弗里希的研究由几个主要方面组成，主要反映在经济建模的理念上，他建立了一批大型的经济模型类型，这些模型类型对于中期政策的实施目的和长期投资以及经济的增长都很有帮助。他特别关注模型的建立和线性模型的求解以及非线性模型的求解。他也坚定地认为正式偏好函数是政策建模的一个必要条件。虽然弗里希很少分享他对这些实用的热情，但是他也开始着手实施一个宏大的调查过程，这个过程主要是测试模型参数的设置是否合理，他的测试对象主要是一些政治家和高级公务员。在方法论上它可以看作与 20 世纪 20 年代的早期努力相联系，而 20 世纪 20 年代的这些努力主要是为了确定收入的边际效用而进行的问卷调查。

在第二次世界大战之后初期，弗里希得到了一些国外的职位，在这些职位上，弗里希可以实现他的一些想法。1947 年，他成为联合国就业委员会的首任主席，在 20 世纪 50 年代初期，弗里希和印度政府在经济规划方面展开合作，并和尼赫鲁总统达成机密条款。在稍后的期间中，他与贾迈勒·阿卜杜·纳赛尔执政下的阿拉伯联合共和国展开持续咨询合作。弗里希为阿拉伯联合共和国的经济设计了一些模型，并且帮助他们用先进的手段来实施，也许是过于自信，在 1957～1960 年，他还计划了好几次到开罗的长期访问。

在 20 世纪 50 年代，挪威工党开始采取措施拆除越来越多的经济规划的设备，在 1945 年以后，立即进入了强迫执行拆除计划的时期，而弗里希十分抗拒这种行为。而经济规划的设备越少，就越难达成目标，也许弗里希当时感觉很失败，因为他的想法不能被人们很好地接受。在 20 世纪 60 年代初期，他将他的组织关系转移到了社会主义人民党（Sosialistisk folkeparti）。

在过去的 50 年中，挪威唯一一个最重要的政治问题一直是加入欧盟（其前身是欧洲经济共同体或者称欧洲共同体）的问题，在1961～1962年，当经济问题第一次出现的时候，弗里希受聘于欧盟的非成员国，并主持了大量工作。他制作了很多关于经济问题的小宣传册，并且在挪威以及国际上参加了许多活动。在这个问题上，他和琼·罗宾逊的立场是一致的。琼·罗宾逊并不是一个真正的计量经济学家，至少不是那些盲目跟风的计量经济学家之一。他的观点与他的一些老同事的观点相反，特别是丁伯根的观点。而丁伯根是一位共同市场的坚定支持者，那么弗里希的动机是什么呢？

从一开始，弗里希就拒绝为欧洲经济共同体提供经济规划方面的建议与支持。他只是为了定义经济的目的。对于弗里希这个欧洲计量经济学创始人来说，西欧的民主建设与进一步强化，这仅仅只是他第二关注的焦点。弗里希认为政治是首要的，民主制度并不能建立在经济学原理之上，只能建立在明确定义的政治制度和法律制度之上。他不仅质疑《罗马条约》的合理性，而且也对政治当局和计量经济学家的责任有他自己的见解。他认为在经济问题上，后者只能充当顾问或者专家为民选的政治当局提供建议，以便确保经济发展方向的正确性。他们享受着社会和社会公民知识的服务，深入的了解经济机制。但是作为一个计量经济学家绝不应该提出一个政治议程，这些人唯一的任务就是为了达成一个经济目标，想方设法去寻找达成目标的手段。

弗里希除了对经济比政治议程更加重要而应该获得首要地位的观点提出批评之外，他还对欧洲经济共同体的经济体制结构提出批评，这是考虑到欧盟的市场自由主义和金融都能取得先手，从而对调控宏观经济的工具造成损害。弗里希担心欧盟的成员国有可能失去其经济政策的自主权，但是政治当局不能进行补救，也没有任何其他机构，如中央银行，能够填补这一空白。

一个具有多种爱好的人

弗里希在挪威的同事以及在国际上的同事都对他留下了深刻的印象，他的学生和助理也一样。他们经常在谈到他时，都被他那种为了让社会变得更美好而努力提升自身的经济知识的努力所折服。他为了实现这个美好的愿望总能爆发出不可思议的能量，并坚持不懈地向前迈进。特里夫·哈维默与弗里希合作较多，特别能证明这一点，他提到弗里希在专注于数理统计问题的时候，曾连续工作了56个小时（Haavelmo，1973），到今天，很少能有人去学习弗里希的精神，包括他在学术、行政、政治等方面所展示的那些精神。与此同时，弗里希对事物的热情和专注使得他在其他领域也能发挥也集中精力的优点，并取得不菲的成绩，例如经商（珠宝公司）、宗教、政治、化学、登山和养蜂等。

养蜂是弗里希的一个真正的爱好，这是他第一次发表论文的主题（据1951年挪威的养蜂日记的记载）。他通过养蜂生活，至少发表了40篇关于各种养蜂主题的论文，弗里希有他自己的养蜂场，这个养蜂场离挪威首都奥斯陆大概有60公里远，他写的都是十分实际的问题，包括他的发明和遗传以及统计的问题。他最喜欢写的是关于蜂王的饲养。在他退休之后，他继续在一所农业院校担任养蜂业的审查员，他曾多次要求要在养蜂这一领域进行教学和授课。当弗里希进行养蜂研究时，这些研究要求他必须待在养蜂房里。他的学生告诉他如何放弃大学里的所有活动去进行他的养蜂研究，但他在第二天还是会出现在课堂上，并进行8小时的授课。在一天结束的时候，他还会邀请他的学生和助手去他家里讨论经济问题，直到深夜才结束。

弗里希参与了教学改革和行为经济学的研究，这大概可以作为他整体活动的一致性的量度，但是这并不仅仅是一份我们很感兴趣的完整履历，它更是一个很连贯的、内容丰富的知识工程。

庞加莱讲座

弗里希精心选定的庞加莱系列讲座的标题有：

（1）计量经济学的哲学基础、公理化方法和数量效用。

（2）静态和半静态的计量经济学理论示例，垄断、多头垄断及力的概念。

（3）什么是动态理论？确定与不确定性系统的属性问题。

（4）动态计量经济学理论示例，封闭系统的波动性及危机理论。

（5）随机性冲击周期的提出、概率观点与确定性动态规律观点的综合。

（6）计量函数的统计建设、方程的自主融合及多重变量分析的危险性。

（7）时间序列分析法，分解系列、线性运算和反演问题。

（8）结论是社会规律和机械定律的意义，不变性和刚性，对哲学混乱论的评论。

在庞加莱系列讲座开始的第一讲中，弗里希说了一个简短的一般性介绍，他介绍了“计量经济学的精神”，并认为量化和计量对于经济学是十分必要的。对于计量经济学家而言，其主要任务就是要清楚经济机制的结构，并且梳理代表的经济机制结构的所有定量关系。在介绍里面，弗里希说他本身并无意谈论计量经济学，取而代之的是，想去谈谈现在的计量经济学家在研究什么？自然，他只是谈及他自己的研究议程，他选择这些主题的缘由如下：

我选择的这一系列讲座的主题计划是简明概要的，在你第一眼看到的时候，你可能觉得它们看起来相互之间没什么联系，但是，我希望你们能够跟着我的脚步，那样你们就能够看到对于一门试图表达一个庞大的经济机制的功能的科学，这些主题都是有着相当的逻辑和必要的地方，这个庞大的经济机制将人们联结在一起，他对人们日常生活影响如此之大，以至于影响到人们日常生活的各个方面。（引言）

在接下来的文章中，我们将对这一系列讲座的一部分发表评论，并将它们结合到弗里希的学术生涯之中。我们的目的主要是表明这一系列的主题所涉及的这个连贯的研究计划的组成部分确实可以证明计量经济学是一门新兴的学科。

讲座1：原理化和效用

第一讲的主要议题是弗里希对于微观经济学的原理化方法。这不是一个新的议题，因为它确实是他的经济学著作《纯经济学问题》所讨论的议题，这本书是他首次出版的著作（Frisch，1926A）。弗里希试图为一些消费者提供一个原理化的基础，这些消费者作为经纪人能够将这个基础作为一种工具，从而实现将效用转化为可测量的概念，而且从科学的角度看来这也是完全可以接受的。从这一方面来说，弗里希超越了他所处的时代。在弗里希的成长过程中，他曾考虑将效用的量化作为一个重大的科学和理论问题。

弗里希选择了这个议题，并将它作为最适合的理论领域来证明经济学的定量分析过程。从他 1926 年发表的论文《经济理论、数学、统计学的统一》来看，很明显，他提出的这个议题并不仅仅是经济学、数学、统计学这三个学科的概念和工具的简单并置。弗里希的计量经济学研究计划表示，希望能追求古诺模型建立的传统方式（Frisch，1926b：1），经济分析的本质就是对现有经济现象的测量，在理论上一般是通过数学手段来实现，在实践中则通过采用经济统计的方式，即“抽象量化”和“具体量化”（讲座 1）。弗里希的目的在于衡量消费品以及货币的边际效用，将重新制定货币的边际效用作为一种措施，通过“总体不错”的消费方式来获得增益的边际效用。这可以理解为商品价格与一般售价相捆绑的销售方式。

效用的理念根植于功利主义的哲学学派，但是效用成为经济学的一个关键则是在经济学家杰文斯之后，他在 1871 年推出了基于边际效用的推理方式。虽然有些经济学家依然尽量避免使用这个概念，但效用推理依然变得越来越流行。有些作者十分认同弗里希的观点，即这仅仅是一个概念，它并没有一个适当的基础和使用的方法，这就有违科学的标准，而科学的标准就是：如何去建立一些条件来衡量这种现象，而这种现象里面包含了一些心理的因素。对此，就像弗里希表述的那样：

为了摆脱经济学一些概念的束缚，曾经有过许多次努力的尝试，但是到现在，虽然付出了那么多的努力，这些概念依然保留着，这是一个事实，我们只是将这些概念另取了名字，但是我们并不能去使用它。当这些概念被我们的主流搜索抛弃，但它却一直不曾离去，它从我们的偏僻领域又回到了我们的研究中。在我看来，我们可以接受这种情况，与效用等这些概念达成一致，做一些真正有用的努力去重新定义它，并尽可能地将它作为一个定量的概念（讲座 1）。

弗里希对于效用的观点与费舍尔和柏拉图的观点是一脉相承的。他发现费舍尔和柏拉图两人对于效用量化的概念有大幅度的促进作用。但是弗里希认为，效用的客观定义尚未达成，因为一个原理的定义必须是有依据的，而对于这一点，效用的定义尚且没有被证实。他和费舍尔一样，在考虑一个问题时，主要考虑的是选择的逻辑而不是选择的心理。人际比较在一开始的时候并没有排除在外，但是原理化的方法对于澄清这个问题也是有所帮助的。

拉格纳·弗里希在 1926 年推出的效用的测量原理系统是在消费者行为理论方面引入原理化方法的首次尝试。在 1933 年，拉格纳·弗里希提出的原理系统是在 1926 年提出的效用的测量原理系统的基础上发展而来的，但是这个系统拓展了额外原理来解决原系统存在的问题。

弗里希对于经济人原理的处理方式一个中心要素就是从最初情况给出的经济物品的向量和位移的向量（有限或者无限）的初始位置之间的区别。偏好的比较是这样一个位置的组合之间位移的比较，但二进制偏好的组合既可以是从同一个初始位置出发的两个不同位移，也可以是两部不同初始位置的不同位移。在 1933 年，弗里希表示对于原理而言，比较本地以及地区之间的原理，位移的比较是有着不同的类型的。而做出这种地区间比较的想法可以追溯到柏拉图时代。从一开始，地区间的比较隐含着一个基数，事实上，弗里希终其一生仍是一个基数方法的坚定捍卫者。

弗里希通过对于可积性问题的讨论结束了他在 1926 年推出的原理系统的演讲，即总体效用的定义是否能由考虑边际效用函数的积分来实现，该边际效用的函数由与消费方式相关的原理确定。并指出，"这样一段话：边际效用对于总体效用而言，并不是像第一眼看上去那么简单……不仅仅要根据 u(x) 是不是一个潜在的衍生物，而且也必须做更多的细致区分"（Frisch，1926a，见 Chipman et al. 1975：395）。

因此，对于总体满足度（=效用）的定义来说，一个决定性的事情是边际的选择不具有一定的函数形式，及如图 3b 所表达的内容，这就暗含着地区间的原理，问题的症结是相当明显的，那就是关于总的方面的任何结论的获得都可以从边际开始考虑，而这些正是由连接原理来表示。关于这一点，在我看来，就像柏拉图的分析没有达到底层的东西，他已经链接了的重要的可积条件是相同性质的，而这正是我们寻找的逻辑问题。（讲座 1）

因此，弗里希加入了他所谓的连通性原理和可逆性原理以及相互适应性原理。他发现，这样才有可能确定总体效用的定义，将总体效用作为附带给定的消耗的向量组成。弗里希在 1933 年推出的效用的测量原理系统包括八类原理：①局部原理；②地区原理；③相互适应性原理；④连接原理；⑤可逆性原理；⑥可重复性原理；⑦点确定原理；⑧结合原理。弗里希通过对各原理的独立性的讨论，完成了他的演讲。在 1935 年左右，重新发现斯勒茨基关于需求理论的新方向的议题（Slutsky，1915）之后，经济学家对于经济学中的可积性条件和基数方法的兴趣都变淡了。

弗里希在罗列出原理之后，唤起了不管是以个人（或家庭）的形式，还是以实践做实验的可能性，并由此来确定他们自己的选择。他们认为通过一系列的原理的选择，我们所预测的这些问题和答案的性质都是可以确定的（讲座 1）。因此弗里希的实验代表另一种来源，包括市场数据和住户调查两种实验数据。并以此来确定经验的需求关系。该实验可被视为一个早期的接近一个叙述性偏好的方法。

弗里希对于介绍测量边际效用（Frisch，1932a）的方法的专著并没有包括一个原理系统，但是他用来衡量边际效用的方法对于最终的原理化方法产生了影响。弗里希将主要的注意力放在吸收他在第二次世界大战（下文简称“二战”）期间所做的效用工作的经验，这主要是由于他自身创造性的经验测量步骤的使用。第 1 讲的内容使我们能够更好地理解弗里希原理化方法的背后的深刻思想。尽管大家认为他在 1933 年的工作并未完成。

在第 1 讲中，弗里希也选择追求另一种独特的想法，这种思想是基于一种更加非正式的推理模式。弗里希本人并不喜欢标准教科书式的教学，这种方式将减小边际效用曲线的作用，他更是详细地阐述了在这样的关系下这两个生理的过程。即一方面，这个弃权曲线反映的是随着时间的流逝将增加内部的需求，另一方面，将会抑制即时消费的需求强度。他十分从容地推导出边际效用曲线的均衡曲线，其中频繁的抑制行为只是用来平衡弃权。弗里希就这个观点发表了更详细的论述的论文（1929b），但那是他在挪威的时候。

第一个讲座提出了两个问题，而这将构建在“二战”中，弗里希的经济学和计量经济学思想：一方面是引入对于时间的分析的介绍，另一方面是在经济机制概念下力的概念的介绍。

讲座 2：静态计量经济学理论，力的概念

讲座 2 的主题在逻辑上遵循第一讲，弗里希将再次使用基本经济学和物理学的启示阐述他最早的想法。关键的概念是“静态”和“动态”。后者的概念将在随后的讲座阐述。在讲座 2 中，弗里希将演示如何将静态方法提升到复杂的高层次，以市场形式概述了自由竞争和垄断之间的一般理论方法。

弗里希认为在经济学最重要的是“力的概念”的应用（讲座 2）并以此去理解“经济机制的一个重要组成部分的职能”（力的职能）。市场分析成为计量经济学家建立理论与现实之间联系的一个关键问题，因为社会和经济制度的不间断进化做出了自由竞争的简化假设，

一方面是垄断，另一方面是越来越少与现实一致。我们生活在一个托拉斯主义的各种形式有表现得更加明显趋势的经济时代，金融利益的集中和生产的技术流程的组织都在越来越大的单位中进行（讲座 2）。

弗里希在 1933 年提出的方法并不是非常有名，这个方法是在很久以后才被认为是最适合描述博弈论的方法。

对于垄断和多头垄断理论的描述是对他早期工作的补充，弗里希（1926b）用物理学概念来讨论市场结构，如平衡和引力。在庞加莱研究所，弗里希并没有批评对垄断和自由竞争的更传统的分析方法，但是用发展来替代一种方法更接近于博弈论。

弗里希用不同类型的战略行为开始了他的论述，这些战略行为可以在市场上识别，并根据亚瑟鲍利的分类来建立，而这类型学可以表示为：

1. 基本调整

A. 数量调整

B. 随机价格调整

C. 期权接收

D. 发行人期权

2. 参量操作

A. 自主操作

B. 推测操作

C. 高级操作

3. 通用谈判

弗里希明确地区分了在市场中的两种类型的操作：自动操作和主观操作。自治代理就像追求基本策略的古诺模型均衡的代理。在市场中，每个代理都在自身行为不会影响其他代理的行为假设基础上决定自身的策略。在推测操作的情况下，当代理做出自己的决定，他将考虑他自己的行为将对其他代理的行为产生什么样的影响，这就是代理的层次结构和弗里希称为的“卓越的调整”。这就意味着有两类代理，即自助代理和推测代理。而推测代理充分了解自助代理的行为，并在他们玩互相间的猜测游戏时，充分利用这些信息。在市场中，占主导地位的市场参与者是站在顶层的。在这个系统中，他们可以利用其他代理们的参量操作。这是一个非常原始和具有挑战性的方法。

在市场中，弗里希强调预先定义的比赛设置并不囊括决策结构的可能性。我们还应该考虑到一个普遍的谈判情况，这种情况要求一个更加精细的分析类型，这就是弗里希提到的如下内容。

这种情况下的一个具体的例子是，一个有组织的团体雇主和工会之间的谈判。在这里，我们不能说双方中的一方或者另一方一直固定在自己要求的工资水平上。为了达成一项新的收费，双方都需要委派代表，来参加谈判，这些谈判有双方自身特殊的技术，使用这些技术来实现他们的目标是双方考虑的最好的策略。在这里，活动参数的思想太简单而不能用来描述这种情况下的经济情况（讲座 2）。

弗里希参考了他的丹麦同事弗雷德里克·措伊滕在垄断市场方

面的创始工作。这的确是弗里希许多理论工作的特征，他的这些理论工作多是以他人的想法为出发点，并推广了他们的想法，并提出了新的、卓越的理论方法，以及在新的方面的理论工作。弗里希引进了术语“决策者”，作为一个通用的术语，对于一个代理人，在任何市场情况下，都允许其战略行为。

弗里希在推测、调整以及研究平衡的成就方面，以两个决策者为例，他很集中重视他的论述目的。与此相关的问题是，这个调整的过程可被描述为代表力的矢量场，最终导致平衡。

研究的实现平衡的方法，是因为通用引力场的概念，我们已经看到这里，这项研究显然比这个简单的研究更为普遍，包括建立条件，即这两点必须等于零，自然，这后一种情况会导致集中，但是这不会给我们任何关于市场如何到达其平衡点的信息，而且它不允许我们得出结论，这个点是不是平衡点。这个领域的想法允许我们制定条款，这些条款似乎是现实的弹性界限，如此说来，在此期间，两个决策者将实现平衡（讲座 2）。

求助于物理学的类比，这可以追溯到弗里希（1926b）的一篇文章，在挪威，其标题可以题为“经济规律定量配方”。弗里希杰出的静态分析视作一种认识，即分析的下一个阶段是动态理论。

这个讲座的题目是“静态计量经济学力学的实例”。你也许会说，我们开始进行的分析已经包括一些要素，但这些不是动态的要素，然而还有一些动态基本要素的缺失，即分析移动速度和将速度和力联系的思想，这是一个主题，我们将在将来的演讲中讲述。这实质上是动态的理念将引领我们走向周期性振荡的想法，在我们进行讨论、思想交流的时候，我们还将产生智慧的火花。我们要讨论的根本动力问题，就是保持能量之源的振荡，使经济生活永远不会达到静态平衡，而永远保持流动（讲座 2）。

事实上，他在下面的演讲中明确地将动力学和商业周期分析动态地联系在了一起。

讲座 3、4、5：进入弗里希理论的动态分析的核心

这三个讲座是紧密相连的，并可能被视为一个连贯的处理动态关系的方法和理论知识。弗里希是通过对经济波动（经济机制的结果。设想的一个确定性模型，随机的面临振荡）的理解来解释动态模型结构的基本概念的，从而完成对这个话题的讲述。弗里希将它称之为“概率观点和确定性动态规律观点的合成”。这是迄今为止，弗里希在 20 世纪 30 年代的研究议程中最重要的问题。他对商业周期的解释与传统的方法大不相同，他的方法代表着考虑问题的严谨和复杂达到了更高的水平。讲座 7 与这三讲密切相关，这三个讲座讨论了用于分解经验型的时间序列的新技术，并以它来识别不停的周期性元素。这里存在一个特殊的问题，那就是分解技术可以创建它们自己的虚拟周期作为一个逻辑对应，在这个逻辑对应中，波动的时间序列是被给定的，而且给出用于发展分析的周期性结构的方法。

讲座 3、4、5 描述了不同的创新观点，特别是从理论的角度。

著名的弗里希的传播脉冲或摇摆木马模型《卡塞尔纪念集》(Frisch，1933b))，第一次在第4章庞加莱会议中介绍。弗里希对《卡塞尔纪念集》的贡献主要是在庞加莱中。

摇摆木马模型重点介绍了主要的动态模型公式、详细的宏观经济建模观点和加速器原理的精确公式。

这些创新的元素是在商业周期分析中经常重复的问题的答案，这些问题如：周期的性质是什么？什么导致了周期？弗里希通过区别自由振动和被迫振动回答了前者，他认为经济波动的原因应该是自由振动，也就是来源于经济体制本身。这就产生了传播现象对脉冲现象，当受到经济体制外任意冲量的冲击，脉冲持续自由振动。

投资周期和加速原理的焦点是弗里希关于经济体制本身的建议。这个建议源于他早期的工作并在弗里希和约翰 M. 克拉克的交流中再次出现，详见弗里希(1931b，1932b，1933b)。在交流中有两个重要的因素，一方面是准确定义的模型的使用，另一方面是加速原理的正确表达方式。

1927年，弗里希开始了对经济波动的系统研究。首先，他努力发明了一种统计技术将时间序列分解开(Frisch，1927b)，然后开始了第一次对净投资和在投资周期之间的关系的数学研究(1927a)。这两项工作共同参照了周期减少的存在和不同时期的周期共同存在。弗里希(1927b)坚持认为理解不同期间的周期和振幅的观察数据是很有必要的，且对周期的解释在弗里希(1927a)有详述。从1927的论文到1933的模型有一条相当直的线。

因此，弗里希在庞加莱研究院对计量经济学问题和方法的研究中，着重强调了理解经济周期的性质。

讲座再三重申了弗里希（1929b）中关于“静态”和“动态”概念上的观点。

> 我认为静态和动态之间的区别有着更加深刻的意义。为了以系统地、逻辑的方法来描述这个区别，有必要清楚地说明一个原则，即这个区别不是两种现象之间的区别，而是思考两种现象不同方法之间的区别。换句话说，静态和动态之间的区别是两种理论的差别，而不是两种现象……我们从来不会说静态现象和动态现象，而是说静止现象和变化现象。事实上，现象是静止的简单，这意味着我们用来描述现象的关于时间的各种属性是常量，而现象是变化的，这意味着它的属性随着时间不断变化（讲座 3）。

弗里希对商业周期的理解和解释可被看作韦斯利 C. 米切尔工作的对应，在 1927 年间弗里希开始被大家熟悉。米切尔和弗里希都承认不同期间长度的周期的共同存在，但他们在方法和理论的观点上有分歧。弗里希代表了新计量经济学方法，他强调了理论和统计方法相结合，在弗里希（1931c）的文章中有提到，并提倡使用动态模型。弗里希（1929b）没有用到米切尔的历史动态学的详细参考来进行讨论，在他的专题论文中利用大量数据进行详细的描述，事实上，这对理解波动根本机制毫无帮助，需要的是分析动态学。

弗里希的分析动态学与米切尔将每个经济事件都放到他的历史内容中相反，弗里希追溯了每个周期的年份。弗里希和米切尔之间方法的划分取决于周期的性质。米切尔认为周期来源于经济中机构的特点，这些机构受到货币利润的预期影响，而弗里希认为周期是受到固定均衡点的干扰，而忽略强调历史的和长久以来的内容。

弗里希受到尤尔（1927）和尤金斯卢茨基（1927）的时间序列研究的启发，并部分利用了其中的内容。传播和脉冲的区别看上去源于弗里希反对约翰·阿克曼的1928年的博士论文答辩，发表于弗里希（1931a）。

弗里希在讲座3中，借助于力学、气象学和生物学中的例子详细描述了他在概念上的创新。动态学分析一方面由代表经济体制的方程组决定，另一方面由以下观点决定：

在一定程度上，一些事物是静止的依赖于某人所采用的观点，无论他是考虑绝对值、速率和加速度等。另一点有必要提到，微观变化和宏观变化的区别。例如，我们可以考虑人口中的一个独立个人，或是全部人口。一个角度是微观的，而另一个角度是宏观的。在人口中，每一个人生老病死是一个经常变化的现象，然而，在这过程中，人口数量是固定的。类似地，我们有资本存量保持不变，但构成存量的单独物体在变化。这两种情况，宏观的角度现象是静止的，但从微观的角度却是变化的（讲座3）。

弗里希在讲座4和讲座5中致力于分析经济周期和任意冲量作用的分析，即传播现象和脉冲现象。不像《卡塞尔纪念集》中的投稿，讲座5深入探究了随机影响的概率性质，包括区别真实周期和虚假周期。还有区分集合的关系和自我关系的问题，在讲座6中有讨论，在讲座 7 中分析周期的时间序列的方法超出了讲座 3、4、5 中心问题的范围。

经济系统运动的内生和外生的原因之间的区别最初在弗里希（1931a）中介绍过。被迫振动是经济系统的振动，振动的大小和长度由振动源的特点决定，一种现象的特点是一定的周期运动，并在经济系统中标明了周期长度。自由振动是不同的：在自由振动情况下，我们想要解释的系统的周期长度和周期特点全是由于系统自身的固有的结构（Frisch，1931c：134），无论是被迫或自由振动不仅依赖于现象的性质还依赖于我们解释得非常全面的理想（Frisch，1931c：134），弗里希发现只用受迫振动来解释经济周期很难得到满意，这不仅是事实问题更是方法原则。

今天我将讨论一些动态分析运用的例子。特别地，我会考虑一个封闭的系统用来展示自由振动，正如我在前面的讲稿中说过的，如果我们想要解释经济中的波动，就必须运用的一种分析。对于这种波动有两个基本问题，第一个是当前模式，即振动的幅度是如何由振动系统固有的结构决定的（讲座 4）。

传播和脉冲现象之间的区别构成了弗里希对经济波动建模的理解的主要理论贡献。他的视野不仅有工具范围——它完全适合于经济周期和宏观经济学的概念。他认为这个区别可用作商业周期分析的理论框架构造，因为它提供了需要建立经济系统均衡所需的东西。

庞加莱会议的讲座给了他机会，可以让他广泛地讨论研究经济周期的微观方法和宏观方法的区别，在总体上更广泛地进行经济分析。讲座 4 介绍了一种特定商品的需求，供给和产量的微观动态部分均衡，并按教学方式用完全分析和数学描述给出了结果。

上面提到的《卡塞尔纪念集》中三个方程的模型在讲座 4 中首次出现。这个模型已被熟知并在计量经济学的历史中讨论了很多，我们将不再过多地描述。

正如所说，弗里希强调加速器是经济体制产生周期的核心，它受在挪威的早期研究的影响。在这方面最重要的影响是伊纳森（Einarsen，1904）和施罕德（Schonhender，1927）。他们都认同再投资周期是波动的主要原因，他们的影响在弗里希（1927a）那里得到了认可。因此，伊纳森先于里昂（1909）、米切尔（1913）和克拉克（1917）提出了这一系列的论点。伊纳森（1904）利用落后时间解释了连续期间的经济活动萧条和扩张，要求生产必要的资本存量来满足消费的增长。

对弗里希的影响，比伊纳森（1904）影响更大的是施罕德（1927），他在再投资周期上直接激发了弗里希（1927a），在初始投资了不同持续期的商品，然后弗里希分析了替代投资，利用施罕德的假设投资是短时间跨度且耐用期限集中在一个平均值上。

弗里希相当简单地用公式描述了第一个再投资模型。他假定再投资过程紧随着初始投资的实现。安德威格（Andvig，1985）认为这个假定是不稳定的，它预示着脉冲概念的出现。由外生的随机冲击激发的再投资过程，它的特点是资本的时间结构是单峰的，且能产生减少的周期。再投资周期不断累积。当净投资随机发生，不规则模式便会更强。如此，从 1927 年以再投资周期为基础的商业周期的研究进入了弗里希的研究日程。弗里希（1927a）提出了抑制周期的存在，并且结合时间能够解释时间序列中不规则周期存在的原因。摇摆木马模型因此可被认为是在 1927 年提出的。

从 1927 年起，弗里希就建议为了阐明再投资周期和新投资以任意方式介入到再投资过程之间的关系，应在统计分析研究经济周期的原因基础上，补充理论研究。补充的统计分析和理论分析对他的商业周期理论（Frisch，1927a：141）提供了思路，并在庞加莱学院做了如下工作：

> 在早期的文章中，我第一次讨论了一定的动态关系系统：需求、供给和产量三者之间的关系，如果系统在初始位置保持不动，这些关系会抑制振动。虽然我们知道事实上振动不会被抑制，这就看上去是悖论。波动大小会改变，有时剧烈波动，有时波动较小，但是不会系统地减少波动。事实上，系统自身不能通过自己保持不变，这显然可以解决这个悖论。系统是受到不同类型的随机冲量的冲击（讲座 5）。

摇摆木马模型让弗里希调整了经济系统的动态均衡理论和在真实经济学中用来描述明显的不均衡的情况。这样他就将理论和事实协调一致了。在这些问题上的研究工作推迟到战争和他的工作进度赶上以后，在“二战”以后，商业周期分析不再是他关注的重点。

讲座 6：多重变量分析的危险性

弗里希在第 6 章的开始回顾了计量经济学的发展是由“确定理论关系的精确的数学表达问题”（讲座 6）而激发的。我们在其他地方讨论了弗里希的经验调查研究是从查证的角度进行的，详见弗里希（2005）和杜邦·基弗（2003：2，5 章）。然而，亨德里和摩根（1995：52）表明对早期的计量经济学家而言，测试即是证实。接着博曼斯（2003）说道，在弗里希的框架中，我们将模型看作是做实验的地方，认为实验的草案是合流分析。

弗里希对合流分析的方法研究构成了三篇论文。第一篇是“统计变量的相关性和分散性（Frisch，1929a）”，发表在一本发行量很少的期刊上，因此几乎被忽略了。合流分析这个术语也未被引入。在 1934 年发表的是“利用完全回归系统的统计合流分析”（1934a），提出了结构概念并集中于同时性和识别性（虽然这两个术语都未在书中提到）。弗里希（1934a）是征集的文章，是 180 页的手稿，而且很难理解，弗里希（1955a：xxvii）。但早在一年前，在庞加莱的讲座 6 中，弗里希就对他的想法已经给出了更详细的描述。不幸的是，这篇文章已找不到了。第三个合流分析的文章是“在经济宏观动力学中统计对理论的联系”（Frisch，1938），评论了国家丁伯根联盟的计量经济的分析。弗里希区分了合流关系、结构和自主关系。结构的关系指定经济理论的内容是具体的关系，而合流关系来源于结构的方程组，比如递减形式。讲座 6 通过对弗里希（1929a）的深入分析，比合流分析专题论文早一年提出实验方法论。

1936年，弗里希的方法论在世界计量经济学会上以扼要的几乎模糊不清的形式发表了。

A理论研究：①定义变量；②声明你假定存在于变量间的结构关系；③从一些合流关系推导出合流弹性，它们表现为在子集中的其他变量为常数时，一个变量的变化对其余变量的影响。a. 利用这些关系推导出这些关系在子系统中也是兼容的。b. 考虑受到外生冲量后系统的反应动态分析提出稳定条件。c. 考虑整个系统如何随着时间进行演变。B统计研究：④得到最后方程。最后一个方程是合流关系，它的自由度达到最小值，关系中的系数有确定的唯一的统计含义。最后方程不会有数据满足。⑤仔细检查这些数据，利用统计方法现在被称为合流分析的方法得出经验表达式。⑥如果最后一个方程只包含一个变量且是线性的，可以建立它的特征方程并求解。现在真正的时间图像受到一些不稳定的冲击而为加权平均值，这个加权平均值由即将隔离的系统给定。⑦基本的逆变化问题：a. 有给定的图确定系统的权重；b. 确定冲量；⑧利用由逆变化确定的权重试着进行预测并假定（在没有其他更好的信息下）未来冲量为0（菲尔普斯·布朗（Phlps Brown），1937:365-366，简单的略述）。

在讲座6中，弗里希用更具吸引力的方式表达了他的观点，即计量经济学函数的统计解释：

为了简单一点，我假定我们研究的关系是线性的。对于目标，接下来的线性假定不是人们最初的认为有限制。事实上我会讨论最重要的问题是关于系统中变量的大小以及它们的自由度。在线性情况下与更普遍的情况下，这些都有相似的特点。

在文章中弗里希显示出了优秀的教学技巧，并提供了以下基本的且易理解的有关合流分析的介绍：

三种关系的区别，三种关系分别是：①结构关系；②膨胀的汇合关系；③抑制的汇合关系。

考虑一个矩形。已知矩形的面积 y 是底乘以高。如果 y 是矩形面积的对数，x_1 是底的对数，x_2 是高的对数，我们可得到

$$y = x_1 + x_2 \tag{6-17}$$

现在考虑所有底的长度等于高的矩形，即需满足的条件为

$$x_1 = x_2 \tag{6-18}$$

对于这种特殊类型的矩形，面积等于底的平方。这样我们有

$$y = 2x_1 \tag{6-19}$$

但还有另外一种方式描述这种特殊形式的面积，这个方式不是经常用但毫无疑问它是正确的，即：

$$y = \frac{3}{7}x_1 + \frac{11}{7}x_2 \tag{6-20}$$

当 $x_1 = x_2$ 时，式（6-20）正确地表示了平方面积。还可以用更普通的方式写成：

$$y = b_1 x_1 + b_2 x_2 \tag{6-21}$$

其中，b_1，b_2 是任意常数且满足条件

$$b_1 + b_2 = 2 \tag{6-22}$$

关系式（6-17）是结构关系，它有以下两个性质：第一，无论其他关系满足与否，它都成立。这样它就是自发关系。而且，右端

的两个变量相等，也就是说它对右端任何数值都满足。

第二，关系式（6-19）是我所称的抑制汇合关系，它与结构关系的不同在于只有式（6-18）成立，它才成立。但是当右端两个变量的值相等时，式（6-19）与结构关系相似。式（6-19）中右端只有一个变量，这样变量可取任何值。

相反地，关系式（6-20）是膨胀的汇合关系，与结构关系有两点性质的不同。第一，式（6-20）只有其他关系式，即式（6-18）成立，它才成立，而且式（6-20）中的变量不一定相等。

有必要指出在不同情况下，系数不同的意义。在结构关系和抑制的汇合关系中，系数是有意义的，但在膨胀的汇合关系中，常数却没有准确的意义。式（6-21）中它只表示两个有任何意义的常数之和（讲座6）。

讲座7：时间序列的分解和反演问题

弗里希回顾了早期讲稿中定义的主要的理论原理，特别是受迫振动和自由振动之间的区别的重要性。

在计量经济学中见过的几乎所有的时间序列甚至是其他序列，我们都能发现一些典型的模式，例如短周期、长周期、长期增长等。这些不同的波动有不同的理论解释。一些周期可解释为受迫振动，例如季节变化。其他的可用动态关系来解释。实际上，我已给出例子说明动态关系的结构如何决定时间曲线的形状，我也说明了随机冲量如何保持动态系统振动。这是理论和解释的说明（讲座 7）。

参考之前在讲座 6 中的讨论，弗里希回到了理论分析和经验调查研究之间关系的讨论上：

今天，我将置身于不同的角度。我们假定已知一个时间序列，我问自己如果我们不能（即使我们已经得到了现象的解释理论）用经验研究给定的曲线，是否有可能发现一种方法用来确定给定曲线的组成成分。这就是时间序列的分解问题。这也是我今天想要讨论的问题（讲座 7）。

弗里希没有运用流行的光谱分析，因为一方面，当周期的性质随着时间逐渐改变，光谱分析就不是很好了；另一方面，他不仅需要较长的时间序列，而且长期的观察也有不定期的影响。所以弗里希运用了“土”方法。弗里希关心的是一系列工具，而不是唯一的工具机械地运用，当然有必要知道这一系列工具是如何使用的（讲座 7）。在他的工具箱中，有大量复杂度不同的方法：一方面，迅速图表方法可快速给出答案；另一方面，复杂的且需要数学技巧的则需要深入分析和计算设备。他将精力集中于增强方法，当分析者对某种可能在数据中出现的周期有很好的直觉时，保证这些方法有效。这些工具的主要目的是为区分每个不同周期而扩大周期，并尽可能清楚的识别转折点。分析中的危险就是使用中的工具，会产生虚周期，这对所谓的扩大器是真的。

然而关于扩大器，虚周期的产生是十分明显的。事实上，一个扩大器是线性运算，它的因素在我们想要增强的频率周围明显减小。但是它产生于在我之前的文章中已提到的讨论，这个运算几乎一定会产生有该频率的虚周期。接着，我就面临一个尴尬的情形。我们想知道给定的序列是否包含一定的周期。为了找到答案，我们有必要利用扩大器，但在这个过程中，我们会制造与所寻找的相同类型的周期。然后，我们如何知道我们所预测的结果是真实存在于数据中，还是仅仅是我们自己制作出来的？这个问题，早期文章中的讨论有助于解决它。我们或许可以确定所期望发现的虚振动的振幅。通过比较先前的振幅和由经验观察的振幅，可以提供线索确定我们找到的振幅是虚的还是真实的（讲座 7）。

弗里希很热情地研究他的工具，但仍然很遗憾的是，他的工具箱和工具说明书在当时都没有被广泛运用。

讲座 8：哲学混乱论

弗里希用更沉重的笔记，整理他在庞加莱研究所的文章，包括对科学家研究的性质和知识成果的认识和感受。弗里希涉及了与外面世界概率性质相关的认知讨论。他以科学规律的概念开始，代表给定同样系统的数学关系，坐标系是指利用非奇异转换，可转换它所有的复杂度保存在另一个坐标系中。

如果观察发现有一些小的失误，那么有关转换的情形就发生了根本改变。这种情况下，转换本身的性质开始对观察结果的复杂度产生了独立的影响。事实上，如果我们想要确定的系统规律有不规律的波动，根据所观察的系统，那么留下的什么是规律本身的概念呢？

我将讨论这个问题的三个方面：首先，我会专门对统计规律的不变性作一点讨论；其次，说说外生世界现象的可逆性；最后，可观察法则的严谨性和核心问题是我们如何构建观测法从而更好地贴近现实，这也是最重要的方面。这个问题的三个方面会推导出相同的普通的结论，即我们得到的所有外生世界的观察和结论都是相对的。我们总结外生时间的概念本质上是完全混乱的（讲座 8）。

他对统计规律的不变性的讨论如下：如果在二维坐标系和非奇异线性变换中，给定离散的观察结果，其中非奇异线性变换可转换离散点到另一个二维坐标系中。然后人们可能会产生以下问题：估计的回归线是否也会变换到另一个坐标系中呢？答案是“不会”，简单的线性变化大多数的回归方法都是可变的。

因此，弗里希开始怀疑经济规律的不变性，或是回归方法的不变性。事实上，这个对他已是熟悉的主题了，他在（1929a）就已经探讨过了。而且弗里希还怀疑在坐标系中进行转换时，通过随机错误观察估计得到的关系的保存，以下面预测性文字结束。

如果不是主要的，我们在社会学、生物学及上面所有的物理学中遇见的问题，只不过是选择一个坐标系而不是另一个坐标系的问题。但是我们在哪儿呢？通过改变变量，我们可让已有的规律消失，或者我们自已发现规律并赋予它我们喜欢的表现。

但是接下来什么是科学的对象呢？不断地关注科学就是找到理论模式，新的坐标系更好地满足所谓的现实。如果科学发现了矛盾，就需要修改理论，引入其他变量，总之进行变换。这样做以后我们可以说，现在已经成功找到更加符合经验的模式。这意味着什么呢？这意味着科学让变换比之前更接近奇异变换。你可能会发现科学令人厌恶的地方；你也可能更喜欢将科学活动看作对永远在我们之外的客观事实的公正的研究。

现在我们可以对我所将呈现的观点给出最后的结果。有必要将这个观点转换成生物层面假设我们有某种生物体，他有全新的感受器官，感受器官可存储影响（x，y）。他生活在混乱的世界上。它没法预测未来，也不能用自然之力供养自己。因此，他最有可能被清除。但是其他生物体会发展，或许一些供给感觉器官会受到(u，v)的影响。这些生物体生活在美好的世界里；他们可以发现世界规律然后发明自然科学。他们的科学会根据发生的生物转变，研究同样的单一转换。但是有更多的科学，受成功的鼓励，会从事推测和研究新的奇异变换，这个奇异变换超越了目前的生物变换，它们定义了感觉器官，在新的领域中同时既抽象又具体，有无限的可能发现新的所谓的自然规律（讲座 8）。

在 1970 年他的诺贝尔演讲中，弗里希选择回到在庞加莱研究院未发表的文章推断部分的消极观点上。他说这个题目在他心中封存了几乎 36 年。

十分清楚的是，一个人生存下来的机会会随着他找到他的“外生世界”的规律越多而越大。适者生存简单地排除了那种没有生活在规律世界中的人。无论它是否能利用这里或那里的一些部分变换，只要能发现新的更强的规律，对科学而言就是一种胜利。如果最终的现实是混乱的，随着时间进化的总数（生物的和科学的）都会趋于一个方向，这个方向会产生巨大的奇异变换使得人们最后处于一个有规律的世界中。我们怎样才能在科学的基础上，排除所发生的事物是真实的呢？当我们讨论最终现实时，这是我们面对的重要的问题。是我们创造了自然规律还是发现了它们？（Frisch，1970a：218-219）

结论：计量经济学和社会工程学

1933年春天，在庞加莱研究院，每一篇弗里希写出的文章对计量经济学的历史提供了有趣的证据。然而，一起考虑的话，它们给予我们独特的机会去构想和理解弗里希的计量经济学中的定义。这八篇讲稿阐明了统计学、计量经济学和数学的统一体的概念。在庞加莱研究院的讲座用更具体的方式描述了这个统一体反映了弗里希的雄心，他将计量经济学塑造成以观察和数量关系设定为基础的科学。这个要求是弗里希启发教学事业和庞加莱讲稿的主要思路。

在讲座系列中，弗里希旨在描述清楚有没有可能结合经验数量计量经济学和理论数量计量经济学。这就是为什么他在讲稿中一开始就讲述了计量经济学是怎样应该满足测量和数量要求的。将这个必要性付诸实践的最明显的领域是价值理论，更特别的是边际效用的测量。他的证明显示计量经济学家有必要的工具解决由生理和心理原因产生的现象，结果改变了性质。弗里希借助于生理概念和时间观点，提出计量经济现象改变的性质，特别是补偿现象。

一方面，接着讲座的主题是分析研究计量经济学的效用；另一方面将时间引入了计量经济学中。弗里希清楚地描述了静态与动态分析法之间的区别和变与不变的计量经济现象性质的区别。这个区别被看作相关周期分析的基石。虽然当时经验事实和最新的理论发展反对均衡概念，但物理学中的区别让我们更好地理解了弗里希的方法，他将均衡概念引回到商业周期的讨论上。动态学的引入是使经验调查研究和理论观点 致的机会。

这样，庞加莱的讲座既不可能也不值得将弗里希对时间序列的研究与他对加速器原理研究隔离开。很清楚的是这两个共存的论点是相同性质的研究和经济周期产生原因的结果。

我们能理解为什么合流分析变得对弗里希那么重要。这个方法如同经济分析了结合数量分析、经验研究和动态学，它对计量经济学的发展很关键。弗里希对数据过程和理论关系的经验估计的担心使他提出了想要说明的新科学规律的认识状态的问题。他的结论会给读者惊喜，因为读者总是将弗里希与确定性范例结合在一起。但是讲座 8 的结论或许应该被看作弗里希的物理主义理想一致性的关键因素。

庞加莱讲稿给我们机会得到了弗里希科学工作完整的、统一的观点，让我们想象弗里希研究的画面。然而，证明和分析弗里希研究的一致性本身没有目的，但它帮助我们理解他 1945 年以后研究的两个特点。

一个特点是关于连接和统一数量经济学、统计方法和统计数据。这个问题有两个方面：第一，这个结合依赖于知识的独特思想，知识试着满足推导过程以及对社会和经济范围中现象的归纳理解；第二，独特思想产生了特别启发工具的定义和发展，这些工具引起了计量经济学和结构建模的特殊性。

另一个特点是弗里希给出的有特色的定义，计量经济学不仅是启发式的工具也是计划政策工具。在紧要关头，不只是达到政策目的的计量经济学的仪器。他对计量经济学中的定义的核心依赖于经济学家在 1950 年强调的社会责任的反应。

需要阐明的是，弗里希定义的计量经济学、数学和统计学之间的特别结合处是否可以解释利用计量经济学的工具和方法论可以作为经济政策的方法。更准确地说，弗里希特色的计量经济学是否包含了经济政策理论的根据？弗里希工作日程中有两个明显的方面：结构建模和经济政策。在研究领域人们熟知的相关性的框架中，重新定义了经济学家的工作和角色——不仅在科学领域的角色还是在整个社会的角色。给定了经济现象的性质和社会中的角色，计量经济学家是不是就应该变成社会工程师？这是计量经济学研究交织的两个方面——科学研究和工程学——让我们联合弗里希计量经济学中新规律的定义的演变，而不仅是经济学专门分支的发展。

第 1 章
计量经济学的哲学基础、公理化方法和数量效用

对计量经济学的量化尝试主要包括两个方面，二者同等重要。一个方面是显然易见的，即以经济关系中定量理论的定义作为出发点，提出一个尽可能符合逻辑和定量定义的抽象方法。另一个方面，即数据统计方面，在这里使用的是经验数据，我们试图将实际的经验数据融合到抽象的定量关系中去。我们努力向别人展示，这些理论是如何在工业领域或是消费行业中显现出来的。这些定量元素的真正统一才是计量经济学的基础。

我们应当从这些章节所给的示例中明确两点内容。其一，什么是抽象量化和具体量化；其二，两者是如何相互作用的。看到这里，也许在你的脑海里马上就会提出异议。也许你会说，无论我们怎么试图去量化经济学规律都将是徒劳的，因为经济学有必要考虑到心理因素，而心理因素却是无法被量化的。

让我来告诉你，这种说法是毫无根据的。在我看来，由于与心理因素有关的条件性容易引起混淆，所以只有满足了这种条件性以后，心理因素才有可能在给定域下被准确量化。心理学在经济现象

这方面的重要性是毫无疑问的，这一点计量经济学家必须考虑到。同时我们也承认作为现代科学的心理学能很好地服务于计量经济学家，所以这并不意味着心理学成为了经济学量化研究前进的阻碍因素。

大多数心理学现象，尤其是那些计量经济学家感兴趣的现象，并非自发出现，而是皆与外部客观现象紧密联系所引起的。这些外部现象能够进行量化研究，并且在很大程度上能够作为指标或晴雨表进行测量，这样我们就能够间接度量心理学现象了。

举例来说，人类对不同商品的欲望可以通过评估他们的行为来度量，度量人们是否愿意更努力工作来获得商品，度量人们是否愿意在某种利率下交易商品，等等。这些往往是我们能够度量的客观事物。

让我们再举一个例子，比如说，当银行业出现危机的时候，储户在提取存款时就难免会产生不信任的心理。这不只是一个自发产生的心理事实，更是一种普遍的心理现象。这是公众在分析经济形势特征的时候，已经提前对这种在客观且可衡量的情形下的发展进行一段时间考察的结果。它是一种非常正常的现象，也是一个可以预测的现象，并且当客观条件成熟时在经济周期的某一阶段必然发生的一种现象。

在心理学和客观条件之间的这种相互依存关系中，存在着大量的经济学事件。对于一组完整的现象来说，这是完全有可能将其引入到方程参数中来间接解释人类心理学，并且乍看之下这组现象比人们所认为的要广泛得多。

计量经济学家在制定相应的定量规律之前，关键的条件必须要得到满足。这种必要条件不是指心理因素的存在，而是指这些经验现象必须要表现出一定的规律性。所以，无论这些现象是否与心理因素相关，只要是有章可循并且能够通过观察现象总结出来，那么都是可以被量化的。换言之，规律性的有无与心理因素的有无没有必然的联系。

为了让你对计量经济学量化工作的性质有一个更精确的认识，我将通过实例为你展现有关这个特殊话题的细节部分。经济学家为了建立效用的量化概念，做了很多探索工作。在接下来的部分，我将和你探讨有关经济学家在效用的量化方面所做出的不懈努力。

在最初的阶段，经济学家试图摆脱这一概念，因此经济学家在经济学领域做了不少尝试，尽管做了很多努力，这个概念依旧存在。我们甚至赋予了它其他的名字，这是事实，但我们一直无法做到真正地完全摒弃它。举一个通俗的例子就是，当你不断从正门把它扔出去的时候，它一次又一次地出现在屋里，由此可见，它可以从后门偷偷溜进来。因此在我看来，我们不妨接受这个现状，在原有的基础上，尽量将自己的理解融入到效用的概念中去，然后尽可能地将其作为一个量化概念来重新界定。

首先，计量经济学家所使用的效用概念与当前语言中所使用的效用概念未必是相同的，这一点我们必须要注意到。经济学家认为我们可以用一种特殊的方式来更好地定义这个概念。为了避免混乱，弗里希引入了一个专业术语来定义这一特殊的效用概念，并将其称之为**满足度**（ophelimity）。在下文中，我们将一直使用这个词汇。

我会先从直观的角度来看，先假设满足度这个概念即效用，是可以从数量上进行定义的。然后，再在对我们自身情感和情绪反思的同时，反问自己，我们到底可以从这种假设中得到什么结论？之后，我再就这个问题从公理化的角度进行讨论。

让我们考虑这样一种情况，如果当一个人认为其幸福感的强弱可以用其所消耗的商品来衡量的时候，那么他就会认为消耗的越多，幸福感越强。让我们假设我们可以在某些方面量化定义一个人想要获得某种商品的渴望程度，即衡量一个人渴望消耗更多这种商品的强烈程度，在这里我们姑且将其定义为**强度**（intensity）。那么我们猜测，这个强度很可能是关于商品消耗量的递减函数。我们可以描绘一条曲线（见图 1-1）来表示这个函数，并将其称之为**边际满足度**（marginal ophelimity）。**总满足度**（total ophelimity）也可以在图中体现出来，简单地说，总满足度可以用曲线以下与两坐标轴所形成的面积表示。我们翻遍了经济学领域几乎所有的初级教材，才最终确定了以这种方式来描述这一概念。这一效用概念的推广应该归功于奥地利学派的政治经济学领域。

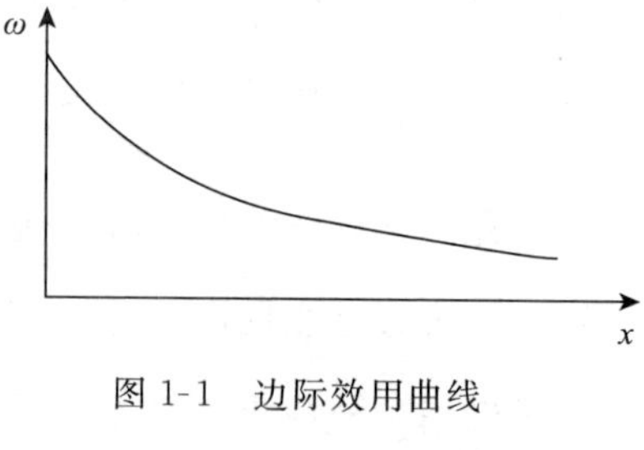

图 1-1　边际效用曲线

由于这个概念继承了奥地利经济学家的思想，所以我们必须要清楚的一点是，这个概念的定义实际上是模棱两可的，我们在接下来的论述中有必要对这两种曲线进行区分。为了着重强调这两种曲线的本质，首先需要解决的是奥地利学派未涉及的关于效用方面的问题，也就是人们实际体验的效用问题。我们讨论的这个问题不是存在于消费行为期间而是无消费期间，换句话说也就是**节制消费期间**（abstention）。

比如，由于这样或者那样的原因，一个人很长一段时间都无法接触到糖，那么与之前相比，他对糖的欲望很可能会愈发强烈。根据**节制消费曲线**（abstention curve）或内生增长曲线（internal growth）可知，这个人对糖的欲望确实会增强。我之所以使用内生增长这个术语，实质上是用以区别**外部增长**（external growth）的。关于外部增长，稍后在下文中我会再加以解释。

内生增长曲线可以用坐标图形象地表示出来，以时间为横坐标，欲望强度为纵坐标（见图 1-2）。从图中我们可以明显地看出，随着时间的推移，对该商品的渴望就愈发强烈。这条曲线的形状不仅符合讨论商品的特征，也符合个人的思维特征，同时也是奥地利学派所认为的边际效用曲线。

节制曲线的增长率实质上就是强度对时间的一阶导函数，计算公式如下：

$$\omega' = \frac{\mathrm{d}\omega}{\mathrm{d}t}$$

我们将这种增长率称之为**内部欲望增长**（internal want increase）。这种强度的增量是源于生理方面的需求，并且是随着时间的

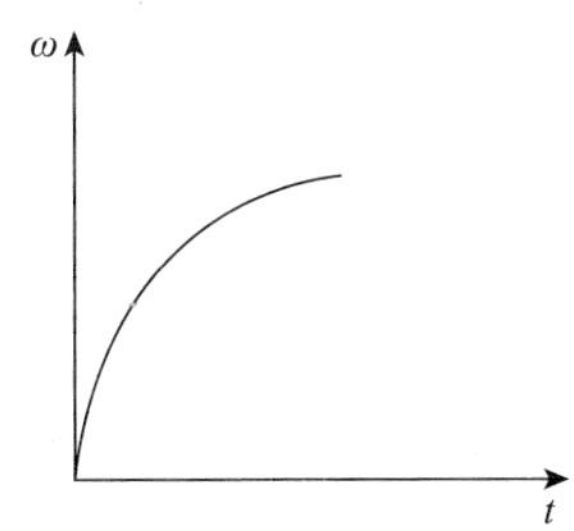

图 1-2　节制曲线

推移慢慢呈现出来的。如果我们假设节制消费曲线的增长率即 ω' 是关于强度本身 ω 的函数，那么我们就可以说，这个函数只适用于**纯增长**（simple increase）的情形。显然在这种情况下，这条内生增长曲线一定是单调的。反之，如果该曲线不单调，那么当它通过一个最大值时，则在最大值附近必定存在一个低于该最大值的 ω 值，且这个 ω 值就会对应两个不同的增长率值，即一个正解和一个负解。显然这与上文纯增长的情形是不相符的。

现在让我们开始讨论与节制消费期间相反的情形，即消费期间的函数构建问题。首先，让我们先设想这样一种情形：在一个人刚刚消耗完一定量的商品后，他对该商品的渴望程度势必会有所减弱的，至少是在得到满足以后较短的时间内是这样的。换言之，消费带来的满足感来得太快以至于在这个过程中还没来得及产生内部增长。我们将这种由于消费而带来的满足感的过程称之为**淬火**（quenching）。一个典型的例子就是，一个人为了迅速解渴，喝水肯定比平时要快很多，这两者其实是一个道理。

对于这种由于淬火行为的发生而带来的强度的变化，也可以用一条曲线表示出来，并且这条曲线也是递减的（见图 1-3）。横轴代表消费期间所消耗的总量，纵坐标代表强度。在这种情况下也一样，我们考虑引入**淬火系数**（quenching coefficient）这个概念，来表示纵轴上强度的变化速度。淬火系数公式如下：

$$\omega^{*} = \frac{\mathrm{d}\omega}{\mathrm{d}X}$$

其中 X 是所消耗的总量。在简单的**淬火**（simple quenching）情况下，ω^* 将是强度 ω 的函数。

现在让我们考虑一种更复杂的情况，不仅考虑到一个人在淬火短期内的消耗，而且包括前后连续的一段时间内的情况，即我们考虑由历史曲线所定义的个人消耗量 x_t，即每单位时间的消耗量。当历史曲线上 x_t 给定时，我们就可以推算渴望程度的历史演变问题。

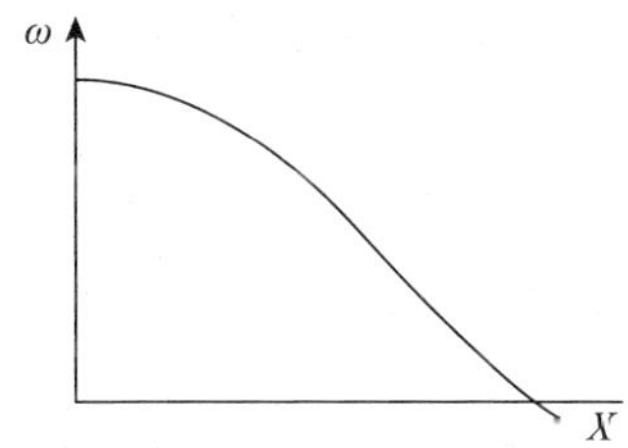

图 1-3　淬火曲线

前面我们所介绍的内生增长率 ω' 和淬火系数 ω^*，是后面我们解决问题的两个必要元素。要说明的是，我们假设的情况是从 t 变化到 $t+\mathrm{d}t$ 时，间隔的时间 $\mathrm{d}t$ 趋向于无穷小。在此期间，我们研究发现该变量存在两方面的影响，一方面是随着时间的推移呈增加的趋势，另一方面是随着消费量的增加呈不断递减的趋势。我们假设这两种趋势相互之间是可以进行简单叠加的。这似乎是因为我们之前考虑到时间间隔为无穷小的情况，从而得出了一个比较合理的假设。那么我们就可以得出在此间隔内的内部增长为 $\omega'\mathrm{d}t$，进而得出由消费引起的外部的变化量为 $\omega^*\mathrm{d}X=\omega^* x\mathrm{d}t$。将两者简单相加得出总的变化量为 $(\omega'+\omega^* x)\mathrm{d}t$，总的变化率 $\dot{\omega}=(\omega'+\omega^* x)$。

让我们考虑这样一种特殊的情形，当每单位时间的消耗量大到足以抑制内部增长的程度时，那么强度将既不会增长也不会递减。那么当总的变化率 $\dot{\omega}=0$ 时，我们就可以得出消耗量的大小，公式为：

$$x = \frac{\omega'}{-\omega^*} \tag{1-1}$$

如果是在简单淬火的情形下的话，那么式（1-1）的右侧$\frac{\omega'}{-\omega^*}$将仅仅是关于$\omega$的函数。换句话说就是，这个函数定义了一条曲线，这条曲线建立了强度和单位时间的消耗量x之间的联系（见图 1-4）。

我们称这条曲线为**维持曲线**（mainenance curve）。这条曲线同我们前面讲的淬火曲线一样通常也是递减的，但是二者却是两条完全不同的曲线，揭示了两类不同的经验事实。

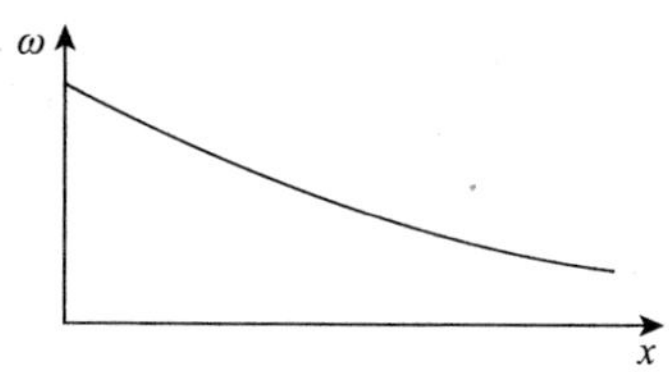

图 1-4 维持曲线

虽然淬火曲线是递减曲线，这是一个事实，但二者没有直接的因果关系。所以我们也不能由此推断出保持曲线也是递减的结论。关于保持曲线是否是递减的问题，不仅与淬火曲线的递减性有关，也与产生内部增长的途径有密切的关系。从式（1-1）中我们马上就可以得出保持曲线递减的充分必要条件是：当强度ω产生变化，且内部强度的增长率小于淬火系数时，曲线呈递减趋势。

在实际生活中，消费并不是连续发生的反而呈现出一定的离散性。具体而言，在发生两次淬火行为之间的时间间隔里才会有内部强度的增量，并且时间的长短也是不同的。我们可以思考不同的时间间隔下的三种不同的情形，如图 1-5 所示。

图中的情形Ⅲ表明，频繁的消费行为会导致强度的平均水平相

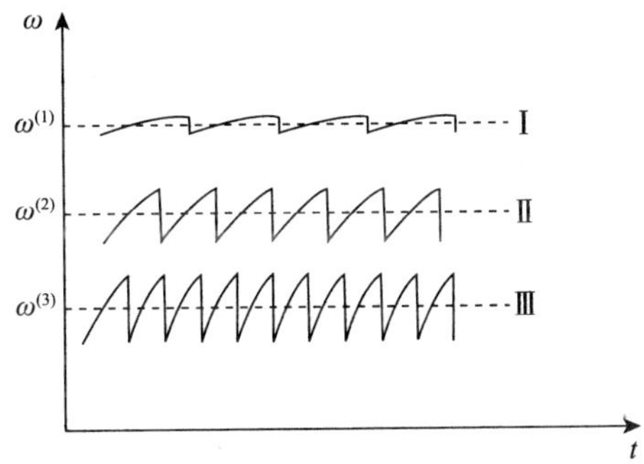

图 1-5　节制与淬火的三种表现形式

对较低。相反，情形Ⅰ则表示在消费没有那么频繁的情况下，强度不仅平稳且平均水平相对较高。显然，情形Ⅱ则是介于两者之间的中间级别。当然，虽然从图中我们可以得出以上结论，但我们并不是说消费越少，强度的平均水平就越高。很明显，平均水平的高低不仅取决于产生消费行为的频率，也取决于每次消费的质量。图 1-5 只是表明了这种可能性。图 1-5 实质上告诉我们，对于任一种情形，例如情形Ⅲ，我们都可以问这样一个问题，强度的平均水平与平均消费量是怎样相互对应的？为了清楚这一点，我们不妨先假设至少能用一种近似的方法来明确强度的平均水平与单位时间消耗量之间的关系。于是我们就定义了另外一条曲线，这条曲线在大多数情况下都能够最真实地反映经验事实，至少能够近似地描述两者之间的关系，那么这条曲线就是我们所说的保持曲线。

保持曲线的先决条件是假设消费是连续的，这条曲线看似有些抽象，但是作为一种分析复杂情况的有效手段，比图 1-5 更具实用价值。

人们很容易将这些结论推广甚至应用到一些商品事例中去，但是我将不会这样做。不得不说，这些言论确实能够帮助人们从直观的角度更加快速地理解效用概念的含义。但是现在，让我们姑且先将这种直观的感受搁置在一边，试着从公理化方法的角度去考虑。有了这个思路，我们可以尝试通过精确量化来定义满足度这个概念。

假设我们面对的是给定的个人或家庭，那么本定义的依据将是由一系列的实验和一连串的问题所组成。根据这些选择题的答案，我们试图推断出目标系数，我们将其称之为**选择系数**（choice coefficients）。借助这个系数，我们就可以量化定义满足度这个概念。

我们所期望得到的问题及其答案的本质能够通过一系列选择性公理进行定义。虽然这些实验是嵌套在选择题中的，但并不一定意味着这些实验就要被具体实施。它们应被视为一种逻辑工具，就如同在相对论中我们会运用光信号来定义时间概念一样，这些实验就相当于光信号的作用。

在下文中，让我们考虑这样一种情况，选择题中暗含的交易是有指定条件的。也就是说，参加实验的个人或家庭一旦接受实验所提供的商品，在接下来的实验中这些实验者是没有权利进行市场交换的。换言之，实验中的个人或家庭必须要消费他们已经接受了的商品。我们将附带约束条件的选择题称之为直接题，没有约束条件的选择题称之为间接题。

首先，我们要对**选择情况**（choice situation）和**选择对象**（choice object）这两个概念进行严格明确的区分。我们考虑将它们作为两个完全独立的逻辑实体。选择情况主要是对当选择题暗含的交易发生时的个人情况，进行一个完整的描述。而选择对象则是描述交易本身。

让我们以一个普通的工薪家庭为例。假设这个家庭的消费预算是专门给定的，并且进一步假定在这种状况下有人会赠予他们礼物。

①在接下来的一年里或者每个月送一磅火腿；②或者在这一年里提供 36 张电影票。

这里的选择情况就是给定的预算，火腿和电影票是两个可供选择的选择对象。这两个概念之间的本质区别在于选择对象是受选择范围限制的，比如只能在火腿和电影票这两种具体的事物中选择。相反，选择情况则指预算给定但选择的事物不受限制的情况。这也构成了实验者的背景，也就是说在他还没有对以上的两种选择对象做出决定之前，他不能改变现状。

初看之下，选择情况和选择对象之间的区别似乎是相当明显的，也许根本没有必要刻意指出。然而，这种必要性却有它存在的价值。当我们尝试从公理中得出结论，并试图对这些结论进行精密且复杂地分析时，如果我们不随时提醒自己这个区别的话，我们就很有可能陷入逻辑错误的误区。

我们一定不能将选择情况与接下来所说的**决策情况**（decision situation）混淆在一起。两者未必完全相同，不同之处在于，当我们将选择题对其公开时，后者包括了个体所处的所有情况。如果这两种情况完全相同的话，我们就称选择题是直接题，反之，则是间接题。在所有的间接题中，我们假设个体或多或少具备想象的能力，能够想象当所处的环境发生变化时，对健康带来的影响后果。

对于我们所追求的目标而言，我们认为几乎可以忽略经济选择情况和有效决策情况之间的差异性。因为对于我们的逻辑结构来说，这种差异相对较小。这个事实告诉我们，理论分析应该建立在对现实中的真实选择充分了解的基础之上。

在下文中，我们在一个抽象空间里用一个"点"代表一个选择情况，而抽象空间的坐标轴代表这个情况的各种特点。我们要强调的一个事实是，这里所说的空间与我们通常所说的 n 维定量空间有所不同。特殊之处在于，在这个定量空间里，我们能够用一个点将一个选择情况很好地表示出来。同样，我们也可以在另一个抽象空间里用点表示所有的选择对象。我们将这个空间定义为对象空间，我们也假设它也是一个定量空间。鉴于这种几何表示，我们就不得不在这里再引入一个概念，即选择位置。因为在下文中可能会多次提到选择位置一词，而不是选择情况。

攻击计划的逻辑是建立在选择对象和选择位置相互分离的基础之上的。先假设选择位置是给定的，然后再思考与该位置相关联的对象空间内部会发生什么。此过程能够帮助我们定义最大方向的概念，即明确与选择位置相关的各边际满足度之间的关系。这就是我们所说的**本地观点**（the local point of view）。

然后我们可以将两个与不同选择位置相关的选择对象空间进行

比较。通过比较，我们不仅仅要明确与选择位置相关的各边际满足度之间的关系，还必须根据个体的不同特点对满足度的大小限定一个幅度范围，满足度为常数的除外。这称之为**地区间的观点**（the interlocal point of view）。这样量化定义了**边际满足度**（the marginal ophelimities）以后，我们就可以将它们看作一个向量的分量，这里所说的向量与抽象空间内每一个代表选择位置的点都相关。

我们可以将对象空间和选择位置空间的某种关联思想引入到我们所研究的问题中去，也就是说，在某种程度上考虑用可度量的概念来描述这两个空间。因此，这是一个避开边际满足度的新的逻辑单元。这个新的逻辑单元可以帮助我们定义总满足度，甚至基于动态的观点得出更加复杂的满足度概念，即定义满足度时还应该考虑到时间因素。这是我们攻击的总体规划。

当然，时间不会允许我过多地去关注细节，但无论如何我都将会指出其主要特性。表 1-1 中所列的是我在接下来的论述中将会用到的定理。

表 1-1　选择性公理

	判　定	传递性	可加性
本地公理	$\binom{a}{P}>\binom{b}{P}$	假如 $\binom{a}{P}>\binom{b}{P}$， 且 $\binom{b}{P}>\binom{c}{P}$， 则 $\binom{a}{P}>\binom{c}{P}$	假如 $\binom{\alpha}{P}>\binom{\beta}{P}$， 且 $\binom{\gamma}{P}>\binom{\delta}{P}$， 则 $\binom{\alpha+\gamma}{P}>\binom{\beta+\delta}{P}$

（续）

	判　定	传递性	可加性
地区间公理	$\binom{a}{P}>\binom{b}{Q}$	假如$\binom{a}{P}>\binom{b}{Q}$， 且$\binom{b}{Q}>\binom{c}{R}$， 则$\binom{a}{P}>\binom{c}{R}$	假如$\binom{a}{P}>\binom{b}{Q}$， 且$\binom{c}{P}>\binom{d}{Q}$， 则$\binom{a+c}{P}>\binom{b+d}{Q}$
关联公理		$P+a=Q$（定量）	（3a）接触公理 $\omega_i(\omega_{jk}-\omega_{kj})+\omega_j(\omega_{ki}-\omega_{ik})$ $+\omega_k\ (\omega_{ij}-\omega_{ji})=0$ （3b）潜在公理 $\omega_{ij}=\omega_{ji}$
连接公理		假如$\binom{a}{P}>\binom{b}{Q}$， 且$\binom{\alpha}{P+a}>\binom{\beta}{Q+b}$ 则$\binom{a+\alpha}{P}>\binom{b+\beta}{Q}$	
可逆公理	$\binom{a-a}{P}=\binom{0}{P}$		
迂回无差异公理	如果 c 是闭合曲线，则$\binom{c}{P}=\binom{0}{P}$		
点决定公理（位置公理）	假如（$P\rightarrow R$）>（$P\rightarrow S$），则（$Q\rightarrow R$）>（$Q\rightarrow S$）		
结合公理	假如$\binom{a}{P}>\binom{b}{Q}$，且$\binom{c}{R}>\binom{d}{S}$， 则$\binom{a}{P}+\binom{c}{R}>\binom{b}{Q}+\binom{d}{S}$		

表中所列定理的正确性与否，不应完全根据**先天的因素**（a priori considerations）来评判。在实际生活中，人们会或多或少地发现一些令人匪夷所思的情况，而面对这些情况，这样或那样的定理就显得不那么合理。我们需要时刻谨记的是，在经济学中我们关注的

往往是那些普遍的现象，而并非一些孤立的事例。我们这里所说的个体仅指有代表性的典型个体。我们要科学辩证地看待公理化结构以及合理运用这些公理。首先，先选择恰当的公理对我们推断结果进行调查研究，然后再验证这个结果与实际观察值是否一致。如果验证出公理结果与现实情况很接近，那么我们就可以判断出它们的合理性。如果我们还停留在用当前的统计观察方法来对选择进行分析的话，那么我们现在就不能够对我们所得到的具体的数值结果进行研究。在这个领域，已经出现了大量的出版物，本文将参考的范围限定在这些成熟的出版物中。美国的经济学家对不同商品的市场结构进行了研究，在本文中我将特别提到美国经济学家在这一领域所作的贡献。当然，我也会提到笔者自己编写的一本《测量边际效用的新方法》(1932) 一书。今天我将着重解决有关公理的逻辑性问题，并分析这些问题可能会给人们带来的影响后果。

首先，让我们了解表 1-1 中的第一个公理，我们称之为本地公理。

对选择公理而言，我们必须要做一个基本的假设，即先假设一个个体的选择情况 P 是被明确定义的，并且在情况 P 下有两个选择对象 a 和 b 可供选择。那么这个个体将知道如何进行选择，但他的答案不外乎以下三种情况：

①a 比 b 好

②b 比 a 好

③a 或 b 无差异

假设选择的决策情况可由本地判定公理来表示。符号“>”表示“优先选择”的意思。这意味着这个公理就能够满足上述一个答案的要求。显然，本地判定公理优点在于每次可以对两个对象进行比较，但是当面对多个对象时，我们还希望根据个人偏好对它们进行排序，在这一点上本地判定公理就无法满足我们的要求。面对这种困境，我们不妨借用公理的传递性原理。在**选择状态**（in choice situation）P 下，如果一个人认为 a 比 b 好，又认为 b 比 c 好，那么我们就认定这个人也认为 a 比 c 好。这个公理的运用，不仅使得我们不再局限于两个选择对象的比较，甚至也使得我们根据个人偏好对多个选择对象进行排序成为可能。

从某种程度上说，传递性公理是用来定义**无穷小对象**（infinitesimal objects）的一个公理。这就是我用希腊字母而不是拉丁字母，对传递性公理中出现的对象进行表示的原因。随后，让我们来解释一下本地可加性公理。可加性公理假设讨论的对象是如此之小，以至于不会对个体选择倾向产生任何影响。因此，在这种假设前提下，无论他是否接受单个或多个对象，个体对新对象的选择偏好都不会发生任何改变。

通过结合运用本地可加性公理，我们最大的收获是定义了最大化方向这个概念。运用本地可加性公理，我们构建一个向量 ω，向量的分量是 $\omega_1,\cdots,\omega_n$，向量 ω 具有以下性质：如果 $\delta_x=(\delta_{x_1},\cdots,\delta_{x_n})$ 和 $\delta_y=(\delta_{y_1},\cdots,\delta_{y_n})$ 分别代表两个选择对象，且 δ_{x_i} 和 δ_{y_i} 分别表示两个对象中第 i 个商品的增加量，则与 δ_y 相比，δ_x 是被优先考虑还是被拒绝接受，取决于向量积 $\omega\cdot\delta_x$ 是大于还是小于向量积 $\omega\cdot\delta_y$。

如果 $\omega \cdot \delta_x$

$$\omega \cdot \delta_x = \omega_1 \cdot \delta_{x_1} + \cdots + \omega_{x_n} \cdot \delta_{x_n} \tag{1-2}$$

大于 $\omega \cdot \delta_y$，则 δ_x 被优先考虑，反之则被拒绝。换句话说，向量积 $\omega \cdot \delta_x$ 可以看作是对象 δ_x 的选择系数。通过运用以上三个本地公理，除了分量的比例系数无法确定外，我们已经可以初步定义向量 ω。也就是说，该向量的方向可以确定，但长度不能确定。

这个推理适用于**选择位置空间**（in the choice position space）中的任意一点，换句话说，我们可以为选择位置空间里任意一点，定义一个方向确定但长度不定的向量。向量的长度会在两点距离间任意变动，唯一可以保证的是，它永远不会消失。这些是我们根据本地公理能够推断出的结论。为了省去繁琐的证明，在这里直接引用我于 1926 年发表的文章《经济学问题》中的结论。

值得人们注意的是，这种说法暗示选择对象空间是一个定量空间，并且空间维数要与商品的数量一致。这是我们讨论向量问题的前提条件。我们在这里所定义的矢量方向，无非就是埃奇沃思、欧文·费雪和帕累托所定义的最大化方向。

众所周知，最大化方向的概念对交换市场的静态理论发展来说已经足够了，但是对于一些其他问题，显然这个概念还有不足。因此接下来，我们有必要引入向量长度这个概念。

为此，让我们先来了解什么是地区间公理。地区间公理与本地公理非常类似，唯一不同的是，本地公理比较的是同一选择情况下点与点之间的比较，而地区间公理则是对不同选择情况下相对应的点进行比较。地区间的判定公理是这样描述的，即如果选择情况下 P 对应对象 a，另一选择情况下 Q 对应对象 b，那么个体肯定会在两者之间做出一个选择。对于地区间公理的传递性和可加性也是同样的道理，这里就不再赘述。

当我们将地区间公理引入到问题中时，我们也可以用其来对函数进行判定，这个函数表示空间中向量长度的变化，但是到目前为止，这个函数还是任意的。现在对选择位置空间内的每一个点来说，这个函数已经减少到一个常数了。该矢量的分量可以对我们所讨论的商品的边际满足度进行定义。地区间公理的引用，不仅使得量化定义边际满足度成为可能，在所有选择位置上都相同的常数除外，而且也能够对存在质疑的个人的特征进行描述。

截至目前，我们依然认为选择位置和选择对象作为两个完全不同类别的概念，是无法进行比较的。对于这一点，我将在下文中详细说明，这也是我直到现在才对其进行论述的原因。这是由于在大多数关于满足度概念定义的分析讨论中，特别是在分析的初始阶段，关于选择对象和位置是可比较的这种错误思想就已经先入为主了。因为我们通常会进行这样的假设，即在定量空间里这两个概念能够被相同轴上的点所表示。这个过程无疑告诉我们，要想明确定义最大化方向和边际满足度的概念，就必须将对象和选择位置化成同一单位。其实这是完全没有必要的。

只有当我们将要对其进行进一步的分析时，我们才需要考虑选择位置与选择对象之间的特定关系。在以下分析中，这种思想的引入就显得极其有必要。例如，当我们要系统地研究选择位置空间里关于满足度向量从一个点改变到另一个点的变化情况时，也就是不得不对向量的变化率和位置的变化率进行比较时，显然这种考虑是相当有必要的。进一步讲，如果我们想将这种分析进行到底并进而引出总效用的问题时，这种考虑将显得更加有必要。

这个思想对我们最大的启发是，假设被接受的某一对象能够以一种明确的方式对选择位置进行改变，换句话说就是，在个体对所有的新小对象进行充分评估的基础之上，再以一种确定的方式将相同的条件改变。虽然这种改变可以是不同类型的，但考虑到一般情况，这种假设似乎是合理的，即假设对象改变位置的方式是唯一确定的。这意味着我们可以假设，接受选择对象在个体在本地或地区间问题中的答案的全部后果，这些问题可以简单地通过所述对象的参数向个体说明。

事实上，我们将某一对象 a 添加到选择位置 P 上，相当于将该个体引到另一位置 Q 上，选择位置 Q 将根据位置 P 和对象 a 进行明确定义。同时这也是我们在关联公理中需要表达的思想。

与定义边际满足度的思想相比，上述提到的思想是最基本的新逻辑单元。也就是说，前者不会涉及关联公理。因为在对边际满足度进行定义时，无论是在不同的选择位置之间还是在选择位置与选择对象之间都不存在关联性。然而在这里，我们已经建立了这样的**关系**（an affinity）。通过建立绑定，我们在选择空间里又定义了**路径**（a path）这个概念。空间里的路径可以将不同的选择位置连接起来，需要指出的是，路径本身也是一个选择对象。

这里所说的关系暗指选择位置 P 和对象 a 唯一决定选择位置 Q，颠倒过来就不可行，也就是说两个位置 P 和 Q 不能唯一决定一个对象。换句话说，从 P 到 Q 存在多个路径。关联公理的运用，使得我们对最大化方向和满足度向量长度的变化的研究更加有意义。

让我们先只对因接受对象所引起的选择位置的变化进行研究，并将其看作一个常量，另外对于其他的情形，为了获得较为准确的答案，我们有必要专门设定公理化问题。这样我们就不必将其他事情用几何来表示了。借助这些我们已经可以对特征性变量进行表示，具体而言，通过个体所接受的量化对象，明确定义这些特征性变量。

到目前为止，关于这个问题的所有关键元素的概念基本上都已界定完毕，并且都可以将它们在一个 n 维定量空间里进行几何表示。轴线数与商品数相一致，空间里的每一个固定的点都代表一个选择位置，以该点为起点的任何运动都代表一个选择对象。这种运动既可以是一个微小的变动，或者也可以用一条有限长的曲线来表示其变化。空间中的每一个点都与向量 ω 相关。因此，我们将引入一个类似于物理学中向量场的概念。在这本书中，我们将矢量场定义为**选择场**（a choice field）。

在矢量场中，我们要学会辨别一些特殊的情况，这对于我们以后的研究来说非常有价值。首先是**本地接触情况**（local contact case）。在这种情况下，最大化方向不断地从场中的一个点变化到另一个点，然后形成一个标准面，如此说来，可以将这些面组合在一

起形成一个曲面族，这样这个曲面族就可以穿越整个选择位置空间。这种情况有一定的评判标准，必须满足以下公式

$$\omega_i(\omega_{jk}-\omega_{kj})+\omega_j(\omega_{ki}+\omega_{ik})+\omega_k(\omega_{ij}-\omega_{ji})=0 \tag{3a}$$

其中 ω_i 表示满足度向量的第 i 个分向量，且有 $\omega_{ij}=\dfrac{\delta\omega_i}{\delta x_j}$。这就是表中第三行接触公理所表达的意思。初看之下，这个标准似乎涉及了满足度向量长度的问题。然而，如果我们将这个向量与任意点的函数相乘的话，我们就会很容易推出条件公式（3a），说明公式（3a）是恒定的，与向量长度无关。

从位置选择观点来看，接触面的存在丝毫不意味着无差异面也存在。根据公式（3a），我们也不能得出接触面代表总效用的函数水平这个结论。事实上，直到进行到这一步，我们都还没有涉及总选择的内容。我们还没有将任何选择公理考虑到所讨论的问题中去，而选择公理将引导我们将无差异的概念甚至满足度的概念都理解成一个确定的点函数。当本地公理、关联公理以及条件（3a）同时得到满足时，就会形成一个**恒定面**（the constant surfaces），这个恒定面将表示纯粹的边际意义。它们唯一的用处就是对最大化方向变化的方式进行描述，除此之外没有任何其他的意义。

通过接受地区间的公理，我们可以考虑一种更特殊的情况，在这种情况下，向量长度的变化需要满足公理（3b）所示的综合条件。我们可以很清楚地看到，尽管我们没有指定任何通用成分，我们也可以制定这一标准。但是，前提条件必须满足这个假设，即假设向量长度的变化在场中能够被量化定义。也就是说，在制定标准（3b）

前，我们首先要认同地区间的公理。

如果条件（3b）得到满足，那么我们就可以利用已知的终点对路径的向量积分进行定义。这样定义存在的一种可能情况是，一个函数的偏导数正好是该向量的分量。在这种情况下，条件（3a）就更要被满足，并且根据条件（3a）我们也得出潜在水平面与接触面完全相同的结论。现在，场向量及其长度使得接触面有了一定的数值意义。

但是我要强调，其实直到这一点，数值潜在的概念与个人总的选择也没有任何关系。这些公理能够对总选择的后果进行验证，但直到现在，我们还没有将这些公理考虑到这种情况中去。有一点可以肯定的是，如果条件（3b）能够得到满足，我们就可以对该向量求积分，但对于这个积分是否会成为总选择的一个指标，这一点还不能肯定。

有一点不可否认的是，似乎大多数作者在处理满足度的问题上都会犯一些诸如定义不准确甚至根本性的错误。原因在于，他们或多或少地隐含了这样一种假设，即如果可积条件能够被满足，那么**可能性**（a potential）就存在，并且可以将其看作总的满足度。

然而，这是不正确的。那么我们就从这里开始对总满足度概念中存在的关键问题展开讨论。为了将向量积作为一个根本选择指标来理解，在这里我们有必要引入一个新的基本公理，即连接公理。只有通过接受此公理，我们才可以将向量积分理解成一个总选择指数。

让我们来了解一下这个新公理的逻辑内容。我们根据关联公理得知，对象的接受可以对位置上唯一确定的变化进行解释。同样，我们现在也必须明确新形势下的选择特征。关联公理主要是对位置和对象之间的可传递性公理进行定义。假如，一个人不仅认为位置 P 上的对象 a 比位置 Q 上的对象 b 要好，而且认为位置 $P+a$ 上的 α 比位置 $Q+b$ 上的对象 β 要好，那么这个人将认为位置 P 上的对象 $a+\alpha$ 比位置 Q 上的 $b+\beta$ 要好。在这个公式中，$a+\alpha$ 是通过将曲线 $\begin{pmatrix} a \\ P \end{pmatrix}$ 和 $\begin{pmatrix} \alpha \\ P+a \end{pmatrix}$ 进行首尾相连得出来的。

连接公理（the connectivity axiom）的前提条件是，这个公式能够满足关联公理。我们可以从公理名称上深刻地体会到这一点，连接公理原来的名称为仿射联络公理，但我们通常将其简称为连接公理。连接公理的运用，意味着我们可以推算出满足度在给定路径的向量积分，并且可以将其视为总选择的系数。这样我们就可以利用连接公理来量化定义总满足度。有一点值得注意的是，这个定义与我们上文所说的可积条件是完全独立的。唯一的不同是，如果条件（3b）成立，那么总满足度将会是一个点函数。如果条件不成立，那么总满足度将会是一种功能性的曲线积分。

这样看来，定义总满足度的关键问题不在于边际选择是否具备一定的函数形式，也就是说条件（3b）中所表示的内容隐含着地区间公理。问题的症结在于，我们能否通过考虑边际因素来得到全方面的结论。关于这一点，在我看来，正如帕累托分析没有达到事物的底层，所以他强调了可积条件的重要性一样，我们现在也面对着同样性质逻辑问题。

在上文中，我已经认可了从连接公理出发来定义总满足度的这种可能性。为了实现这种可能性，我们要尤其注意精确度的问题。仅凭借连接公理，我们就能够实现这种可能性。具体而言，只有尽可能沿着该集成所采取的路径，才能使得满足度增加量，即沿着所有路径保证增加量 $\omega \cdot \delta_x$ 为负的情况。但是，如果我们还运用了不可逆公理，那么这个定义也适用于总满足度的增加量 $\omega \cdot \delta_x$ 不为非负的一般情况。

由于可逆性公理只是作为一个补充性公理对连接公理进行补充，所以我们可以将其称之为可逆性连接。我们通过将关联公理、连接公理和可逆公理结合起来，从约束角度理解可逆性连接的含义。

由于时间的限制，我们将不对其他的公理进行更深入的分析。所以在下文中，我会简单介绍一下它们的逻辑内容。迂回无差异公理是指人的这种心理，即个体对于那些将其带回起点的交易表示不在意。点决定公理是指，当以 P 作为起点时，如果一个人认为位置 R 比位置 S 好，那么即使以另一个 Q 点作为起点时，他仍然会认为位置 R 比位置 S 要好。由于无差异的多重性的存在，我们可以对场中的所有点进行排序，并且有且只有一种排序方式。

最后，结合公理表达了这样一种可能性，即我们可以放大对象的概念。我们现在考虑新的对象，每一个新对象都是由一些我们原来认为的原始对象共同组成。这个公理是定义边际满足度和总满足度的基础性公理，也就是说，此公理有助于我们更好地理解内部增长和**淬火**（quenching）。

出于严谨的数学精神的考虑，当我们面对这一系列公理时，我们不得不先解决一些关键性的问题。这些公理之间到底是相互兼容的还是独立的，我们必须清楚这一点。在这里，我不可能对这些疑问进行更深入、更系统的讨论，只能对一个例子进行简单的分析。接下来，我尤其要先阐明一下连接公理的基本作用。

首先需要说明的是，连通性甚至是可逆性，根本就不意味着无差异迂回公理。我们可以简单地设想这样一种情况，如果个体行为的边际选择不是来源于潜在因素而是受场向量所决定，那么这一个体的总体选择将由其所沿交易路径推算出的向量积分来决定。就因为有了连通性，才使得无差异迂回公理等同于点决定公理。

如果我们有了连通性，那么点决定公理就与可积公理等价。但是，如果连接公理没有事先得到满足，那么可积公理和点决定公理表示的将是两种不同的事物。了解了这些以后，让我们来分析接下来的例子。假如一个人的选择总是 Δx，并且是否定义这个选择取决于系数 φ。

$$\operatorname{coe} f\begin{pmatrix}\Delta X\\ X\end{pmatrix}=\varphi\ (X)\ \cdot\ [c_1\Delta X_1+\cdots+c_n\Delta X_n]$$

$$=\varphi\ (X_1\cdots X_n)\ \cdot\Sigma_i c_i\Delta X_i$$

其中 $\varphi(X)$ 是价格的正定函数，$c_1\cdots c_n$ 均为常数。从这个公式我们很容易看出点测试公理的应用，因为，如果 V 和 W 为任意点，那么有

$$\mathrm{coe}f(X \rightarrow V) = \varphi(X) \cdot \Sigma_i c_i \cdot (V_i - X_i)$$

同理，

$$\mathrm{coe}f(X \rightarrow W) = \varphi(X) \cdot \Sigma_i c_i \cdot (W_i - X_i)$$

则有

$$(1)\mathrm{coe}f(X \rightarrow V) - \mathrm{coe}f(X \rightarrow W) = \varphi(X) \cdot \Sigma c_i \cdot (V_i - W_i)$$

同理有

$$(2)\mathrm{coe}f(Y \rightarrow V) - \mathrm{coe}f(Y \rightarrow W) = \varphi(Y) \cdot \Sigma c_i \cdot (V_i - W_i)$$

显然，如果一阶差分为正，则二阶差分也为正，因为系数 φ 是一个正定函数。以上推理也适用于负定函数的情形。这样，点决定公理可以得到满足。

另一方面，本地公理和地区间公理也适用于该个体，向量分量

$$\omega_i = \lambda\varphi(x_1, \cdots, x_n) \cdot c_i(\text{其中 }\lambda\text{ 为任意常数})$$

偏导数为 $\omega_{ij} = \lambda \cdot c_i \cdot \varphi_j(x_1, \cdots, x_n)$，其中

$$\varphi_j(x_1, \cdots, x_n) = \frac{\delta_\varphi}{\delta_{x_j}}$$

如果 φ 是一个点函数的话，显然我们就不能得出 $\omega_{ij} = \omega_{ji}$ 的结论。也就是说，在可积条件不被满足的条件下，我们是可以进行点测定的。但是在这里，我们主要考虑满足可积条件的特殊函数。假如 φ 是给定的函数，即

$$\varphi(x_1, \cdots, x_n) = c_1 x_1 + \cdots + c_n x_n$$

那么有 $\varphi_i = c_i$。显然，这个函数是满足可积条件的。

接下来让我们分析一下这个函数能否满足连接公理。公理的连接性可以用公式这样表示：

$$\begin{bmatrix}\Delta X \\ X\end{bmatrix} > \begin{bmatrix}\Delta Y \\ Y\end{bmatrix}$$

$$\begin{bmatrix}\Delta' X \\ X+\Delta X\end{bmatrix} > \begin{bmatrix}\Delta' Y \\ Y+\Delta Y\end{bmatrix}$$

那么意味着：

$$\begin{bmatrix}\Delta X+\Delta' X \\ X\end{bmatrix} > \begin{bmatrix}\Delta Y+\Delta' Y \\ Y\end{bmatrix}$$

即

$$\varphi(X)\cdot\Sigma_i c_i\cdot\Delta X_i > \varphi(Y)\cdot\Sigma_i c_i\cdot\Delta Y$$

且

$$\varphi(X+\Delta X)\cdot\Sigma_i c_i\cdot\Delta' X_i > \varphi(Y+\Delta Y)\cdot\Sigma_i c_i\cdot\Delta' Y_i$$

可以推出，

$$\varphi(X)\Sigma_i c_i\cdot(\Delta X_i+\Delta' X_i) > \varphi(Y)\cdot\Sigma_i c_i\cdot(\Delta Y_i+\Delta' Y_i)$$

在一般情况下，当这个不等式不成立的时候，我们完全有可能以这样的方式来选择 $\varphi(x)$。这样，即使该函数不具备连通性和可积性，我们也可以进行点测定。也就是说，能否进行点测定与连接性没有直接的关系，只要该函数具备可积性，我们就可以对其进行点测定。

这个结果可能会让我们感到很惊讶，但是如果我们能够时刻牢记连接公理的基本作用，我们自然而然就能给出十分合理的解释。这个公理向我们展示了一种分析问题的新思路。通过这种分析方式，我们能够确保不同公理之间的兼容性和独立性，由此保证了结果的准确性。目前，美国学者亨利·舒尔茨、哈罗德·霍特林和哈罗德·戴维斯在这个领域已经做了很多的尝试，同时也取得了巨大的成就。在此期间，我也很荣幸地结识了弗雷德里克·沃博士。弗雷德里克·沃博士那时正在致力于运用理论与数据统计相结合的方法研究选择场结构的工作，例如可积条件及其在市场机制中的作用研究。我相信，选择的公理化分析将为这些研究的发展奠定坚实的基础。

第2章

静态和半静态的计量经济学理论示例，垄断、多头垄断及力的概念

在今天的讲座里我要处理一些静态经济学理论方面的问题，你们可以得到一些其他类型的精确经济学示例。昨天我基本上只给你们讲了一些公理和定量定义的成立历史，今天我们要将注意力转向力的概念、他们的内部关系以及市场中均衡或者非均衡的趋势。

当然，今天我们也要形成一些定义，我会特别地解释在经济学领域中力的概念，只是今天的关键主题会是经济机制重要部分的运行。我会讲一些产生于静态经济学中的问题，比方说一些结合了均衡的概念和力的概念的问题，但是我不会用这些概念处理系统的运行难题，系统运行方面的问题是我们第3章和第4章要讨论的重点。然而，今天我还要做一个分析让大家明白我们距离一个必要的动态分析只有一步之遥。我们定义了力的概念，也将此概念应用到了市场均衡等重要问题的分析上，我们由此也创建了一个理论工具，明显地将本文从单纯的静态分析推向了真正意义上的经济学分析。

我即将给大家讲的案例来自多头垄断理论领域，当然首先给大家讲一点有关这个理论方面的概念和关键词及其在经济学中的定位

会对大家的理解更有帮助。在经典经济学领域，自由竞争的概念占据了重要的一席之地，可以毫不夸张地说，这个概念几乎是经典经济学领域所有理论分析的基础。

我们研究在市场中如何确定产品价格，生产如何找到均衡点，国民收入如何在参与生产的各方分配，而几乎所有这些研究都要靠一个基本假设来维持，这个假设就是参与分析的所有经济实体比如企业、生产要素提供方等都处在一个自由竞争的环境里。

这里不必要讨论这个假设的细节，我们只要知道这个假设暗示着在这个经济大环境里每个代理人（企业、要素提供者）都无法凭自己单方的行为对整个经济产生影响，这样就足够了。换句话来说，就是每个个体的行为都可以被当作虚拟变化，因此可以产生一个理论，在这个理论里每个个体行动的外界条件已经事先为他设定好了。例如，市场的交易者在给定的价格下进行交易，生产者在给定的要素价格下调整生产要素的投入等。

因此这是一个在理论分析上有很大简化的方案，我们不可否认的是这个极度简化方案在大量经济环境中得到了可观的分析结果，正如我们从 19 世纪下半叶知道的一些事实一样。

有一种情况我们不能简单地以自由竞争假设来对待，取而代之产生了一个新的特殊理论：垄断理论。这是与自由竞争相对的另一个极端，在这里只考虑一个个人或企业，大到可以凭借自己的参数就可以对整个经济产生影响，比如垄断商品的价格。

绝对垄断的概念就像自由竞争概念一样，是对一种极端情况的简化，显然，单一垄断者的提出也是对整体的一个简化，我们也要认识到这种简化在我们过去分析经济学现象时对我们帮助都很大。

随着经济社会不间断地改革，也让自由竞争和垄断这两个极端的简化假设越来越脱离实际，我们生活在一个经济大时代里，这个时代的趋势就是充斥着各种形式的垄断联盟、金融集中化以及产品技术过程形成于越来越大的经济体。

但是另一方面又表明这些趋势没有完全消除竞争元素，某些情况的竞争反而比在经典经济学理论的社会体制中体现得更为激烈。实际上我们仅能想到很少的一些例子表明集中化趋势已经被推向一个绝对垄断的极端，大部分时候我们看到的是一些大公司彼此之间或多或少的竞争，我们也会发现一方面非常大的公司之间有竞争，而另一方面一些小公司之间也有竞争，并且后者显然表现得更像经典经济学中典型的企业行为。

这种情况亟待我们去找到一个经济理论来契合实际、发展进而在绝对自由竞争或单纯垄断的假设中分析问题，也要存在另外一种理论假设允许若干数量的个体或企业大到足够影响整个行业却不至于垄断它，那些个体（个人或企业）的行为不再是构成虚拟变化而是实际变化。从机械语言的角度来说，这些单位不再是原子而是有限的物体，随着这些单位之间关系的发展，研究就变得很必要，这就是力的展示。以上就是多头垄断理论的内容。

当只存在两个单位，即两个人或两家企业之间的竞争时，这里就涉及双头垄断。同理，当只有三家单位时称作三头垄断，存在 n 家单位时就称作多头垄断。每一个单位都大到足以对整个形势产生可观的影响，我们给他们取个名字叫作多头垄断者，甚至更简单就叫垄断者。

在研究多头垄断的时候有必要先想想我们能想到的策略类型的多样性。垄断理论的第一部分专门用来观察不同类型，这里必须根据它们对经济机制可能影响的本质进行分类。

鲍利（Bowley）教授似乎是第一个注意到必须对不同策略类型进行区分的人，在这里我简单指出鲍利提出的不同类型然后将其扩充一些，因此在接下来的分析里将要用到的其他类型也会介绍到，如表 2-1 所示。

表 2-1 策略类型表

Ⅰ	基本调整策略
	A. 数量调节者
	B. 随机价格调节者
	C. 选项接受者
	D. 选项发布者
Ⅱ	参数行为策略
	A. 自发行为
	B. 推测行为
	C. 优先行为
Ⅲ	一般协商策略

首先我们要提到的是基本策略类型，其中最简单的就是数量调节者。个体在给定的价格下可以买进或者卖出某一商品，而买卖数量可以由个体自己决定。数量调节者的典型例子就是自由市场里的

个人购买者，注意，这是一个商品数量远大于购买者需求量的自由市场。对于这个购买者来说，商品价格是给定的，而商品数量则是可以由他自己决定的变量。

需求或供给曲线的一般概念就是建立在这种策略类型上的，事实上，对于数量调节者来说他可以针对不同的价格分别来决定他要购买的数量。这种结合了价格和数量的曲线就是一般需求曲线。而数量调节者就是我们能想到的最简单的一种类型了，也只有在这种简单类型下才存在一般供给曲线和一般需求曲线。经典经济学的高度简化也是建立在一般供给曲线和一般需求曲线的思想上。

我们经常会遇到和本来设想的有点相反的情况，比如给定了数量而价格又是购买者可以自由改变的变量。一个典型的例子就是当购买者跟生产者商议购买某固定数量某种规格的产品需要付多少钱的问题，简单来说这是一个难以对付的问题，因此厂商必须根据购买者说出的数量来调整商品的价格。

这种情形和数量调节者之间的重大差别在于，在现在所说的这种情况下，个人是无法确定在他的支配下单方面改变参数大小是否能达成交易。在投标的情况下，交易是否发生取决于价格调整者也就是本文中的厂商所决定的价格，价格定得越低买卖实现的可能性越大。我们可以假设对于任何给定的数量，个人都是依据利润的数学期望最大化来设定价格的。只有这样，价格的微小增加导致的利润增加才能很好地和交易达成可能性的减少相平衡。因此，我们称那个在这些条件下决定价格的人为随机价格调整者。

显然，在这个例子里，我们也可以考虑列出一连串数量，再记录个人根据给定的数量提出的价格，于是可以得到一条曲线，即随机供给曲线。用类似的方法还可以得到一条随机需求曲线，但是那两条曲线会和一般供给曲线、一般需求曲线完全不一样，其中最大的区别就是现在提到的曲线上的每一点都是从概率角度决定的。

对于一个厂商来说，随机供给曲线永远处于单位成本曲线的上方（假如我们忽略厂商临时出于特殊原因而亏本卖出产品这种情况）。

假如厂商为给定数量来调整价格而做出的概率估计不是特别复杂的话，代表随机供给曲线的形式会和单位成本曲线很相似。作为第一个近似处理，我们可以设想随机供给曲线就是单位成本曲线往上移动一定的距离，更一般的做法是，我们设想随机供给曲线的价格是单位成本曲线的线性函数。

见图 2-1，如果曲线 CC 是平均成本曲线，随机供给曲线就是曲线 AA。为了更好地展示出随机供给曲线和一般供给曲线的区别，我会简单地标出一般供给曲线在图 2-1 上的位置。让我们来看看边际成本曲线，也就是关于产品数量的成本衍生曲线。我们很容易就推算出，这条曲线和平均成本曲线相交于一点，这一点就是平均成本曲线的最低点。我们定义曲线 BB 为边际成本曲线，如果厂商是一个数量调节者，我们很容易发现在一个低于平均成本最低点的价格位置，如果忽略厂商任何可能临时亏本卖出的动机，他就不会进入市场。在一个较高的价格点，他增加了供应，而此时价格刚好等于产品的边际成本。一般供给曲线会被经过平均成本线最低点的水平线和平均成本曲线上面的边际成本曲线区域（一直递增）整合在一起。

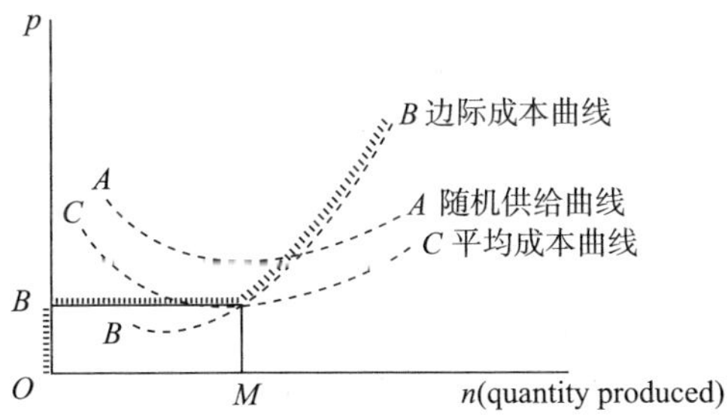

图 2-1　随机供给曲线

对图 2-1 中曲线 AA 和曲线 BB 的对比，让我们更明白地看到所谓的数量调节者和随机价格调节者策略类型画出的曲线之间的必然区别。

现在我们要看看第三种策略类型了。假设买方或者卖方既不决定价格也不决定数量，而是第三方提供一个既定价格和数量的交易，个体必须对此做出“是”或者“否”的回应，我们称处于这种情况的个体为选项接受者。这个人所处的情形显然没有数量调节者和随机价格调节者那么有利。我们同样可以为选项接受者构思一条供给或需求曲线，这条曲线就是区分对价格一数量组合回答“是”的个体和回答“否”的个体的边界曲线，我们称之为被迫供给曲线。

对于厂商来说被迫供给曲线就是单位成本线，显然厂商会根据他的利润的正负来决定是否接受这个选择，在这里我们也要忽略任意出于临时特殊原因作出的亏本交易。因此，在图 2-1 中，厂商的被迫供给曲线就是单位成本线 CC，这很好地表明了一个选项接受者在面对某人知道他的单位成本线并且知道如何开发这条成本线时所处的弱势地位。这样说来，这个人可以沿着选项接受者的平均成本线出价而让选项接受者最后毫无利润可得。

在经济学文献中，这三类曲线：一般曲线、随机曲线和被迫曲线通常都是混淆的。我们通常看到的是某著作断言在成本递减阶段，如图 2-1，向 M 的左边走，供给曲线就是单位成本线；而从 M 开始往右，单位成本线开始递增，供给曲线就是边际成本线。而在我看来这是错误的，确实有时候供给曲线恰巧就和单位成本线一致而有时又和边际成本线一致，但是这也要基于我们对策略类型做出的假设而不是基于数量轴（横轴）上的间隔。无论怎样，我们已经采用了厂商的数量调节者假设，因此供给曲线绝不会递减，但供给曲线是由水平线部分和边际成本线截面部分组成；另一方面，如果我们采用选项接受者假设，那么供给曲线将是整个区间的单位成本线而不仅仅是第一部分。

与选项接受者对应的就是选项发布者，比如某人无论出于什么原因而处在一个可以迫使其他代理人扮演选项接受者角色的位置，显然选项发出者处在一个非常强势的地位。

我们将这里考虑到的理论方案称作基本调整方案，在这个基本组合里有一个相当简单的方案就是数量调节者方案，而这个方案就是自由竞争的基础。

让我们转向更加复杂的类型，出于此目的，我们很有必要说明一下行为参数的含义。假设我们处于一个存在多头垄断者的环境里，进一步假设他们之间的交流是可以在各自的选择前加一些经济参数来描述整个情境，我们称这些参数为各个多头垄断者的行为参数。

一个例子可以对这个想法进行说明。试想一下，一个厂商垄断者购买了一些同样处于垄断地位的生产要素，用 p 代表最终产品的价格，q 代表垄断生产要素的价格，u 代表产品的数量，v 代表用来生产最终产品的生产要素的数量。由此我们可以假设价格 p 和数量 v 已经由厂商垄断者固定了，而价格 q 已经由要素的拥有者固定了。这种情况不是只存在我们的假想中，现实生活中经常会发生。我们称 p 和 v 是厂商垄断者的行为参数，而 q 为生产要素拥有者的行为参数。

行为参数正如我们定义的一样，必须作为独立参数出现。在我们针对某一问题罗列完所有参数前，有必要确保在定义情境时没有任何东西可以阻止行为参数的自由变动。

让我们回到厂商垄断者购买垄断生产要素的案例中，就存在一般需求曲线而言，假设对最终产品的需求都是有个人主义倾向的。那么 u 对于厂商垄断者来说不能算作行为参数，另外来说 p，既然厂商垄断者确定了 p 就要接受由需求函数对应的数量 u。因此这是一个展示参数是否独立的必要性的简单例子，在更加复杂的情况下检验行为参数之间的独立性是更加精细的过程。

接下来说说，有必要在这里提到关于行为参数之间独立性的另一点。大体上每一个多头垄断者都有能力根据自己的选择确定这些参数，但是那并不意味着他没有考虑到其他多头垄断者的行为。相反，关于确定参数的最终决定都会被一些关于其他多头垄断者的行为或可能行为的复杂思考所影响，通过这种方式所有多头垄断者的行为都会对给定参数产生间接的影响，但是这也不能排除对参数的直接影响取决于那些有实际能力去设置参数的多头垄断者，这就是我们将行为参数的概念引入进来的原因。如此说来我们让 n 以独立变量的形式出现在问题中，每个参数都设置为属于其中一个多头垄断者，尝试着去模拟真实情况并进行系统性分析。

我们定义

$$z_1^1 \cdots z_\alpha^1$$

$$z_1^2 \cdots z_\beta^2$$

$$\cdots\cdots$$

$$z_1^m \cdots z_\gamma^m$$

为多头垄断者 1，2，3，……m 的行为参数。行为参数的总数是

$$\alpha + \beta + \cdots + \gamma = N$$

对这一思想的理论表述我们可以称之为参数调整或者参数行为，更为简洁的表述可以称之为参数计划。这是比基本策略定义的基本调整方案更一般的方案，在参数计划的例子中我们要面对带有 N 自由度的机制，也就是说和行为参数个数一样多的自由度。我们可以研究一下这个机制的运行，比如，它的均衡和非均衡等。

为了这个目的，这里有必要介绍、研究一下 m 号多头垄断者的利益。利益可以是不同形式的，比如说一些多头垄断者可能是厂商，他们的利益是由产品价格和生产要素价格等共同决定的利润；其他

多头垄断者可能是厂商和最终购买者之间的中介，而还有一些垄断者可能是消费者，他们的利益可以用效用函数或者效用指数来表示。从一般方法论角度来讲各种各样的利益的定义并不太重要，我们简单地假设每个多头垄断者的利益可以用一个有 N 个参数的函数来表示，即存在 N 个行为参数，定义如下

$$r^h = r^h(z_1^1 \cdots z^1 \cdots z_1^2 \cdots z^2 \cdots z_1^m \cdots z^m)$$

$$h = 1, 2, \cdots m$$

为我们的利益函数。

显然每个多头垄断者都会尽力达到利益最大化，为了达到这个目的，他可以调整他的行为参数，但是他的利益不仅仅取决于他自己的行为参数，也取决于其他垄断者的行为参数，也许要取决于所有其他的参数。现在摆在每个多头垄断者面前的问题是他们要知道对他自己的行为参数以什么样的方式调整到什么程度最有可能诱导其他垄断者参数的改变。

再一次回到厂商垄断者和要素垄断者的例子里来，假如要素的所有者发现厂商垄断者提高了最终产品的价格，他极可能有意向提高要素的价格。另一方面，假如要素所有者提高了要素的价格，极可能导致厂商垄断者减少要素的购买，而若是有替代品存在，厂商就会尝试在某种程度上用其他要素替代垄断要素。

每个垄断者对他自己参数变化引起其他垄断者参数变化的推测方式都不一样，而这对于我们研究机制运行又是相当基础的东西。将那一条作为出发点并根据垄断者的类型区分不同情况看起来也是

合理的，这一观点似乎很自然，然而在现有的文献里还没有发现类似说法。

我建议在这里根据垄断者的态度来思考三种不同的类型。首先，我要讨论自发行为。就是每个多头垄断者要考虑市场中各种行为参数的大小，但是假设自己行为参数的微小改变不会诱导其他垄断者行为参数的改变。换句话说就是每个垄断者将自己的参数当做变量，而在实际情况中把其他垄断者的参数当作给定的常量。当一个多头垄断者尝试利益最大化时，就假设他处于自发调整的机制中。

这种情形的经典案例就是古诺双寡头模型（Cournot）研究过的例子，对同一产品有两个或更多厂商，假设每个厂商自己的数量调整不会诱发其他厂商数量的相应调整，但是可能导致市场的单一价格的改变，因为他决定的数量的任何增减都会导致整个数量相应的增减。

然后，我们来考虑一下这种情况，就是每个多头垄断者都要想一下改变自己的参数会诱导其他人参数改变的可能性，只是限制在我们能面对的最简单的情况，即每个垄断者都假设其他人参数的改变是自己参数改变的连续函数，确切来说这些函数都是可微的。为了表示这些函数的性质，我们引入弹性

$$z_{ij}^{hk} = \frac{\partial z_i^h}{\partial z_j^k} \cdot \frac{z_j^k}{z_i^h} \tag{2-1}$$

式（2-1）定义的系数表示的是垄断者 k 认为当他改变自己的参数 z_j^k 引起的参数 z_i^h 的变化。

当垄断者 k 改变一点点他的参数 z_j^k 时，我要强调一下这些系数并不一定表示真实情况，而是垄断者 k 自己认为的情况。因此我称这些系数为推测系数或者推测弹性，区别于真实的弹性。

为了表明公式（2-1）的偏导我使用一个特殊符号 z_{ij}^{hk} 来表示，通过转化很自然地设置为

$$z_{ii}^{hh} = 1 \tag{2-2}$$

因此如果垄断者 h 改变他的参数 i，就表明这个参数会同比例变动。在推测系数机制下发生的调整就是推测调整。

我们很容易发现自发调整是推测调整的一个特殊例子，即在这个例子里推测系数矩阵是一个简单的单位矩阵，也即矩阵除了式（2-2）定义的之外只有一个 0 元素。

最后，我们来说说优先调整。这里我们假设在多头垄断者里存在一群有着独立行为的个体，也就是说除了关系式（2-2）里的直接系数以外的所有推测系数都为 0。我们应该进一步假设存在另一组多头垄断者，他们知道第一组是独立行为组并且知道第一组尝试达到的利益最大值的本质，因此第二组的垄断者很清楚地知道第一组的行为。假如存在这种情况，那么我们可以说第二组的垄断者可以在第一组定义的机制下行动。在第二组对阵第一组的情况下就不再有任何推测的系数，现在所有系数都是真实系数。第二组考虑的推测因素仅仅由该组个人的推测系数组成，在这种情况下我们说第二组是在优先调整机制下行动的。

一个特例就是当第二组仅包含一个个体时，这个特殊个体的行

为就类似于当垄断者面对一系列市场时他所能辨别出的行为，在这种情况下他就是统治者。

我们可以进一步构思一个优先调整者的等级制度，例如，第二组里有大量多头垄断者，而存在第三组知道第二组垄断者的反应。然后第三组能够间接发现由第一组和第二组的行为透露出的机制并在此机制上做出行动；也许还存在第四组多头垄断者知道并且能够发现第三组及之前组的行为模式等。假如存在最后一组且只由一个垄断者构成，他将成为整个体系的统治者，设置自己的参数并达到利润的最大化。

到目前为止，在我们能想到的所有类型的调整者中，一直假定问题中的参数都被归类为属于这个或那个垄断者的行为参数。现在我们到了一个更复杂的情境中，在这个情境中这种分类不再成立。那就是当问题中的所有或至少部分参数都不是由一个定义明确的多头垄断者来设置，取而代之的是通过对机制的运行产生深远影响的谈判来确定。

这种情况的具体事例就是一个有组织的雇主群体和工会之间的谈判。这里我们不能说一方或者另一方在自己的要求下能确定薪酬，为了达到一个新的一致，双方都会派代表来进行谈判。这些谈判都会有特殊的技巧，双方会使用他们认为最佳的谈判策略来达到目的。行为参数的想法在这里显得太简单，无法对现在的情形进行描述，泽尤森（Zeuthen）教授曾经研究过这个问题。现在我不该分析这些更复杂的情况，而要回到推测调整的例子里来看看经济机制是如何在那种情况下找到均衡的。

为了分析这个问题我向大家介绍一个针对各个参数的引力概念。这些是多头垄断者用来表达他增大或减小参数的理由的强度系数，显然要依据两件事：第一，依据表达垄断者的利润如何取决于所有参数的函数的本质，我们不得不假设垄断者已经接受了这个事实；第二，他考虑增大或减少参数的理由也取决于他认为的跟随他参数变化而改变的其他垄断者参数所导致的变化，而这些就是通过我们之前定义的推测弹性来描述的推测结果。

结合这两点因素，一个确定的多头垄断者可以出于自己的利益的考虑，对他的一个行为参数作一点点改变，再保持其他参数固定不变，然后就对结果变化有所了解了，之后他会假设其他垄断者的参数会按照推测系数的方式来变化。我们做了假设之后就可以算出关于参数 z_i^h 的利益 r^h 的弹性，也就是说系数

$$\omega_i^h = \frac{\partial r^h}{\partial z_i^h} \cdot \frac{z_i^h}{r^h} \tag{2-3}$$

我们可以称之为参数 z_i^h 的引力系数，它表示的是垄断者 h 增大或减小参数的理由强度。

我们能够很容易地求出关系（2-3）的导数然后把它表示成利益函数的偏导和推测系数的形式。

让我们将 N 个参数 Z_i^h 描绘成 N 维空间里的点的坐标，Z_i^h 代表这个空间里的一个点。如果我们假设推测系数是点 Z_i^h 的函数，那么将 N 个数量 ω_i^h 作为点 Z_i^h 的向量的组成成分也就看上去合理了。考

虑到这些成分的含义，向量表示的是接受了总体和变动趋势的现有市场的引力强度。

由此我们开始研究由 ω_i^h 定义的向量区间里点的运动。从正式的观点来看，这种分析和力学问题的分析相当类似。然而我们点到为止，不会再对这个可能的类比深化研究了。我认为将特殊的经济学问题从力学的角度作细化研究会很有趣。

让我们假设存在两个生产同样产品的多头垄断者有着可以区分的需求，如此一来他们就可以设置两个不同的价格 P^1 和 P^2，并不意味着所有的需求都集中于对最低价格的产品。换句话来说，市场中存在一种摩擦力导致一价定律并不成立，除此之外我们假设存在一般原子需求，而 P^1 可以作为第一个垄断者的行为参数，P^2 可以作为第二个垄断者的行为参数。

当我们给定需求方和两个厂商的技术条件时，利益 r^1 和 r^2 取决于价格 P^1 和 P^2 的关系就很容易用公式表示出来了，我不会花时间将这些公式明白地写出来。

假如推测系数已经给出（系数表达了多头垄断者对其他垄断者行为的态度，其他垄断者的行为是由于竞争者价格变化的结果导致的），则两个引力 ω_2^1 和 ω_1^2 也就是给定的。因此由 ω_2^1 和 ω_1^2 构成的向量 ω 将被定义为在空间（P^1, P^2）里的每一个点，我们称这个空间为调整空间。

现在通过这种方式定义的向量场的结构可以用来描述均衡或非

均衡的趋势。在图 2-2 中我们展示了一个稳定均衡的例子，向量的方向就是在力场里的力线都指向中心点 T。

能描述力场的本质的就是图 2-2 中的两根线，我们分别称之为 1 号多头垄断者和 2 号多头垄断者的引力前沿。1 号垄断者的引力前沿是一条分离调整空间的曲线，在调整空间里，1 号垄断者有意从他本来想降低价格的点开始抬高价格。假如我们发现自己处在曲线的左边，1 号垄断者就想抬高价格，这时在第一或第四象限就有了向量场的方向。在这两个区间的右边出现了相反的情况，而在引力前沿曲线上的某一点，1 号垄断者并不想改变他的价格。换句话来说，向量场是垂直于这条曲线的。同样的道理，2 号垄断者的引力前沿以一个点为标准将调整空间分割开来，这一点是他本想要降低价格的点现在却想从此点抬高价格。

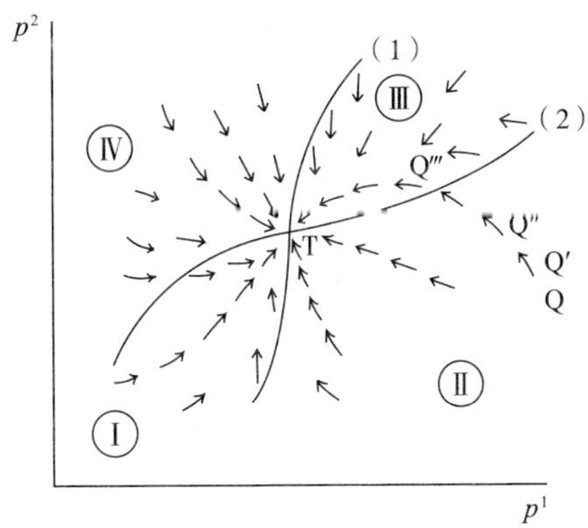

图 2-2　调整空间的引力前沿图

因此，整个区域被分割成了四个象限，分别标为图 2-2 中的Ⅰ、Ⅱ、Ⅲ、Ⅳ象限。在象限Ⅰ两个垄断者都想要抬高价格；而在象限Ⅱ里，1 号垄断者想要降低价格，2 号垄断者想要抬高价格；在象限Ⅲ里，两个垄断者都想降低价格；最后，在象限Ⅳ，1 号垄断者想抬高价格而 2 号垄断者却想降低价格。

既然给出了整个区域的构造，我们就很容易看到最后是如何达到均衡的。假如我们从初始位置 Q 开始，描述整个状况的点会沿着 $Q'Q''Q'''$ 的轨迹一直到点 T。用更具体的话来说，我们可以说第一个垄断者相信（每件事都考虑到了）在位置 Q 他可以通过降低价格来增加利益，而第二个垄断者则认为抬高价格才是明智的选择，结果将导致市场情况向 $Q'Q''$ 转变。在朝这个方向变化之后，2 号垄断者发现在 Q''' 时他的价格抬得太高了，1 号垄断者的竞争已经对他产生威胁。用几何学来表示，就是实际上力的曲线已经穿过了 $Q'Q''Q'''$ 进入了象限Ⅲ。另一方面 1 号垄断者的行为自始至终都保持不变。他一直在降低价格，直到到达那个代表市场达到均衡的点 T 为止。

我们这里看到的通过利用引力场的概念对均衡的研究显然比简单的研究更一般，因为涉及建立一个使两个吸引力的合力最终为 0 的条件。这个条件很自然地指向了中心 T，但是它并没有告诉我们市场是如何达到均衡点的，我们也没办法断定这个均衡点是否稳定。我们可以这么说，利用力场的思想依据两个多头垄断者达到市场均衡的行为让弹性边界的概念显得那么真实。

我们在这里用到的理论工具也可能用来研究推测系数的整体效应。而且比较之前这个例子和自发调整这两种情况的均衡位置也应该会很有意思。

让我们假设在图 2-3[㊀] 中两条实心的曲线是推测调整的引力前

㊀ 图 2-3 原稿缺失。——译者注

沿，而两条虚线曲线是自发调整的引力前沿。当机制从推测转换成自发的时候，通过对引力向量定义的推导，我们可以在一般条件下展示 1 号垄断者的引力前沿的变化：前沿上移了。同样地，假如 2 号垄断者也从推测机制转换成自发机制，他的引力前沿会下移。让我们一起来看看图 2-3 中的四条曲线吧。

当两个垄断者根据自己的推测来行动的时候，T 就是均衡点；当 1 号垄断者根据推测机制行动而 2 号垄断者根据自发机制行动，则 U 是均衡点；当 2 号垄断者根据推测机制行动而 1 号垄断者根据自发机制行动，则 V 是均衡点；最后，当两个垄断者都自发行动的时候 W 就是均衡点。

这次讲座的主题是“静态经济理论实例”，你也许会说我们采取的那些分析手段已经包括一部分动态元素了，实际上，向量的引入允许我们根据力的概念来形成我们的问题，而且我们也讨论了力的均衡。然而我们还是遗漏了一个必要的动态元素，即运动速度的分析以及速度与力的结合分析。在我们接下来的某一个讲座中会讲到这些，这个重要的动态观点会使我们向周期性震荡观点引导。依据那个思路我们也会遇到摩擦力的观点，而我们也不得不讨论一下基本的动态问题，这个基本动态问题是震荡和保持经济寿命永久延续的能量的源泉，而这也是静态均衡永远无法达到的。

第 3 章

什么是动态理论？确定与不确定性系统的属性问题

尽管经济学的发展已经经历了几代人，但是有一点经济学家不得不承认，到目前为止，我们对经济学结构的研究还只停留在静态理论层面，这使得我们下一步的研究受到了极大的限制。对于这个问题，经济学家也一致认为动态理论的引入已迫在眉睫。但是当被问及具体什么是动态理论的时候，经济学家的观点就产生了严重的分歧。所以，在经济发展史上经济学家就曾关于这个问题展开过激烈的争论。

这种激烈的争论无疑会给我们带来困惑。为了消除这种困惑，我们有必要建立一些一般性的原则。这些基本的原则不仅能帮助我们构建分析理论，而且还能够帮助我们很好地区分静态学与动态学。这也将是我在接下来的演讲中所要重点讲述的内容。

有一点值得注意的是，目前我所感兴趣的是静态学与动态学之间的差别，而非动态学与运动学之间。动态学与运动学之间的差别取决于我们如何对不同问题中力的概念进行定义。今天，我暂时还不打算对力的概念展开讨论。我今天所讲的所谓的动态，实质上就是一种分析方法，一种包括动态约束和运动理论在内的分析方法。因此，为了更加系统深入地研究经济结构，我们很有必要引入并推广动态分析方法。

静态和动态的概念实际上源于力学理论。其实，不仅仅是经济学，很多其他学科领域都曾借鉴过力学中的这两个概念。首先必须要清楚我们能够如此借鉴的原因，并给出有利的依据，这样我们的引入才更加有意义。也许大家会说，是因为它们在不同学科中具有相似性，所以我们才会如此引用。但我相信，我们的依据远远不止这一点。主要原因在于，静态与动态之间的差别与人类所认为的特征模式以某种方式存在着密切的联系。正是因为思维模式本身存在特征性元素，所以我才要引入这两个概念来进行客观分析。从数学的角度来看，也许接下来我所做的评论未必有用。如果一定要强调其意义所在的话，那么我们完全可以从哲学角度进行思考。甚至从观点解释的角度来看的话，我们还可以将其看作经济学分析的一种有效工具。

显然我们很容易想到，所谓动态问题实质上就是将时间因素考虑在内的一类问题。关于这一点，我们没有必要说太多。但有一点我们必须清楚，并不是所有的问题都要考虑到时间因素，我们要知道考虑到时间因素的意义所在，从而有选择性的运用动态理论。人们可能倾向于这样推理：一切的科学分析都意味着思想的变化。反之，如果不发生变化的话，就意味着没有任何研究意义。因此，从一般意义上讲，我们不能这样草率地说动态研究就是变化研究。但我们可以尝试重点思考随时间而带来的变化问题。总之，动态分析就是分析那些随着时间变化而变化的现象，静态分析就是分析那些不随时间变化而变化的现象。掌握了动态理论，我们就可以将二者进行比较分析，从而得出更有价值的结论。

事实上，我们过去经常根据这种思路来定义动态的概念。但在我看来，这样做未必有好处。我相信动态与静态之间的差别有其更加深远的意义所在。

为了以一种系统的逻辑方式将二者之间的差别定义清楚，我认为首先应将上文提到的一般性原则规定清楚。也就是说，我们这里所说的差别不是两种现象之间的差别，而是人们思考现象的两种思考方式之间的差别。换句话说，动态与静态之间的差别是两种理论之间的差别，而不是指两种现象。

我认为用经济学的术语来对这种差别进行解释，对我们接下来的工作将非常有用。在经济学中，我们从不说静态现象和动态现象，而将其称之为不变现象和可变现象。当我们要表达一个变化是及时的变化时，我们用“变化的”这个词来替代“可变的”这个词也许效果会更好。当我们对一个现象进行描述时，我们会用到这个现象各种不同的属性。所以，如果我们说一个现象是不变的，实质上是指描述现象的各种属性不会随着时间变化而变化，同理，如果我们说一个现象是可变的，是指它的属性会随着时间的变化而发生改变。

这个定义是如此精炼，以至我们完全没有必要再对其进行进一步的精确。不过，关于这方面，我们有两点必须要提到。首先，关于描述对象的属性选择问题，我们必须采取不同的方式选择不同的属性。接下来，让我们举一个例子来说明这一点。当我们描述一群人时，我们既可以选择用组成人群的数量来描述，也可以选择用增长率来描述。这里的数量和增长率都是描述一群人的属性。有时，我们也许会对第一种属性感兴趣，有时我们也会选择第二种，具体的选择应该要视情况而定。根据我们所选择的描述属性的不同，不变人群的概念也会有所不同。这能帮助我们明确一个人的想法，而不是只对一种情况限制使用“不变”一词。无论他认为的是一个绝对量、一个初速度还是一个加速度，那种认为一些现象是“不变的”的想法取决于一个人接受观点的程度。

另一点需要指出的就是关于人们通常所说的微观变化和宏观变化的区别。例如，我们既可以以人群中的个体作为考察对象，也可以将这一群人当作一个整体来考虑。显然，前者是从微观角度上考虑，而后者是从宏观角度上考虑的。同样，我们可以认为是单个对象构成了股票资本，也可以将股票资本看作一个整体。

人群里的每一个人都要经历从出生、成长到死亡的过程。这是一个时刻处于变化中的现象。然而，在这段期间，人口本身却是固定不变的。类似地，我们之所以拥有不变的股票资本，是由于单个的对象弥补了股票的变化。从这两个例子可以看出，从微观角度考虑的时候现象是变化的，而从宏观角度考虑时，现象则是不变的。那么有关不变现象和变化中的现象之间的区别，我们就先说到这里。

那么静态理论和动态理论又存在哪些区别呢？我认为它们之间的区别体现在关系上。首先来介绍一下什么是动态关系和静态关系。

如果关系中所有的变量都对应于同一个时间点，我们就称这种关系为静态关系；如果关系中包含了对应于不同时间点的变量，我们称这种关系为动态关系。根据这个定义可知，静态理论是一种只能分析静态关系的分析理论。同样，动态理论也是一种分析理论，它所分析的对象应至少包括一种动态关系。

如果我们面对一个动态关系时，根据我们的定义可知这种关系要引入一个变量，不仅可以在给定的时间点赋予一个变量值，也可以是其他的时间点赋予一个变量值，我们也可以经常转换这种关系，那么我们就可以得到一个时间点的变量值以及这个变量在这段时间间隔的增长率。这个例子表明，一个关系只要同时包含一个变量和该变量关于时间的增长率，我们就可以认为这个关系是动态关系。

让我举一个经济学领域的例子，例如一条普通的需求曲线，这条曲线表示了商品价格 p 与买方在该价格下的需求数量 u 之间的关系，公式如下

$$u = f(p) \tag{3-1}$$

显然，式（3-1）实质上是一个静态关系，因为价格 p 和数量 u 都对应于相同的时间点。同样，对于一条普通的供给曲线而言，正如我们在周六开展的讲座（讲座二）中提到的那样，供给曲线也表示一种静态关系。但是，如果我们假设需求定律满足如下形式

$$u = F(p, \dot{p}) \tag{3-2}$$

这表明买方愿意购买的数量不仅取决于商品的价格，还取决于价格的增长率，那么面对这种情况，我们就需要引入一种动态需求定律。事实上人们会发现，在大多数情况下，与静态的需求定律相比，动

态的需求定律能够更加真实地描述市场现状。

假设买方的行为满足动态需求规律，那么我们就不能仅凭普通意义上的弹性水平来描述市场问题，我们还需要引入新的系数 $\breve{u}$ 和 $\mathring{u}$，公式如下

$$\breve{u} - \frac{\partial F(p,\dot{p})}{\partial p} \cdot \frac{p}{F(p,\dot{p})} \tag{3-3}$$

另一个系数 $\mathring{u}$，我们称之为远景需求，公式如下：

$$\mathring{u} = \frac{\partial F(p,\dot{p})}{\partial \dot{p}} \cdot \frac{\dot{p}}{F(p,\dot{p})} \tag{3-4}$$

当然除此之外，我们也可以通过其他的方式引入动态的思想。在供给曲线的这个例子中，供给数量不只是关于同一时间点的价格函数。在动态理论中，供给数量可以是任意给定的时间点上价格的函数，例如可以是三个月以前的价格。这样的假设自然而然也是合理的。德国和美国的经济学家曾经运用这种思想解释过某些农产品的供给问题。

我们所采用的动态的定义，至少具备精确、严格的优点，也就是说利用动态理论来分析问题，使我们的结果更加全面且贴近事实。对我来说，这个定义似乎也是非常自然的。但是，这并不意味着这个定义就能代表大多数经济学者的观点。例如在瓦尔拉斯的《纯粹经济学要义》一书中第 301 页，我们可以通过想象推断出静态均衡是如何随着时间变化而变化的，这样我们就完全有可能将静态理论转变为动态理论。也就是说，在他的著作中，人们可以想象出在每一个时间点上都存在一个同样的均衡状态。在我看来，这种分析存

在一个根本性的困惑。瓦尔拉斯认为每个时间点上，我们都应该考虑静态理论中相同的 n 个向量之间的新的相互关系，但我认为这不是动态理论的关键所在。所谓的动态是指我们扩大了列表的范围，这将会使得相互之间产生影响。我们现在考虑这样一种情况，即在一个时间点上，至少有一个含有变量值的等式，当然在其他的时间点上也可以含有变量值，甚至在很多时间点上都可以含有变量值。我们也能够很容易地接受这种深刻地看待问题的方式。这与以往的分析不同，不同之处在于，以往的分析意味着在一系列系统中，每一个系统只能决定一个给定时间点的变量。

我们这里所定义的动态理论和静态理论的区别与不变现象和变化中的现象的区别是两个完全不同的概念，二者是相互独立的。我们可以设想以下四种分析：第一，不变现象的静态分析；第二，变化现象的静态分析；第三，不变现象的动态分析；第四，变化现象的动态分析。

让我们先举一个力学中的例子。假设我们有一个铁杆，将铁杆的一端固定在一个支点上，并保证这个铁杆能够围绕这个支点旋转形成一个垂直面。在铁杆的另一端上固定一个铁环。在铁环内部，我们放置一个小球，并保证小球能够在环内随意滑动。我们可以大胆地猜想出，当球停留的位置位于穿过支点的垂直线上时，此时钟摆将到达均衡位置。这个球将会停留在环内的最低点上。如果我们假设这个杆与穿过支点的垂直线保持一个角度 v，那么球的位置将会发生变化。我们可以通过想象画一条环的水平切线来确定球的位置。水平切线在环上的切点就是球的位置。这样看来，球的位置将是关

于角度 v 的一个简单的函数。在这个例子中，我们运用了静态理论来解释球的位置。

如果钟摆的位置保持不变，即被解释现象是不变现象的情况，我们就有了一个关于不变现象静态分析的例子。这个分析之所以是静态的，是因为球的坐标和杆的角度 v 是对应于同一时间点的变量。

但是现在假如我们开始很缓慢地旋转这个铁杆，那么被研究的现象，也就是球的位置，就由不变现象变成了变化现象。不过，变化对象通常也可以利用静态理论进行分析。如果旋转速度不是太快，且角度也事先给定，我们就可以将球的坐标定义成在任意给定的时间点上关于给定角度的函数。这样，我们也相当于用动态理论解释了变化现象。

但是现在让我们提高旋转速度。当速度快到一定程度时，我们的动态理论就无法就球的位置给出一个精确的答案了。为了准确测定出球的位置，我们有必要进行一个切实的动态分析。在动态分析的过程中，我们有必要考虑到球的惯性和旋转速度。如果这样做，我们就有了一个关于变化现象动态分析的例子。

假设选择速度进一步提高，并且速度变得非常快。那么根据我们的定义可知，我们又陷入同样的境地，也就是说在这种情况下，也只有动态理论可以对这种运动进行解释。事实上，当旋转速度很快时，球的离心力是很大的。所以，在这种情况下我们就只能假设球总是位于圆环上。在不考虑旋转速度的情况下，球的坐标就是关于角度 v 的一个简单函数。总之，在这种情况下我们就不得不利用动态理论来分析变化现象。

从逻辑上来讲，我们也可以从经济学领域中找到一些例子。以动态理论和静态理论之间的区别作为出发点，我们会发现这些例子与我们上文中所讨论的例子有很多相似的地方。让我们先从一个给定的商品的需求函数入手。假设由于某种原因，市场中这种产品的数量突然猛增。这样很可能导致价格下跌，并且价格会以不同的方式下跌。首先，具体的情况应是，价格会很快达到一个新的水平并保持稳定的状态。在这样快速调整的情况下，我们就只能通过动态需求曲线来解释其中的变化。简单来说，在动态曲线上，均衡点从一个位置突然跳到另一个位置。这样，我们就利用动态理论对一个快速变化的情况进行分析。

如果我们面临着这样一个快速调整的市场，并且如果我们通过观察发现一段时间内的价格是不变的情况，那么我们就可以很自然地联想到要引入动态需求曲线的思想。换句话说，我们可以尝试利用市场中商品数量的不变现象来解释价格的不变现象。这样，我们就可以利用动态理论对不变现象进行解释了。

另一方面，如果通过观察我们发现价格和数量在一段时间内都有系统地发展，那么我们用动态需求曲线试图解释这种情况似乎也是合理的。这就变成了一个可以运用动态理论来分析变化现象的例子。

但是，我们也应该考虑到这样一种情况，即当市场中该产品数量突然猛增而被研究的市场却无法进行快速调整时。这种情况表现为价格不能快速达到一个新的水平。因为数量在影响价格的过程中存在一定的摩擦力。具体而言，当市场中产品数量刚开始增加时，首先只是引起价格的小幅度下跌。直到一段时间以后，产品数量增加带来的影响才会全部呈现出来。到那时，可能价格就会加速下跌。然而，由于惯性现象的存在，价格很可能会先下跌到一个很低的水平，然后又会产生一种反应使价格开始上涨。在价格最后达到新的稳定水平之前，这种由于惯性带来的价格下跌再反弹可能会持续很长一段时间，这类似于力学中的振荡运动，但振幅将会越来越小，直到停留在新的稳定水平上。

若真如此，我们就可以运用两种不同的方法对其进行理论分析。一方面，我们可以先暂时不考虑价格到达新的稳定水平之前的情况，就完全可以用静态理论对新水平进行解释。事实上，我们可以引入一条需求曲线来简单地解释价格和数量之间的渐进关系。这种需求定律将是静态的定律，但是它能够表示在很长一段时间内发生的情况，或者相当于在英语中的“长远”一词。

另一方面，如果我们对一些短暂现象比较感兴趣，我们就很可能将价格到达新的稳定水平之前的情况考虑在内。若真是这样，我们就很有必要对其进行切实的动态分析。我们也必须要有这样的意识，即买方愿意购买的数量不仅取决于商品的价格，还取决于价格的增长率。我们还可以引入一些其他的动态因素。运用动态理论，我们能够对价格开始上涨前的价格变动情况以及价格下降的速度进行分析和解释。这将是一个关于变化对象动态分析的例子。

最后一种可能的情况是，我们只对价格的最终稳定水平感兴趣，但是我们又想通过某种方式更加深入地分析这种不变的、稳定的价格水平。因此，我们试图通过一种比目前更加先进而系统的研究方法对这种不变的、稳定的价格水平进行深入的分析和解释。从上文可知，价格的渐进水平表示价格达到了一个稳定的均衡状态。我们所需要解释的是为什么经济力量能够使价格达到最终的均衡状态。为了回答这个问题，我们就不得不引入动态理论。但是有一点我们不能够忽略，就是各种动态因素之间的相互作用。并且这些因素是如何通过相互作用从而使价格达到稳定状态的这种作用机理，也是值得我们研究的内容。面对这种情况，我们就不得不引入动态理论来对这种不变现象进行分析和解释。

接下来的例子将告诉我们，在实际生活中，我们往往需要根据特殊的具体情况和调查的潜在对象，决定何时选择动态理论还是静态理论来对现象进行解释。在上文所举的例子中，我们之所以可以运用静态理论进行简单的分析，是依赖这样一个事实，即被调查的现象面对变化因子所带来的影响时能够迅速地做出调整。

这证明如果因素变化不够频繁或者只研究长期影响，该结论也是正确的。由于存在摩擦和惯性，甚至影响现象变化的条件频繁改变，而现象的变化不会很迅速，那么静态分析就不会有“存在的目的或理由”。如果我们想要考虑该现象的真实分析情况，则正是在这种情况下我们才能得出动态理论。

动力本质特征的揭示并不很完整，所以我们只讨论一些普遍的观点，但我认为这并没有提供一个符合逻辑的方法。

先讨论第一种概念“其他条件不变”，也就是其他条件恒定，这是在经济学家中普遍认同的观点。我们在描述经济现象的时候，总说这样那样的经济现象的变化会引起其他现象这样那样的变化，再加上限定，在现象变化时，一定数量的其他事物是不变的。显然这只不过是有很多变量的函数部分变化的概念。

部分变化的概念在经济学和其他学科众多观点中，是一种有趣且有用的观点，但是很多时候其本身是不足的。很多情况下，利用许多变量同时变化的观点是必须的。当“其他条件不变”的观点以这种方式阐明时，静态和动态没有逻辑差别。在经济文献中，我们经常介绍动态观点时不用“其他条件不变”的限定。例如用静态需求曲线来描述价格和数量之间的关系，此关系显然假定所有大众购买力因素中的变量都不变。如果购买力变化，需求就会变化，有人就认为这种变化构成了动态观点的引入。我认为这是错误的，这只是把需求函数看成具有两个变量的函数，这并不是从静态到动态的过渡。

另一个概念，经常被认为是动态的定义，一方面是正常水平，另一方面在正常水平下也会变化。这或许是经济学古典权威中最普遍的动态观点。例如我们可以在克拉克（J. B. Clark）和阿尔弗雷德-马歇尔（Alfred Marshall）的著作中找到动态理论的观点。例如，在克拉克的书中，静态分析是分析经济现象趋向于正常水平的运行的方法。这种趋势的解释是静态的。但他说事实上，这种静态分析中的正常水平本身是可变的。它是一个变量，在更高阶的情况下，这个变量构成了主要的动态因素。我认为，从系统的角度来看，这个概念不是最合理和最有益的动态学概念。趋于所谓的正常水平的运行和该水平自身的运行之间的差别，只不过是短期振动与长期振动之间的差别。这是一个有趣的观点，我会在下文中重点说明此观点，但我并不认为这个观点可以用来区别动态和静态。

第三个必须提到的概念是第一、第二近似值的区别。我们说古典经济分析没有给出经济问题足够准确的解释。近似法太不成熟。所以找到一些更好的方法显得很有必要。虽然上述的经典理论是静态理论，或多或少有些不明确地认为更好的方法就是动态的事物。然而，很显然从第一近似法到第二近似法的发展与静态向动态的过渡无关。我们可以通过一个例子说明，引入一个新的变量，有时我们也可以保持原有相同的变量，而对问题中一些静态关系提出其他的假设。这些没有一个包含动态因素。但是正常情况下，如果有必要发展为第二近似法就得加入动态因素的考虑。

我现在想起理论分析方法的确定性和不确定性，从静态和动态研究的角度，这个问题很重要。在经济理论时代，我们还没有完全准备好接受一个基本的事实，为确定未知量 n，有必要拥有 n 个独立的等式。或许这个经济理论不是一个讨喜的说法，否认其真实状况是没有用的。现在让我们更加深刻地讨论确定性问题。

再一次回到简单的供给与需求的例子，首先考虑普通的需求曲线，也就是商品价格和购买者愿意在这个价格所购买的商品数量。

显然，商品价格与数量直接的关系是一个很有趣的事实，在很多情况下可以阐明市场发生的情况。我们已经有很多的例子。我特别回到市场快速调整的例子。如果市场上的商品数量假设为给定的时间函数，由需求静态理论我们可以得出与商品价格对应的时间曲线。相反，如果我们知道价格如何随时间变化而变化，我们可以由静态理论得到商品数量相对应的时间路径。而正是因为存在需求关系，它不能确定同一时间的数量和价格的时间路径。这是因为我们之前提及的基本事实，也就是利用一个等式，一个变量不能决定两个未知量。那么让我们介绍下一个等式，举一个供给定律的例子，我们也暂时假设它是静态定律，即市场上商品价格和数量的关系。这个关系可由曲线表示，总之，市场均衡是供给曲线和需求曲线相互作用下得到的（见图 3-1 供给曲线）。

现在我要介绍两个等式，问题必须确定，但我们所得到的解答有一点不同，我们不再需要知道价格决定数量或者其他，相反，我们可以类似地确定价格和数量。

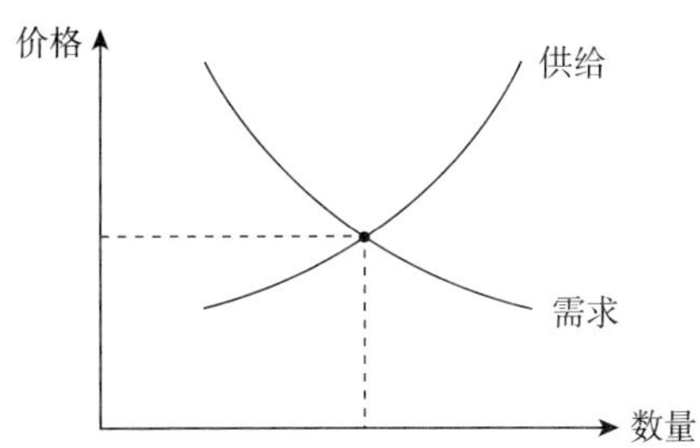

图 3-1　供给曲线

但同时我们锁定系统，即我们停止系统中一切运动。我们没有确定商品价格的时间路径和数量的时间路径，但已经确定了两个恒量即价格和数量。因此，如果我们研究的市场正如我们用供给静态定律和需求静态定律所假定的那样运行，那么市场不会产生价格和数量的变化。结果，如果我们观察市场上价格和数量的变化，发现这些变化不是单纯偶然的变化而是真正系统运动所导致的，我们可以得出这样的结论，我们已用的市场理论不是正确的理论。

以上两种情形并不意味着通过引入新的变量和新的静态关系进行连续的概括是没用的。相反，它会阐明问题并给出更完整的解释。事实就是我们从经济学家不负责的那些科学中选出一个或多个参数进行深刻的分析，可以这么说，系统中自由度与参数个数相等。由于人们有限的思维能力，将不同知识领域分别划分到不同的科学学科就变得很有必要，而且经济学家和生物学家也会对这种分析方式感到开心。

例如，我通过观察昆虫学家做有关蝗虫生命的研究发现，繁殖力、死亡数等是影响大量蝗虫生长的关键因素，在我们所能观察到的年限，差不多是有关温度和湿度的数学函数。如果我们能解释温度和湿度一直有利于蝗虫的生长，那么就可以理解在一定年限蝗虫入侵的解释。现在如果我理解了它，而有人已经发现了温度和湿度的周期，名为布鲁克纳（Bruckner）周期，每隔 17 年循环一次，这显然解释了蝗虫的生长。

这是一个有关受迫振动的例子，也就是将由我们所研究的系统与进入本系统的外界系统相联系定义为振动。在此系统中研究与它本身运动完全相似的运动，如果一个人很深入地进行了一定现象的静态分析，直到他发现了对系统有重要影响的所有参数，包括系统外的参数，那么受迫振动的概念就很值得采用了。

问题就是找到是否有一种分析方式可以推导出经济学中有趣的

结果。毫无疑问的是经济生活的某些变化可以像受迫变化一样以似乎合理的方式加以解释。例如我们相信季节性变化，地球旋转引起了气候现象，这样产生了波动。或许让经济学家也解释这些现象有些夸张，仍有经济现象变化的其他方面有可能是由气象原因引起的。在很长一段时间，小麦一系列的价格正如我们所知道的在欧洲的不同国家，区分出一个周期，这个周期在 17、18 世纪持续了 15 年而且还相当的有规律。除了用产量的变化来解释这种现象，其他方式很难解释。然而，我必须强调这个周期的产生原因还不清楚，而且由气象周期引起的产量变化的解释也仅仅是假设的。我们感兴趣的是如果这个假设是正确的，那么我们还有其他的经济现象是关于受迫变化的例子。

还有其他人尝试像受迫振动那样来解释经济变化。例如，博学多才的英国经济学家斯坦利·杰文（Stanley Jevons）提出了一种理论，生产过剩的周期性危机是太阳黑子和其他更具独创性的理论。美国经济学家摩尔（H. L. Moore）提出经济危机是由于金星的运行周期变化的结果。这是两种类似受迫振动解释经济现象的典型例子。对我而言，我认为那些有关经济危机方面的暂时的解释是不正确的。我相信，在这个领域中有必要转移到另一种分析方式中去，也就是自由变异。

那么自由变异的性质是什么，尤其是这个概念怎样才能与我所定义的动态概念联系起来。我之前说过，如果我们找到一种理论，这个理论中的所有联系都是静态的，那么这个理论是不确定的或者这个系统没有发展而被封锁住了。相反，如果这个理论中的联系正如我定义的那样是动态的，那么就有可能分析这些联系直到它确定没有封锁系统。用另一种方法解释，一个理论是动态的，在这个意义上，这个理论可以以本质和确定的方式来解释运动。在这样的理论中，我们首先需要列出需要研究的所有变量。这是详述的问题。接下来，我们可以列举出一些等式，等式个数和未知量个数相等，也就是确定的问题。如果至少有一个等式是动态等式，那么我们可以确定未知量个数一样是曲线。当然，也有可能有一个或多个未知量是常量，但那也是特殊情况。大部分由这种方式确定的变量都随时间变化而变化。

解决我设想的动态系统需要严格的初始条件。然而，在这种联系中这一点不是很重要。

动态分析最重要的特点是它解释了一个系统怎样自我成长。理论解释了如何由之前给定某时刻的状态而产生某一给定时间点必要地变化。这个理论解释了过去如何决定未来。就我在这篇论文的开始所提到的而言，我们可以认为这是动态系统的特点。我定义动态关系是某一变量在一个时间点和另一时间点的价值的关系。主要的动态理论各种定义的联系和受迫振动与自由振动的区别都表明了我们采用的定义的合理性。

我认为，经济生活的真正问题是像自由振动处理它，有必要研究动力学规律，它可以解释一个后续的情形怎样由之前的情形演化而来。可以解释仅仅是经济系统中这个或那个变量周期性的变化，那么其他变量也会如此，对此经济学家不可能表示满意。他必须提出更多的要求，他必须能够以一种确定的方式解释如何从之前的情形发展为给定某一时点的状态。

如果系统有空间振动，那么动态分析的结果通常都是这样，而这也会抑制振动。如果这是理论分析的结果，另一方面相应地根据经验现象的观察表明振动没有被抑制，我们可以总结为，一定连续的能量注入系统使它保持振动。接下来一个重要的问题，这比决定性问题重要，即能量流是什么和它是以什么方式运作保持振动。这将是第 5 章的讲座的主题。

第4章

动态计量经济学理论示例，封闭系统的波动性及危机理论

今天我将讨论动态分析应用中的一些例子。特别是在封闭系统中展示自由振动。正如我在论文前所说，如果要解释经济的波动就必须运用这种方法。关于经济波动有两个基本的问题，第一个问题是时间格局，即振动系统本身的结构式如何决定振动的形状。在经济系统中这个结构式由技术生产过程的性质、经济和社会机构的形式以及人们遵从的心理规律所给定的。第二个问题是脉冲，这是研究总能量保持振动的问题。

这篇文章中我会首先给出一个简单的例子，来展示我们如何研究部分系统的时间形状。这个系统中变量涉及一组有限的现象，例如在完全定义的市场上的价格、数量和生产力等。接下来我会转到一些例子来说明我们怎样类似的研究经济系统中的全部变量。最后我会解决脉冲问题。

先从部分系统开始。一个系统是由市场中的一系列变量定义的。我们假设动态等式可以完全确定这个部分系统的运动，这就意味着我们暂时认为其他经济现象对我们所研究的现象施加的影响是暂时

的。通过这个假定很自然地，我们所研究的部分系统或多或少的有振动变化。进行部分系统分析的优势在于相对全球现象的研究，我们能够分析更多的细节。

市场中需求是动态的，也就是需求量 x 不仅取决于商品价格 p，还取决于定价价格 p 的增长速度。此外，需求还取决于库存商品市场可用数量。在很多情形下，库存量对潜在的商品有一定的影响。例如，在战争期间，只要有传言可能会缺糖，那么每个人都会需要它。这种影响我们可以解释为需求是市场中库存量的函数。另外，我们还假定每单位时间供给量 y，每单位时间生产量 u，依赖于变量（p、$\dot{p}$ 和 X）。为了分析，区分供应和每单位时间产量是很重要的。这两个变量的区别是每单位时间库存量的增长 X。我们会看到，引入库存对需求、供给和产量的影响对它的曲线时间形状是根本性影响。

为了简化，我们假定需求、供给和产量的规律可由线性函数表示。或许这假定是特殊的假象，但在最初将简单的情形作为第一种近似。这种近似通过关于需求、产量等的泰勒函数而得到。假定后我们得到以下等式。

$$
\begin{aligned}
x &= a_0 - a_1 p + a_2 \dot{p} - a_3 X \quad \text{（需求）} \\
y &= b_0 + b_1 p \quad b_2 \dot{p} + b_3 X \quad \text{（供给）} \\
u &= c_0 + c_1 p + c_2 \dot{p} - c_3 X \quad \text{（生产）}
\end{aligned}
\tag{4-1}
$$

系数 $a_i, b_i, c_i (i=0, \cdots, 3)$ 是常数。式（4-1）中的系数，除了 a_0，b_0, c_0，其他的系数都可通过推理得到经济意义。首先，很自然地假设当价格 p 很低时，需求量 x 会很大；当 p 增大时，x 依然会增加，直到库存很少时，需求量还是会增大。而供给量会有相反的情形。可以假设价格很高时，产量也会很大，当价格增加时产量会增加，直到库存很少时，产量依然会增加。这样我们可以假定九个系数 a_i，$b_i, c_i (i=1,2,3)$ 是正常量。

为了分析此系统，我会清楚地提醒你一阶常系数线性微分方程的一般理论。考虑变量 $\xi_1 \cdots\cdots \xi_n$ 由一系列方程决定。

$$\dot{\xi}_i = a_{i0} + \Sigma_j a_{ij} \xi_j \tag{4-2}$$

其中 a 是常数，通过 $\xi_i = x_i - a_i$ 转换同质的系统。

$$\dot{x} = \Sigma_j a_{ij} x_j \tag{4-3}$$

如果转换中的常数 a_i 满足线性等式 $\Sigma_j a_{ij} a_j = a_{i0}$。如果 $|a_{ij}| \neq 0$，满足式（4-3）的情形。

为了分析我们的系统，我提醒你解决一阶常系数微分方程可用下列公式。

$$x_i = \Sigma_h A_{ih} e^{\zeta_h^t} \tag{4-4}$$

A_{ih} 和 ζ_h 是常数，t 表示时间变量。如果式（4-3）的解是式（4-4），我们可以关于时间区分式（4-4）。

$$\Sigma_h \zeta_h A_{ih} e^{\zeta_h^t} = \Sigma_j a_{ij} \Sigma_h A_{jh} e^{\zeta ht} \quad i = 1, \cdots, n \tag{4-5}$$

将等式左边写成 $\Sigma_{jh} \zeta_h e_{ij} A_{ih} e^{\zeta_h^t}$ 更好，e_{ij} 是单位数，即当 $i \neq j$ 时，它为 0，当 $i=j$ 时，它等于 1，那么式（4-5）可写成：

$$\Sigma_h \Sigma_j (a_{ij} - \zeta_h e_{ij}) A_{jh} e^{\zeta_h^t} = 0 \quad i = 1, \cdots, n \tag{4-6}$$

如果我们将 x_i 写成式（4-4）的形式，显然我们可以假定 ζ_h 是不同的。事实上，如果不是这样我们只要改变一点 A_{ij} 的意思，就可以用一种形式替换两种形式。

因此，我们数量 $e^{\zeta_h^t}$ 是线性独立的，换句话说，如果所有的系数等于 0，式（4-6）能被唯一确定，这样就有

$$\Sigma_j (a_{ij} - \zeta_h e_{ij}) A_{jh} = 0 \tag{4-7}$$

等式中所有的系数

$$A_{ih}, \cdots, A_{nh} \tag{4-8}$$

等于 0 的情况部重要，我们可以不考虑它。系数（4-7）的决定因素为 0 就很有必要。

换句话说，ζ_h 一定是 n 阶线性方程的根

$$\begin{vmatrix} a_{11}-\zeta & a_{12} & \cdots & a_{1n} \\ a_{21} & a_{22}-\zeta & \cdots & a_{2n} \\ \cdots & \cdots & \cdots & \cdots \\ a_{n1} & a_{n2} & \cdots & a_{nn}-\zeta \end{vmatrix} = 0 \tag{4-9}$$

这是系统的特征方程。

现考虑特征方程有唯一不同解，设解是 $\zeta_h, \cdots\cdots, \zeta_n$。对每个根 ζ_h 我们能确定向量

$$A_{(h)} = (A_{1h} \cdots\cdots A_{nh}) \tag{4-10}$$

向量中的每个量都是式（4-7）中的解。当所有的根不同时矩阵式（4-9)的秩为 $n-1$，那么向量（4-10）的方向被唯一确定，但长度不确定。换句话说，式（4-8）中的数字定义为不是任意递增的常数。向量 n 是任意常数，即我们已定义式（4-4）函数满足任意常数。这是通解。

如果矩阵（4-9）的解有重根，那么以上的结论就不满足了。然而解还是很容易找到。如果 ζ_h 是序列u_h 的重根，我们只需引入一个 u_h 元多项式，代替常量 A_{ih}，多项式系数也容易确定。对此，我不会阐述过多。

让我们回到方程式（4-1），来看看变量 x,u 和 p 的时间曲线是如何依赖系数 a,b,c，这些系数描述了系统的经济结构。

首先，在任何时刻，供给数量和需求数量之间存在均衡关系，即在任何时刻

$$x = y \tag{4-11}$$

定义库存量的增加

$$\dot{X} = u - y \tag{4-12}$$

利用等式（4-11）和式（4-12）我们可以估计系统中的 x,y,u 然后得到方程组

$$\begin{aligned}(a_2+b_2)\dot{p} &= -(a_0-b_0)+(a_1+b_1)p+(a_3+b_3)X\\(a_2+b_2)\dot{X} &= -[(b_0-c_0)(a_2+b_2)+(a_0-b_0)(b_2+c_2)]\\&\quad+[-(b_1-c_1)(a_2+b_2)+(a_1+b_1)(b_2+c_2)]p\\&\quad+[-(b_3+c_3)(a_2+b_2)+(a_3+b_3)(b_2+c_2)]X\end{aligned} \tag{4-13}$$

系统的特征方程是

$$\zeta^2 + A\zeta + B = 0 \tag{4-14}$$

其中，

$$A = \frac{1}{a_2+b_2}[(a_2+b_2)(b_3+c_3)-(a_3+b_3)(b_2+c_2)-(a_1+b_1)]$$

$$B = \frac{1}{a_2 + b_2}[(a_3 + b_3)(b_1 - c_1) - (a_1 + b_1)(b_3 + c_3)] \tag{4-15}$$

式（4-14）的解是

$$\zeta = \frac{1}{2}[-A \pm \sqrt{A^2 - 4B}] \tag{4-16}$$

如果这两个根是实数，那么解是两个指数形式并且没有震荡。如果两个根是复数，那么方程式（4-14）的系数是实数，解是复数且震荡。我们找到

$$\begin{aligned} \zeta_1 &= -\beta + i\alpha \\ \zeta_2 &= -\beta - i\alpha \end{aligned} \tag{4-17}$$

此处$-\beta = -\frac{A}{2}$；$\alpha = \sqrt{B - \left(\frac{A}{2}\right)^2}$；$i = \sqrt{-1}$

$$He^{-\beta t}\sin(\nu + \alpha t) \tag{4-18}$$

频率α，减少的系数β是相对式（4-16）的解的实数和虚数部分。式（4-18）H和ν是常数，与问题中一些变量不同并由初始条件确定。

总的说来，我们感兴趣的是找到标准，首先是震动解，即式（4-16）有虚数根，其次是当t增加时运动削弱。这种削弱运动很自然地在振动情况和只有指数解的时候发生。最后，我们有兴趣找到评判变量之间同向区别的标准。

震荡的充分必要条件是

$$A^2 < 4B \tag{4-19}$$

如果我们根据式（4-19）得到的形式来代替A和B，那么我们

就得到了以结构 a一，b一，c一的系数为依据的标准。然而，这个充分必要条件不能简单描述一些精确的结论。仍有一些十分简单的充分必要条件。例如令式（4-19）中的 $B>0$。

从式（4-15）中的 B 的表达式我们可以直接看到这个条件等价于

$$\frac{b_1 - c_1}{a_1 + b_1} > \frac{b_3 + c_3}{a_3 + b_3} \tag{4-20}$$

虽然所有的系数都是非负的，我们必须有

$$b_1 > c_1 \tag{4-21}$$

换一种 B 的表达式，可以写成

$$B=\frac{1}{a_2+b_2}\left[(a_3-c_3)\,b_1-(a_1\,(b_3+c_3)\,+c_1\,(a_3+b_3))\right] \tag{4-22}$$

那么振动的充分必要条件是

$$a_3 > c_3 \tag{4-23}$$

两个不等式（4-21）和式（4-23）以简单的经济形式表示条件。首先，式（4-21）为了振动有必要让低价格比抑制产量更多的抑制商品生产商的供给量。换句话说，如果生产厂商受价格的影响很大，但产量比销售量更多，那么就没有振动。但是，随着时间的推移还是有变化，只是单调的变化而不是振动。

我们可以按照以下假设来理解这个结果：假设价格变得很低，表明商业衰退，导致生产商控制产量，产量比销量大。这样商品的库存就会减少。库存减少的趋势会影响消费者也会影响低价格，需求因此增加。或许这种趋势会减少价格下降对需求的影响。这样价格就不会暴跌，产生危机形成一个循环。当然初始的推理不是准确的数量依据。然而，数学不等式给出证明不再需要更多的证明。

此外，考虑不等式（4-23）对于周期性运动，对库存的改变需求比厂商反应更强。这意味着库存的增加会导致需求量比产量下降更多。我理解如果相反的情形，即库存的增加引起厂商限制的生产量比消费者降低的需求量更多，那么厂商降低产量并会继续检查库存增长的趋势。库存运动的稳定会减缓或者抑制猛烈的波动。当然，这只是直觉推理，并没有以准确的方法证明结论。唯一的准确的证据是不等式（4-23）的建立。

我们还可以给这些不等式有趣的解释，市场中，消费者不会记录已有库存，但消费者的态度会受其他参数的影响而像我们例子中的库存量一样变化。

例如我们引入消费者收益 r 并假定收益是库存的线性函数

$$r = \lambda - uX \tag{4-24}$$

显然，这样用一种相当简单的方法引入其他周期性因素是一种合理的方法。经验表明在经济萧条时期，库存量增多。收益的变化相对应库存会相反变化。我已在式（4-24）中表达了这种关系。假定常数 u 为正，且与 r 和 X 的方向相反。在式（4-24）中 λ 也是一个常数，带入第一个等式（4-1），得到等式

$$x = a'_0 - a_1 p + a_2 \dot{p} + a'_3 r \tag{4-25}$$

通过引入式（4-24）中的 r，我们得到一个与第一个等式（4-1）一样的准确形式。我们关于不等式（4-21）和式（4-23）的直觉推理

再次用新的情形。不等式（4-21）和式（4-23）对于描述经济事实有重要意义。

现在我们研究抑制运动的条件。首先，如果特征方程的两个根是实数，那么运动减少的充分必要条件是两个根是负的（或是非正的）。那么 A 一定是正的且大于 $\sqrt{A^2-4B}$ 这样根 $\frac{1}{2}[-A+\sqrt{A^2-4B}]$ 为负。容易得到 $B>0$。两个条件 $A>0$ 和 $B>0$ 显然是充分条件。当有实数根时，在积极的意义上减少的充分条件是 A 和 B 都是正数。

同理，如果振动，那么减少的系数即 β 和 A 有一样的符号

$$A>0 \tag{4-26}$$

式（4-26）是振动减少的充分必要条件。由式（4-15）这个充分必要条件可以写成

$$(a_2+b_2)(b_3+c_3)>(a_3+b_3)(b_2+c_2)+(a_1+b_1) \tag{4-27}$$

简化后得到

$$(a_2-c_2)b_3+(a_2+b_2)c_3>a_3(b_2+c_2)+a_1+b_1 \tag{4-28}$$

我们由式（4-27）有充分的理由得到

$$(a_2+b_2)(b_3+c_3)>(a_3+b_3)(b_2+c_2) \tag{4-29}$$

如果 $c_3=0$ 那么由式（4-28）得到减少振动的必要条件是

$$a_2>c_2 \tag{4-30}$$

后面的不等式可按以下的方式来理解。如果 c_3 等于 0，也就是厂商对库存的增加没有反应。显然这是不现实的猜测，但我们看到这个结果隐含了机制的功能。振动减少，有必要认为在经济衰退时

期消费者承受了振动，即他们比厂商对价格的下降所受的影响更大。这种情况下，振动会减少。

我们能推出一个完整系列的标准。例如，我们能证明如果有减少的振动，相位差应该是价格在库存开始增长之前达到最大。这个结果与我们观察到的事实相符。

为了给出一个数学例子，我选择以下的方程组。

$$
\begin{aligned}
x &= 26 - p + 9\dot{p} - 2X \\
y &= -4 + 3p - \dot{p} + 0.2X \\
u &= 9 + p + \dot{p} - 0.7X
\end{aligned}
\tag{4-31}
$$

我们得到以下方程组。

$$
\begin{aligned}
\dot{p} &= -3 + 0.4 + 0.22X \\
\dot{X} &= 7 - 1.2p - 0.46X
\end{aligned}
\tag{4-32}
$$

如果我们对变量 p 加上一个初始条件，即它的振幅 H 等于 1，相位等于 30 度，我们就能得到下面的变量由时间决定的表达式。

$$
\begin{aligned}
p &= 2 + e^{-0.03t}\sin(0.167\pi + \alpha t) \\
X &= 10 + 2.335 \cdot e^{-0.03t}\sin(0.982\pi + \alpha t) \\
x &= y = 4 + 2.64 \cdot e^{-0.03t}\sin(0.164\pi + \alpha t) \\
u &= 4 + 2.42 \cdot e^{-0.03t}\sin(0.085\pi + \alpha t)
\end{aligned}
$$

此处 $\alpha = 0.281\ 25$

解如图 4-1 所示。

左边纵轴上给出的是振幅和常数。观察到理论解得到的超前与滞后十分有趣。从图 4-1 中的 $t=0$ 开始进入繁荣时期——价格上涨，可用库存变得特别少，销售量稳定的增长，产量也增长。即将

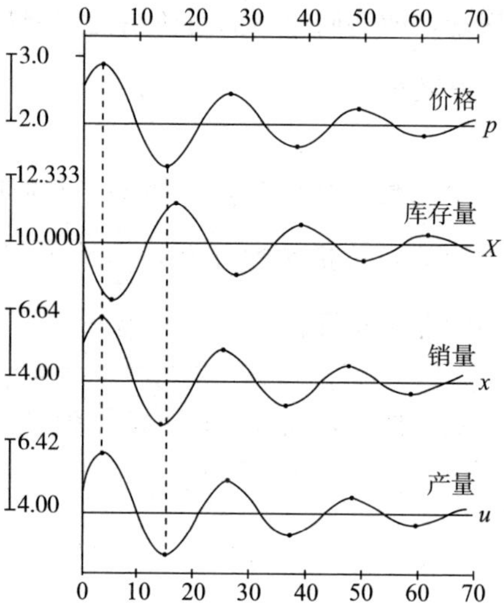

图 4-1　局部模型的图形解决方案

注：PRICE 价格；STOCK OF HAND 库存量；SALES 销量；PRODUCTION 产量。

到来的萧条的第一个标识是在销量曲线上，在 $t=2.5$ 时销量的增长率迅速下降，很快在 $t=3$ 之前销量开始下降。价格的影响是即时的，因为从和价格开始下降到崩塌的时间很短。不久以后当销量下降得足够快的时候，尽管产量下降，但库存开始积累，价格开始下降，产量急剧下降。最小值在 $t=14$ 时发生。另外，这种情形变化的第一个标志来自销量。首先销量增加，然后价格开始上升，其他变量也增加。可用库存的下降只发生在改进一般情形后发生。我们理论得出的结果与所观察到的经济周期事实一致。

有一些概括有必要设想，它们能解释许多其他在实际中发生的情形（这里没有提及）。这个简单的例子足够用来体现部分分析的本质。我们进行总结概括，它包括厂商不能决定产量，真实价格下的销量和增长速度，但价格的变化和其他时间间隔的现象都会决定产量和销量的规律。我们必须坚信每个时间间隔内发生的损失和收益是一个整体。我们应该解有关厂商行为的整体方程。

后面所提到的观点，埃文斯（Griffith）先生和他的学生鲁斯（Charles）先生已经用过。然而从现实的角度来看，还有一些问题限制了鲁斯所得结果的有效性，因为他没有考虑库存的变化，我问过自己库存量变化的影响是否比厂商在时间间隔期间保持发展的数量的影响大。如果这个假设是正确的，那么我们可以通过式（4-1）得到一个比鲁斯体系更接近现实的结论。

还有其他的观点，这个观点既不是由式（4-1）也不是鲁斯的系统来描述的。它强调厂商信用的重要性。然而，我现在没有将此加入到这篇文章中。

另外，我现在会研究全球系统。全球系统中我们不会像部分系统那样引入很多的细节。当然我们还是会用正式的方法引入一些细节，例如引入一个符号系统，它们由各种指标定义，这些指标表示许多厂商、消费者和许多交易者等。这个过程我们可以很自然地列出方程和变量，保证问题得以解决。然而，那会是一个完全正式的过程，这个过程可看作是相互依赖性质的总体概括。为了用深刻的方法研究当前全球现象，有必要控制这个研究过程。我们不能像局部系统那样引入过多的细节。在全球系统中我们能引入的最重要的变量在图 4-2 中已标明。我们看到与重农主义者提出的一样的经济表。但是我们的表专用于研究动态方程的确定系统的运动。

这里我们看到经济是如何组织起来，和它的不同构成部分，看

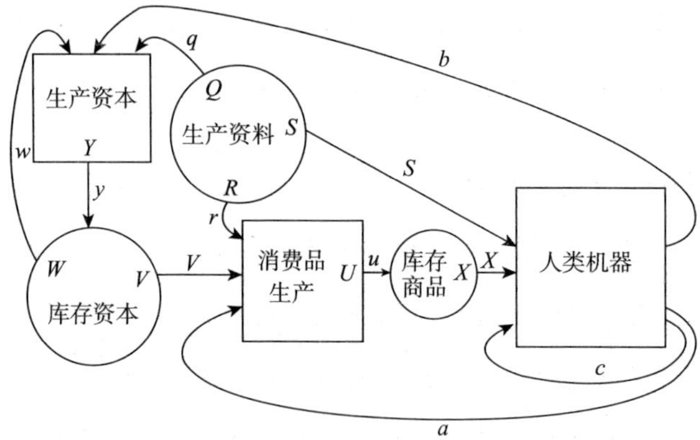

图 4-2　经济表摘要

注：PRODUCTION OF CAPTICAL GOODS 生产资本；LAND FORCES OF THE NATURE 生产资料；STOCK OF CAPTICAL GOODS 库存资本；PRODUCTION OF CONSUMER GOODS 消费品生产；STOCK OF CONS GOODS 库存商品；THE HUMAN MACHINE 人类机器。

人类机器如何开采生产资本和消费商品。研究这些变量性质的标识在图 4-2 中表明。我们结合它们都能以物理单位测量，而不是货币单位。为了建立这种计量方式，显然有必要假定在一定的时间点我们已经设定了指标来测度这些商品的量。这是统计要求，我们不会继续进行研究。

如果我们以简洁的方法用高度简化的组合来描述总循环，我们会看到当我们赞成所概括的内容，那么能更全面地理解图所表明的组合。

首先考虑消费量 x 等于没有库存消费商品时商品的产量。y 是每单位时间生产资料的产量。库存资本的贬值由 hx 和 ky 构成，hx 描述了在生产消费品时资本的利用而引起的贬值，ky 是生产生产资料所引起的。每单位时间库存资本的增加由下面的式子给出。

$$\dot{X} = y - (hx + ky) \tag{4-33}$$

为了描述消费强度所依赖的因素得到一个方程，我们利用瓦尔拉斯提出的“现金结余期望”观点。这里介绍这个观点不是为了进行货币研究，而只是单纯地用它作为一个参数来描述经济活动某一方面。

这个参数会加入我们的方程中然后消除掉。它只是一个简单的中间参数用公式来表示一定的假定。假定现金结余期望中 v 是线性的。

$$v = rx + sy \tag{4-34}$$

r 和 s 是常数。式（4-34）中的两个参数分别代表消费和生产的交易。现在我们考虑单位时间生产资本商品的厂商的活动，并假定由以下关系决定。

$$y = mx + u\dot{x} \tag{4-35}$$

其中，m 和 u 是常数，这是一个合理的假设。从全体的观点来说，这里有两个因素影响生产资料的生产。第一，事实上，为了生产每年全国的生产资料，就必须有资本存量，然后产生国民收入存量耗尽并贬值。假定第一近似法是合理的，贬值对年产量 x 成比例的影响，即 $x=mx$，m 是常数。这就解释了式（4-35）中的第一项。第二，有种趋势影响生产资料的年产量，也就是消费商品年产量的改变。举个简单的例子，我们假定为产生年收入必须有1 000单位的资本存量，等于200单位的年消费量。那么如果消费品的产量保持在每年200单位的水平上，那么就有必要每年生产生产资料来替换折旧资本。换句话说，我们只有式（4-35）第一项的影响。但如果每年增加 10 单位的产成品，那么就有必要增进资本存量。为保证产成品的产量等于 210，需要资本存量等于 1 050，即需要有额外的 50 单位的资本产量，这是式（4-35）中第二项的意义。常数 μ 用近似的方法，描述了得到资本存量所增加的产量。

经济文献中已经讨论了式（4-35）中的第二项，或许在这里提到很有趣。首先，美国著名的经济学家韦斯利·米切尔观察资本产量最大值，即一系列 y 在产量最大值之前或一样的消费品 x 的销售量。他从中得出结论，我们必须找到相关的因素来描述产量的减少而不是消费量的减少。

另一位美国经济学家 J. M. 克拉克，是著名的 J. B. 克拉克的儿子，他提出米切尔关于这点的结论是不合理的，这个结论是在循环期间消费量 x 的增长率对生产资料的产量施以相当大的影响，且增长率大于 y 的运动。所以米切尔的经验观察并不能必要地得出产量决定销量的结论。米切尔所观察到的事实可通过销量对资本产量有影响来解释。只是利用销量的增长率而不是通过销量的绝对大小来施以影响的。这是有趣且正确的评论。但是克拉克和其他经济学家想要继续推论，然后也承认了结论中有错误。事实上，克拉克只是关注了 y 和 x 的共变关系而没有考虑式（4-35）中第一项的影响。

如果我们假定 y 和 $\dot{x}$ 之间是简单的比例关系，那么就会有图 4-3 中所表现的情形。这里产量的最大值在 $\frac{1}{4}$ 期间发生，在消费品销量的最大值之前，同时增长率 x 符合 y 的最大值。

基于 y 和 x 的简单的比例关系，克拉克和其他的经济学家相信他们能通过一个方程证明经济萧条一定发生。他们推理如下：随着销量和资本的产量增加产生了一段繁荣时期显然这种销量的增长不能无限期的继续。如果不是受其他原因抑制，那么资本设备存量有限导致至少增长的速度减慢。

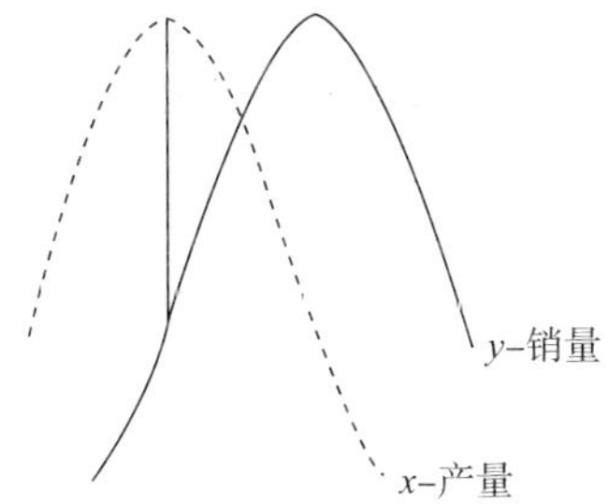

图 4-3 生产和消费的时间序列关系

注：y- consumption y- 销量；x- production x- 产量。

增长速度肯定下降。如果销量的增长率和单位时间资本的绝对产量之间存在一定的比例关系，那么很显然从销量增长率开始减慢到资本产量会减少。从这刻开始所有萧条的接连发生。这样有人认为能通过存在产量和销量的单一方程来解释经济不景气的发生。

然而这个解释是错误的，你很容易看到为什么。总体推论仅是关于式（4-35）中的第二项。但是有必要考虑第一项，只要一考虑这个，销量的增长会逐渐减少知道整体情形处于稳定水平而不引入周期运动。因此，产量的影响因素的限制不能只在单一方程式（4-35）的基础上解释经济萧条的发生。实际上，式（4-35）是一个只有两个未知变量的方程。直到现在有关找到系统（x,y）进展的问题当作一个已确定的问题。

为了得到确定的解，有必要引入另一个方程。我们考虑一种形式的关系。

$$\dot{x} = c - \lambda v \tag{4-36}$$

v 是威尔拉斯提出的现金结余期望，c 和 λ 是正常数。这个关系描述了因为经济活动更加活跃，现金的交易需求会增加，这会导致在扩张中越来越紧张的局势。简单地说，他是在某种程度上描述霍特里（Ralph G. Hawtrey）先生关于经济萧条是如何发生的。常数 c 描述了保持消费水平的倾向。

如果将式（4-34）中的 v 代入式（4-36）可以得到以下关系式。

$$\dot{x} = c - \lambda(rx + sy) \tag{4-37}$$

两个方程式（4-35）和式（4-37）一起构成了两个变量 x，y 的确定的系统。然而方程组的解并没有包含振动中的所有结果。实际上，在式（4-35）和式（4-37）中消除 x，我们可以得到 x 和 y 的线性关系，将其引入式（4-35）和式（4-37），我们得到一个只有单一变量 x 的线性微分方程。这个方程的特点是一阶的。因此，它就只能有一个实数根。这说明方程组会变成一个指数函数。我们可以得到长期的发展而不是一时的振动。接下来有一个例子说明克拉克的观点不会引出一个振动系统。

事实上我们得到的系统不是振动的，表明他不能普遍地体现正如我们知道的经济系统的主要特征。

我们会面对很多方法来概括理论模型。首先，我们会引入里昂的观点，这个观点包括区别在建造中得资本数量和不久前已在建造中的资本货物的活动。主要区别就在于给定此刻的资本生产活动并不取决于此刻的决定，而是此刻之前的某点的决定。因此，我们应该引入经济中一个新的反常事物，它会导致周期性振动。

其次，我们会引入的另一个观点是为了区别储蓄和投资。在现实情况下，两者之间有不同，这个不同可能会导致萧条和扩张。这是凯恩斯的观点。

最后，我们引入的观点是存在债务的，当价格下降，债务净值增加，导致消费者心理上预期较少经济活动。这个观点还没有在文献中以系统的方法描述危机，但对我来说，它还是有趣的值得记录的现象。有一些更有趣的方法，利用这些方法，我们可以概括理论模型得到某一阶段的理论。这个理论可以给我们从现实经济生活中了解的振动运用一个动态确定的解释。我认为危机理论在逻辑上已经确定，但还未开发。为了开发此理论我们有必要以一种精确地方法来用公式表达许多动态因素，例如我们已提到的，然后观察所得到的关系式如何导致动态振动系统。我认为，总有一天我们能用理论解释具体情形的某个方面确实对短期和长期波动负责。我并不是说任何特定的事实都能解释一种振动，例如短期循环。相反，现在所有事物之间都相互影响。但对给定的循环最重要的影响有时来自经济体制中某些具体的属性。

所有的事物都保持均衡并决定了短期，长期的、振动的时间曲线，这是均衡的本质特点。特殊情况是如果我们提出一个假设作为第一近似法，理论包括线性关系。然而，这里我们不会进行这样的分析。

我会限制自己在这里描述只引入一个观点即里昂的观点，这个引入会产生一个系统，如果系统中的常数有适当的价值，那么系统就会振动。

为了用公式表达里昂的观点，令建造开始 t 时刻的生产资料的数量为y_t，我们简单地称 y 为资本开始点，假定它的数值由像式（4-35）的关系式决定。为了提出从更早的时间点开始在建造中的资本量，我们需要 t 时刻的活动（我们称继续活动）并表示为z_t。

我们假定在开始时刻 $t-\tau$ 资本数量为$y_{t-\tau}\mathrm{d}\tau$，结果 t 时刻的继续活动等于 $\psi_\tau y_{t-\tau}\mathrm{d}\tau$，这里 ψ_τ 我们称为提前函数。我们认为这个函数是给定的。它是由技术条件给定。继续活动的总数量 z_t 是

$$z_t = \int_{\tau=0}^{\infty} \psi_\tau y_{t-\tau}\mathrm{d}\tau \tag{4-38}$$

现金结余期望 z 的表达式现在替代 y，式（4-37）就变为下式。

$$\dot{x} = c - \lambda(rx + sz) \tag{4-39}$$

式（4-35）、式（4-38）和式（4-39）这三个方程构成了关于三个变量 x,y,z 的确定的系统。

举个简单的例子，我么假设式（4-38）继续活动的函数如下。

$$\psi_t = \begin{cases} 1/\varepsilon, & 0 < \tau < \varepsilon \\ 0, & \tau > \varepsilon \end{cases} \tag{4-40}$$

我们就可以通过分化式（4-38）中得时间 t，然后将其加入其他的方程中，而且分化时间我们得到一个混合的区别和微分方程替代式（4-38），即

$$(m - u\lambda)\ddot{x} + \lambda r\dot{y} = \frac{m\lambda s}{\varepsilon}(y_t - y_{t-\varepsilon}) \tag{4-41}$$

我们也能像上面的简单系统一样，用相同的方法找到这个系统的特征方程。但后面的方程不是代数方程，而是超越的。实际上，通过计算，我们得到以下特征方程：

$$\frac{\varepsilon\zeta}{1-e^{-\varepsilon\zeta}}=-\lambda s\frac{m+u\zeta}{r\lambda+\zeta} \tag{4-42}$$

我们容易发现如果系统接近固定水平，固定解由以下方程决定。

$$y=mx$$

$$z=y$$

而且，我们看到常数 c 是 $\lambda(rx+sz)$ 的固定水平。这或许提醒人们考虑许多参数值用来以粗略的方法选择一个现实的数学例子。例如，某人可能选择以下参数值的系统。

$$\lambda=0.1;\ r=2;\ s=1;\ m=0.5;\ u=5.0\ 和\ \varepsilon=3 \tag{4-43}$$

初始条件：

$$x_0=1;\ y_0=0.7;\ z_0=0.9;\ 和\ c=0.3 \tag{4-44}$$

我有一位助手在挪威大学，他对解出这个模型正打算做一些必要的计算。他已经创造了解特征方程的图解方法，这个方法很简便。我也希望能给出一个精确的数字解，但是我收到我助手的信。他告诉我，他得到的结果是不正确的，在计算中出现了错误，因此我也不能给出结果。

在我的统计实验室里，我已经解出了一定参数值的该模型，结果表明式（4-43）中的参数值会抑制循环。

现在我们转到脉冲问题，即模型中的振动怎样保持。这里我们见到了两个有关保持振动的能量来源的观点。第一是随机冲量的观点。这个观点是博学的瑞典经济学家维克塞尔最先关注到保持振动中的冲量问题。后来，维克塞尔的学生阿克曼概括了这个观点，同时俄罗斯经济学家尤金·斯卢茨基和英国的经济学家尤尔用数学方法说明了此观点。这些作者都注意到了随机冲量引起循环的可能性。

然而，他们中没人能用一种精确的方法解释振动的时间图形是如何决定的。沿着这个观点这条线，我会为你展现我相信的是真的。在今天的文章中我会建立一些普遍的公式，这些公式十分基础并表明简单动态系统中任意冲量的积累。接下来的文章中，我会从统计的角度讨论这个累积的现象，为了从相对简单的动态系统中的任意冲量开始，得到一个循环形成的完整解释。

首先考虑单一变量的动态系统和运动规律给定如下：

$$\ddot{y} =+ 2\beta\dot{y} + (\alpha^2 + \beta^2)y = 0 \tag{4-45}$$

这里，α 和 β 是常数。特征方程的根如下：

$$\begin{aligned}\zeta_1 &= -\beta + i\alpha \\ \zeta_2 &= -\beta - i\alpha\end{aligned} \tag{4-46}$$

解可以写成如下形式：

$$y = B_1 e^{-\beta t}\cos\alpha t + B_2 e^{-\beta t}\sin\alpha t \tag{4-47}$$

这里 B_1 和 B_2 是任意常数。如果我们假定 y_0 和 $\dot{y}_0$ 给定了 t_0 时刻的初始值，解可写成如下：

$$y(t) = P(t-t_0)\cdot y_0 + Q(t-t_0)\cdot \dot{y}_0 \tag{4-48}$$

函数 $P(x)$ 和 $Q(x)$ 定义如下：

$$\begin{aligned}P(x) &= \frac{\sqrt{\alpha^2+\beta^2}}{\alpha}e^{-\beta t}\sin(v+\alpha x) \\ Q(x) &= \frac{1}{\alpha}e^{-\beta t}\sin\alpha x\end{aligned} \tag{4-49}$$

角度 v 定义如下：

$$\sin v = \frac{\alpha}{\sqrt{\alpha^2+\beta^2}}$$

$$\cos v = \frac{\beta}{\sqrt{\alpha^2 + \beta^2}} \tag{4-50}$$

准确地，我们假设纵坐标 y，它的变量由方程定义，y 是摆动的具体位置，它在重力和摩擦力的影响下移动。摆动的运动由式（4-45）准确地定义。

现状我们假定在时间点 $t_1, t_2, \cdots, t_n$ 时刻，摆被冲量以被动或消极的方式打击，并且它的松紧状态也在变化。另 y_k 和 $\dot{y}_k$ 相对应的是收到冲量冲击后的摆的纵坐标和横坐标。摆收到冲击后的影响的是纵坐标，但纵坐标一点都没有变，但横坐标却从 $\dot{y}_k$ 变为 $\dot{y}_k + e_k$，e_k 是单摆冲量动量的误差。e_k 的准确含义目前对我们没用意义。我们应记住的最重要的是在时刻 t_k，唯一发生的是横坐标 $\dot{y}_k$ 增加了一个常数 e_k。

这说明，我们能讨论一个问题，关于决定单摆在 t_n 时刻后的 t 时刻的纵坐标 $y(t)$。最简单的决定函数 $y(t)$ 的方法是分解单摆的运动为基本的组成部分。首先，我们会假定在时刻 t_0，初始条件是 y_0 和 $\dot{y}_0$，释放单摆，单摆静静地移动，知道 t 时刻都没有受到冲量的冲击。接着，我们引入另一个单摆，它在时刻t_1 静止均衡，引入后受到第一个冲量的冲击。这就意味着我们认为单摆在时刻 t_1 发动，纵坐标等于 0，横坐标等于 e_1。然后再时刻 t_2，我们引入另一个单摆，以此类推。在时刻 t 所有单摆的纵坐标总数应等于一个单摆受到所有冲量冲击的纵坐标。接着简单地从冲量的附加影响，我们已提到的，即 t_k 时刻唯一发生的事是横坐标 $\dot{y}_k$ 增加了附加的常数 e_k。

时刻 t 的纵坐标表示如下：

$$y(t)=P(t-t_0)\cdot y_0+Q(t-t_0)\cdot \dot{y}_0+\sum_{k=1}^{m}Q(t-t_k)\cdot e_k \quad (4\text{-}51)$$

人们易发现如果时刻 t 远在 t_0 之后，如果 β 是正的且是串联阻尼，时刻 t 纵坐标初始条件 y_0 和 $\dot{y}_0$ 的影响是可以忽略的，时刻 t 的纵坐标几乎完全由冲量决定。冲量累积的影响方式是简单地增加。累积量是权重为 $Q(t-t_k)$ 的冲量的加权和。累积权重的分布与系统从均衡位置移动的随时间的变化一样的模型。因此，提出的基础问题如下：如果我们进行积累，我们会得到一条振动的时间曲线，它有同样的时期长度。Q 定义了曲线，即在时间段：

$$p=\frac{2\pi}{\alpha} \quad (4\text{-}52)$$

这里的 α 是频率吗？如果我们对任意冲量 e_k 的性质做一些普遍的假设，答案就是肯定的。但为了证明这一点，我们有必要研究线性运算和时间序列理论。这将是下一章节的主题。

另一个关于能量保持经济震荡的性质的解释是被人们称为“熊彼特观点”。著名的德国经济学家已经强调了经济中革新的重要角色，即有关生产技术或在金融领域里的创新和新想法的影响。他还指出一个新的观点——积累——几乎是连续的，但未使用或是以一种连续的方法在经济中变得有效率的实现此观点。相反，实现观点和开拓创新直到经济周期开始回升才通常发生。然后经济开始扩张。

周期中繁荣部分发生的扩张构成了能量来源，保持震荡。这个观点与挪威经济学家艾纳·艾纳森所提出的一个的观点相似。

这个观点用数学语言来描述就是自动保持震荡，正如你知道的，它是近几年数学家和工业家们关注的一种类型的震荡。

下面，我将举出一个有关机械的例子，可能有助于读者更好地理解熊彼特创新观点是如何作为一种能量来源的方式。对我自己而言，我发现数学例证十分有用。实际上，仅仅在构造类比之后，我理解了“熊彼特观点”。当然，这完全是个人的反映。我们有很多特殊的理解方法，但对于大多数人数学类比法十分有用。关于这一点我完全同意我朋友迪维西亚先生的看法，他认为不仅有必要教授年轻的想要研究经济理论的经济学家学数学，还应教授力学。自然地，我并不是想要说明如果经济现象可以简单地当作它是机械的或物理的现象。就是说，力学分析只能是一种工具。它很有用，但只是一个工具比如机械计算器。一个计算器是以重要的机械原理发明的，但这并不意味着它可以用来分析不是机械或物质范围的现象。如果某人知道如何操作它，这个计算机对所有的问题都很有用。有必要知道如何操作它并利用适当的方法解决问题。这就是我认为力学分析用来阐明经济关系的方法。

我们假定有一个单摆在中点悬浮。在轴心的上方有一个装满水的管道。一条细管沿着单摆下降，最后管子有一个特殊的出口。出口向左打开。单摆向右移动的开口比像左移动的大。出口会受空气摩擦力或其他让开口成为单摆速率的函数的事物的影响。为了完成该设备，我们假定水管是由给定时间的水流提供的，水流是常数流入量。如果现在释放设备你会看到将发生的事情。水会沿着管道向下流，当水龙头的水流完，底端的反作用让单摆向右摆动直到重力作用足够大，让单摆回到它的均衡点。在回到出口点期间和接下来的反作用力让单摆向右的运动逐渐消除。单摆的惯性推动它超过均衡点，然后向左移动。再一次，重力开始让它回来，现在水龙头再次开启，水流力量再次加速向右移动。即使有摩擦，单摆的运动还是会继续。有人也会认为单摆不仅仅是保持运动，即振动的幅度会加大，让整个设备损坏。如果有必要，为防止这样的结果我们增加说明，每当增加幅度超过一定的限制抑制机制可用来固定它的运动。

你很容易理解这个设备的许多机械部件的经济含义。水代表熊彼特理论中的革新。首先，它们在一段时间没有使用保持原样，一些观点或许从未使用过，会有一些原子一直留在管道里。但其他部分的水会在管道中往下流。这就表明新观点已在经济中使用并注入能量来保持振动。熊彼特或许并不完全满意这种类推，他或许认为这种类推仅代表了振动，而不是长期趋势或者超世俗的，也可以说是技术文化的连续发展。因为我们不能活到见证它向下的趋势，所以这个趋势看上去对我们是不可逆的。

我们不难在设备中引入一个附加物来注意到这个事实。我们能想象设备停止的中心点不是固定的而是能在墙的裂缝中滑落的点，并且裂缝总是向右上方。然后器械会上下跳跃，每次跳跃都会到达裂缝中一个更高的位置。我们只需用水流供给器械，然后水流下的冲力会引起振动，同时这些振动使器械跳跃到更高的水平。因此，振动和不可逆发展之间有密切联系。在或多或少的简单的假设下，不难得出一些方程表示器械的运动。我甚至认为对经济震荡的深入分析是有用的工作，但这里我不能将它表示成方程。

第5章

随机性冲击周期的提出、概率观点与确定性动态规律观点的综合

为了表明我在讲稿中提到的现象的性质，我会以一个简单的例子开始。另 u_t 是给定的时间函数。如果我们只知道在不连续的时间点如 $t=1,2,\cdots$，的 u_t 的值，我们说 u_t 是一个时间序列。它是我们在统计学中所认识的不连续点有值的时间序列。

在统计学中，我们可以利用移动平均数使时间序列平滑。例如，我们有一个月序列，我们用以下的方法做一个12月的移动平均数，首先从1900年1月开始观察，接着计算1900年12个月的总数。将总数除以12，将此结果作为新序列12个月的中点值，即6～7月。然后，我们向右移动一个月，计算从1900年2月至1901年1月12个月的总数。将总数除以12，再将结果作为新的12个月的时间序列的中点，即7月和8月之间，然后依次重复此过程。通过这个过程显然我们可以平滑一些从一个月到另一个月的不规则的波动，这正是我们进行这个过程的目的。这个过程适用于大范围的进行。但人们可能经常都不能理解它可能产生的所有结果。

为了更好地理解这些结果，我们假设有任意数据 e_t 的时间序列。

为了达到目标，我们定义 e_t 的性质为近似于非自相关。这就意味着在一个观察点和接下来的观察几乎没有关系，同样地观察和之前两个单位时间的观察也是几乎没有关系，等等。我没有假定变量的分配。在现实中的许多情况，非自相关的假定已满足。

例如，如果我们从集合中取出数字，然后每次取出来后替换掉数字或像彩票抽奖有许多数字，然后取出的数字被认定为非自相关变量的时间序列。在这个联系中我必须提到的是，我们已经在奥斯陆的统计实验室做了实验计算，我们还利用了挪威彩票取出最后的数字，我们认为这些数字是非自相关变量。

有人甚至会说，认定变量是任意的是最小必要条件。事实上，如果某种类型的变量有系统化的趋势，它一定是以某种联系传递这种趋势。

现在，我们假定对任意变量进行移动平均。结果是怎样的呢?你或许会说结果是一些平滑的东西。如果你认为新序列的振动幅度比最初序列的波动小，那么你的回答就是正确的。但这意味着变量的规模会减小。你不得不画一张更大范围的新图形来保证之前那么多变量的印象。上述中我们最感兴趣的是变量的时间曲线。怎样对任意变量的 m 种表达方式进行移动平均得到时间曲线呢？一个令人惊喜的事实是得到的曲线有固定周期波动，这个周期长度接近于移动平均长度的 70%，即 0.7m 的期间长度。还有其他周期波动，例如 0.4m 期间的周期，但这个循环的振幅很小。还是会有其他的极细微的周期。

显然，如果有人运用移动平均，认识这个结果就极其重要。事实上，我们在现实中所见到的任何时间序列除了我们想研究的系统变量外还包含了任意元素。如果我们不知道运用移动平均说明这个现象，人们可能会理解假象的循环是由初始变量中的真正的变化产生的。我能告诉你一些典型的事件，这是因为观察者不知道是他们自己发明了循环。

这样的例子在不同的领域被引用，不仅是经济学还有气象学。在遥远的北方的气象站，没有必要识别它，观察数据是由横向磁力产生。观察者创立了变量的变化，他说，第一次偶然对7天的观察数据进行了移动平均。在已得到的结果中，他发现有一个5天的周期。他对自己说如果横向磁力的强度表现了一个周期，然后其他的现象，我认为某个地方的温度也应该有一个5天的周期。现在，提出一个周期用来对序列进行移动平均的操作，移动的长度与考虑中的周期长度相等，这个周期或多或少地被更长期的周期和长期趋势所遮蔽。然后我们会发现新旧序列之间的误差。显然，这个过程对于如果是存在的周期，可能使它出现。这就是观察者运用到温度曲线的方法，这个方法用来决定一个5天的周期是否存在，与他认为他所观察到的横向磁力强度的周期一致，结果是否定的。在已得到的曲线中，没有5天周期的痕迹，但他发现另一件有趣的事情即3.5天的周期。然后他说如果存在温度有3.5天的周期，那么另一气象站的温度也应该有3.5天的周期。为去掉这样的周期，合理的程序是计算3天的移动平均值。初始序列和移动平均后的序列之间的差还是负的，没有3天或4天的周期。但随后他发现了另一个有趣的事，即 2 天的周期，他写了另一篇学术报告。你会看到他发现的周期等于移动平均的 70%。

现在，我们更一般化的考虑任意线性运算，即像一定权重系统的移动平均，我们假定它是完全任意的。这就说明任意值的权重可正可负。权重合计到一定数后我们不会施加任何其他的条件。线性运算由以下方程定义

$$L_{u_t} = \Sigma_x L_x u_{t+\delta x} \tag{5-1}$$

这里 L 函数 u_t 上的运算，且 L_x 代表权重。权重由我们假定的有限集合价值 x 给定，包括一段有限距离。这说明 L_x 在两个方向中 x 的极大值变为 0。δ 是我们进行运算的时间序列上观察点之间的间隔。对于 L 运算 $L_x = L_{-x}$，被称为对称运算。如果我们对正弦函数进行对称运算，用函数形式表示出来是

$$y = A\sin(a + \alpha t) \tag{5-1b}$$

振幅 A，相位 a，频率 α 是常数，那么唯一的效果是函数被一个常数放大，这个常数独立于时间但取决于运算性质和频率 α，即

$$Ly = \bar{\zeta}(\alpha) \cdot y$$

$\bar{\zeta}(\alpha)$ 是频率 α 的函数。我们可以通过将对称线性运算因式分解为正弦函数来描述这个事实。$\bar{\zeta}(\alpha)$ 是利用率。而且，很容易给出函数的具体表达式。我们只需要将式（5-1b）中的 t 替换成 $t+\delta x$，并用这个公式计算两者和的正弦。进行计算后我们得到

$$\bar{\delta}(\alpha) = \Sigma_x L_x \cos(\alpha \delta x)$$

我们称这个函数为运算图像或更精确地称为运算的余弦图，将它与我们在某刻考虑的另一图表区分，如图 5-1 所示。这个图形表

示了运算的特性。通常，用频率 α 的函数描述图形，有时也用期间 p 的函数描述，如下：

$$p = \frac{2\pi}{\alpha}$$

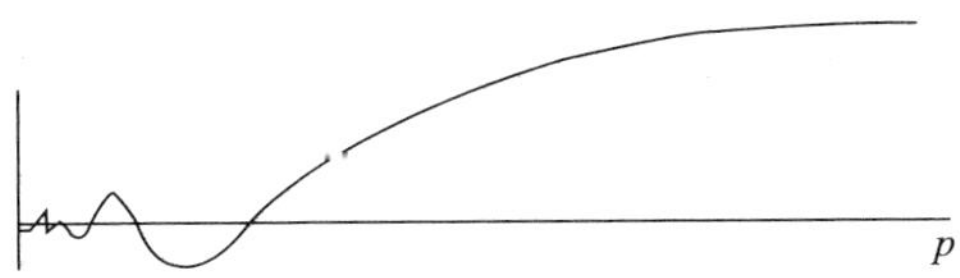

图 5-1　p 函数的余弦曲线

图 5-1 表明运算的图像，它包括 100 步的移动平均。这里的横坐标是 p。如果我们用 α 的函数描述相同的图，我们得到图 5-2。

图 5-2　α 函数的余弦曲线

一个非对称运算对正弦函数有两种影响。它会增加一个常数的幅度，相位也会增加一个常数。因此，得到：

$$Ly(t) = \zeta(\alpha) \cdot y\left(t + \frac{v}{\alpha}\right)$$

相位的增加 v 由刚定义的余弦图像决定和系数 $\zeta(\alpha)$ 由另一个图确定：

$$\bar{\bar{\zeta}}(\alpha) = \Sigma_x L_x \sin(\alpha\delta x)$$

我们称其为正弦图像。利用图形 $\bar{\zeta}$ 和 $\bar{\bar{\zeta}}$，特征根 ζ 和 v 用以下表述：

$$\zeta(\alpha) = \sqrt{\bar{\zeta}^2 + \bar{\bar{\zeta}}^2} \cdot \sqrt{\Sigma_{xy} L_x L_y \cos(\alpha(x-y)\delta)}$$

$$\sin v=\frac{\bar{\zeta}}{\zeta}\qquad \cos v=\frac{\bar{\bar{\zeta}}}{\zeta}$$

通过定义，总系数即总图像 ζ 是正函数，且 $\bar{\zeta}$ 和 $\bar{\bar{\zeta}}$ 是改变正弦的函数。

现在，我会从逆向的傅里叶理论来解释函数 $\bar{\zeta}$ 和 $\bar{\bar{\zeta}}$，但这个基础的定义更方便。

现在如果我们对非自相关变量 e_t 进行线性运算，结果会是怎样呢？这个问题可从两个角度来回答，且很有趣。首先，有必要知道什么周期和其他的波动起因于对给定时间序列进行线性运算。如果我们不知道运算可能产生的结果，我们冒着风险困惑地认为假想的周期和其他趋势是该运算的结果，但有真正的以给定数据存在的振动。那么从能量保持振动的角度理解，有一个有趣的观点，即我们可以想象性质本身对任意冲量进行了线性运算，然后产生了我们所观察的时间序列。如果我们知道系统性质所占的权重，那么我们可以解释所观察到的周期的存在。这个系统的研究会变成解释周期的中心问题。而且，有必要知道任意冲量通过线性运算的中间作用转换成进入周期的规律。

后面的问题会以更准确的方法表达出来。令权重已给定。如果已对非自相关变量进行了此运算，那么通过对系统的认识，我们可以决定周期和其他可能产生的趋势的性质。这将是我在接下来的论文中研究的问题。我相信可以给出这个问题的完整解释。

很明显，我们表示的问题从物理的角度也是很有趣的。或许物理学中存在看上去相似的情形。实际上，我们讨论的理论体系只不过是用到了声学中的线性共鸣和电流理论。我不能快速地更新这个领域的工作，但这些工作能解释物理问题是怎样提出的，对我而言，社会学和物理学之间的联系很有趣。

为了研究我提出的问题，首先，有必要说一些关于时间序列的光谱分析。光谱分析，也称为调和分析或筑起图分析，它是基于时间序列的光谱或周期图建立的一种分析方法。光谱是用来描述初始曲线的振动性质的曲线。说得具体一点就是人们画出一条曲线用来表明一种类型的周期是否存在，如果存在，它的振幅是多大。

为了表明光谱分析因素，我们首先考虑一个函数 $w(t)$，它由一些正弦函数构成，写成以下形式：

$$w(t) = y_1(t) + \cdots\cdots + y_n(t) \tag{5-2}$$

每一项定义为：

$$y_k(t) = A_k \sin(\alpha_k + \alpha_k t) \quad (k = 1, 2, \cdots, n) \tag{5-3}$$

其中的 α_k 是频率，振幅是 A_k，相位是 α_k，这项的周期是

$$p_k = \frac{2\pi}{\alpha_k} \tag{5-4}$$

函数中各主要因素的特点，如图 5-3 所示。

首先，我们在横轴上标明 $\alpha_1, \alpha_2, \cdots, \alpha_n$，与频率对应在函数 $w(t)$ 中体现出来。在每个点上，我们作一条垂线，长度等于振幅。这里我们没有标出相位。如果我们用以下形式写出每一项：

$$y_k(t) = \phi_k \sin\alpha_k t + \psi_k \cos\alpha_k t \tag{5-5}$$

表示在 α 轴以下的垂线数量 ϕ_k，常数 ψ_k 表示轴上的垂线数量。但我

们不能强调这个，因为相位在分析中不是很重要。

现在我们假定式（5-2）中的项数增加，这样我们就有足够多的垂线建立 α 轴。但标记所有不是很方便。有人可能会用同样的方法探讨他们，也有人会在统计序列中各自观察。我们注意到在该属性的一个小区间内只有观察密度下降，这也是我们在此将要做的。我们引入光谱强度 $s(\alpha)$ 描述了在小区间（$\alpha,\alpha+\mathrm{d}\alpha$）上的所有振幅的总和 A 之间的比率，$\mathrm{d}\alpha$ 表示区间的大小。如果你愿意，可以将此密度理解成统计分布量的密度，或者是给定光谱的一点灯光的强度。

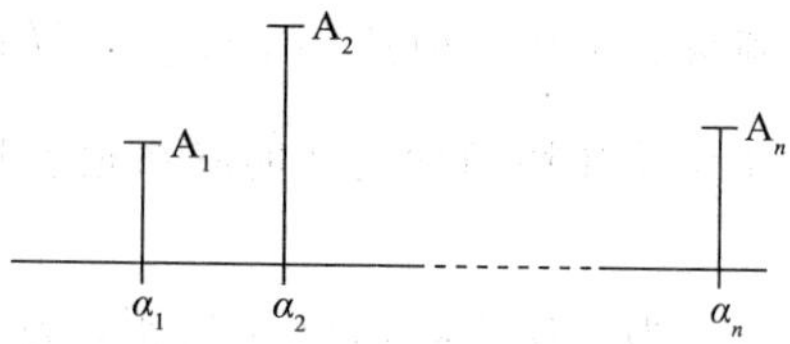

图 5-3　频率振幅图

有人会注意到我们讨论的光谱密度是频率的密度，而不是我们测量周期的单位中的周期长度。

总函数 $w(t)$ 写为：

$$w(t)=\int_{\alpha_1}^{\alpha_2} s(\alpha)\sin(a(\alpha)+\alpha t)\,\mathrm{d}\alpha \tag{5-6}$$

α_1 和 α_2 限制了区间外没有数量值的部分，$a(\alpha)$ 是在讨论中没有角色的函数。

现在，我们假定已在一定时间间隔得到总函数 $w(t)$。我们选择间隔中的某一点，讨论函数（5-7）

$$P(\alpha)=\sqrt{\left(\int_{-T}^{+T} w(t_0+\tau)\sin\alpha\tau\,\mathrm{d}\tau\right)^2+\left(\int_{-T}^{+T} w(t_0+\tau)\cos\alpha\tau\,\mathrm{d}\tau\right)^2} \tag{5-7}$$

对式（5-7）进行简单的转换可写成以下形式：

$$P(\alpha)=\sqrt{\int_{-T}^{+T}\mathrm{d}\tau\int_{-T}^{+T}\mathrm{d}\sigma w(t_0+\tau)w(t_0+\delta)\cos\alpha(\tau-\sigma)} \tag{5-8}$$

函数 $p(\alpha)$ 显然依赖于我们选择的点 t_0，但为了我们的目的，没有必要详细的说明。

如果我们假定在两个方向上已知有限间隔上的函数 $w(t)$，那么傅里叶变换的结果是当 T 趋于无穷，函数 $p(\alpha)$ 的极限决定了光谱 $s(\alpha)$。事实上，我们有

$$s(\alpha)=\frac{1}{\pi}\lim_{T\to\infty}P(\alpha) \tag{5-9}$$

$p(\alpha)$ 称为周期图，$s(\alpha)$ 为光谱。

我所提出的光谱分析或调和分析已有很多作者研究过。这个观点的来源是在傅里叶的研究工作中发现的，但只有舒斯特详细地描述了实际方法，最近维纳先生重新讨论这个问题并发现了更普遍的方法。

我会谈谈光谱方法的价值，将它作为时间序列分析的方法，特别是关于经济时间序列。毫无疑问，这个方法对一定的理论调查研究有用。但对我而言，这个方法的使用被夸大了。这种方法通常只能纯粹地被用来描述经验数据序列，而非任何场合。有人已被公式的美所魅惑。

例如，我们在很一般的假设下表明通过光谱分析建立的光谱保存了初始曲线的所有信息。也就是说，与一个给定的光谱有且仅有

一个时间序列与之对应。然而，从最初给定的曲线的真实解释的角度来看，这只是撇开了真正的问题。有人有时认为时间序列的分析是建立光谱后或多或少得到的。在我看来这是不对的。对于很多问题光谱范围仅仅是起点。分析中最核心的部分是光谱建立以后的东西，我们称为时间模型的直接分析。

让我举个例子。现在我们考虑一条曲线，它是不同时期、相位、振幅的两个正弦函数的和。假定周期的差别很小。曲线的时间形状具有众所周知的特点。它表现为“打浆效应”。曲线出现周期性振动。期间长度不完全是常数，长度会有小变化。周期长度近似等于序列两个构成部分周期的平均数。曲线的振幅周期变动。我们能用直觉解释它——当两条曲线结合，它们的振幅会增加到总曲线。当我们随着时间一直继续，最小期间的组成部分会从其他部分移开，总曲线的振幅会减小，一定时间以后两组成部分会有相反的相位。那么曲线的振幅会使构成部分振幅之间的区别。现在总曲线的振幅最小，此刻开始时间曲线的振幅会增加。我们会有图 5-4 所描述的情形。

我们很容易看到波动周期，即最大振幅的两个时间点之间的距离，简单地依赖于两个组成部分的期间之间的差别。打击周期更长，两个给定期间的差别更小。

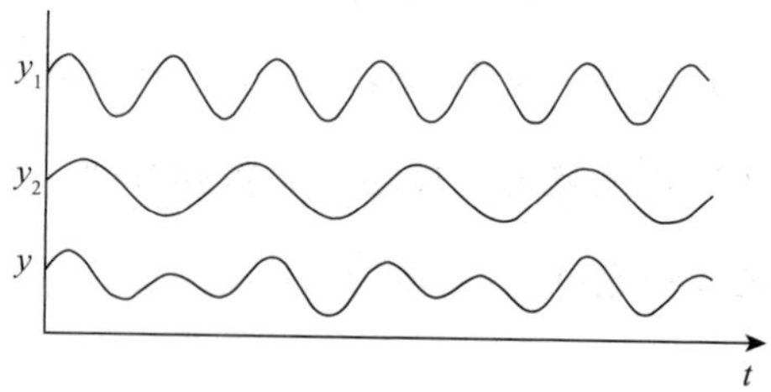

图 5-4　波动效果

对很多的问题，我们这里提出的时间形状，即打桨效应，波动周期等只是值得了解的问题。但简单地建立方程的光谱并没有给出这些问题的答案。光谱交给我们唯一的事是两个组成部分的存在，它们的频率和振幅。光谱并没有解释“打浆效应”。这样光谱只是简单地给我们数据，利用这些数据我们可以推导出打浆效应。但是推导和分析另外光谱的建立，也就是分析时间形状本身是最有趣的事。

我们提到的有两个组成部分的例子中，时间形状的分析很简单，几乎是凭直觉的，但对于其他有很多组成部分，或者无限多个的情况，时间形状的研究就会变得很复杂。

此外，光谱分析主要在经济中的应用，非常不方便，也就是说，对给定的有趣的结果，光谱分析根据双向的很长的时间序列。现在我们假定，我们知道无穷时间间隔的曲线。为了研究给定点的曲线性质，我们利用整条曲线的全部信息，甚至是离给定点很远的点。这样光谱方法是总方法。很显然，在社会问题里，没有一个合理的程序。这里有必要引入原始办法，即我们在研究接近给定点的时间形状所用到的方法，只需要考虑邻近点。例如，在研究 19 世纪后半个世纪的周期波动，包括和以相同的权重加入 19 世纪初的曲线形状的变化，这样就不太合理。也就是说有一种方法可以以连续的方式从一个时间点到另一时间点都使用。这个更简单的方法将在第 7 章讲到。

我已经控制自己对光谱方法做出这些一般的评论，今天我用到的这些方法或许给你的印象是，它不是卓越的工具，这个工具是我推荐给你分析时间序列的。

这样说了以后我会提到连续光谱的打浆效应的分析。这只是从严格意义上有必要对光谱分析的一种补充。我们假定，我们已经给定式（5-6）的时间函数，它的积分上下限十分接近，即式（5-6）的组成部分有几乎相同的频率。有人会问自己整体曲线的时间形状是什么样的呢。我们也必须从我们在这种情形下所找到的进行预期，即使 α_1 和 α_2 之间没有很大的差别，仍然会有一定的打浆效应。这就意味着我们必须认为时间形状会有一个频率的周期，这个频率是区间（α_1,α_2）的频率的平均值。我们对研究振幅的变化和平均振幅特别感兴趣。

所以有必要用一种描述振幅和它随时间变化的形式描述 $w(t)$。我们引入频率 α_0，它基本上是任意的，但在实际中，它是式（5-6）中频率的平均值，写成如下形式：

$$\alpha_0=\frac{\alpha_1+\alpha_2}{2} \tag{5-10}$$

在式（5-6）的正弦表达式中加上减掉 $\alpha_0 t$，得到：

$$\begin{aligned}\sin(a(\alpha)+\alpha t)=&\cos\alpha_0 t\cdot\sin(a(\alpha)+(\alpha-\alpha_0)t)\\&+\sin\alpha_0 t\cdot\cos(a(\alpha)+(\alpha-\alpha_0)t)\end{aligned} \tag{5-11}$$

积分（5-6）化简为：

$$w(t)=\phi_t\sin\alpha_0 t+\psi_t\cos\alpha_0 t \tag{5-12}$$

或

$$\phi_t=\int_{\alpha_1}^{\alpha_2}s(\alpha)\sin(a(\alpha)+(\alpha-\alpha_0)t)\cdot\mathrm{d}\alpha$$

$$\psi_t = \int_{\alpha_1}^{\alpha_2} s(\alpha)\cos(a(\alpha) + (\alpha - \alpha_0)t) \cdot \mathrm{d}\alpha \tag{5-13}$$

但式（5-12）写成：

$$w(t) = C_t \sin(v_t + \alpha_0 t) \tag{5-14}$$

其中，

$$C_t = \frac{1}{\pi}\sqrt{\left(\int_{\alpha_1}^{\alpha_2} P(\alpha)\sin(a(\alpha) + \alpha t) \times \mathrm{d}\alpha\right)^2 + \left(\int_{\alpha_1}^{\alpha_2} P(\alpha)\cos(a(\alpha) + \alpha t) \times \mathrm{d}\alpha\right)^2} \tag{5-15}$$

或

$$C_t = \frac{1}{\pi}\sqrt{\int_{\alpha_1}^{\alpha_2} \mathrm{d}\alpha \int_{\alpha_1}^{\alpha_2} \mathrm{d}\beta P(\alpha) P(\beta)\cos(a(\alpha) - a(\beta) + (\alpha - \beta)t)} \tag{5-16}$$

相位定义如下：

$$\sin v_t = \frac{\phi_t}{\sqrt{\phi_t^2 + \psi_t^2}}$$
$$\cos v_t = \frac{\psi_t}{\sqrt{\phi_t^2 + \psi_t^2}} \tag{5-17}$$

我们称 C_t 是瞬时幅度。

平均幅度定义如下：

$$\overline{C} = \sqrt{\frac{\int_{-T}^{+T} C_t^2 \times \mathrm{d}t}{2T}} \tag{5-18}$$

对被积函数（5-16）关于 t 积分，适当的改变积分上下限，得到：

$$\int_{-T}^{+T} C_t{}^2 \times \mathrm{d}t = \frac{4}{\pi^2}\int_{x=0}^{\alpha_2-\alpha_1} \frac{\sin Tx}{x} \times \mathrm{d}x \int_{\alpha=\alpha_1+x}^{\alpha_2} P(\alpha)P(\alpha - x)$$
$$\cos(a(\alpha) - a(\alpha - x)) \times \mathrm{d}\alpha \tag{5-19}$$

为了估计这个积分，我们利用狄利克雷平均理论，表示如下：

$$\lim_{T\to\infty}\int_0^a \frac{\sin Tx}{x} f(x)\times \mathrm{d}x = \frac{\pi}{2}\times f(0) \tag{5-20}$$

这个公式是对一大类函数 $f(x)$ 精确表达，有人可能会用直觉解释理论的正确性。

事实上，积分（5-20）可写成以下形式：

$$\int_0^{aT} \frac{\sin x}{x} f\left(\frac{x}{T}\right)\mathrm{d}x \tag{5-21}$$

这说明函数$\frac{\sin x}{x}$是用加重积分的函数。这个函数很快减少了。因此，如果 T 很大，那么几乎所有的权重集中在点 $x=0$ 上。事实上，如果 ε 是一个很小的数，$f(\varepsilon)$ 的值有权重$\frac{\sin\varepsilon T}{\varepsilon T}$。当 T 很大时，积分从 0 到无穷且等于$\frac{2}{\pi}$。这直接证明了式（5-20）。我们将此公式代入式（5-19）得到：

$$\lim_{T\to\infty}\int_{-T}^{+T} C_t^2\,\mathrm{d}t = \frac{2}{\pi}\int_{\alpha_1}^{\alpha_2} p^2(\alpha)\,\mathrm{d}\alpha \tag{5-22}$$

这里找到的最有趣的结论是如果光谱是连续的，C_t 的平方在很大区间上的积分是一个常数，这个常数不会随着积分区间的增加而增大。时间曲线 w_t 几乎是多种频率的曲线，我们假定在小的频率区间［α_1，α_2］上平均幅度很小。明显，这并不排除在一定离散点，总曲线的振幅相当大，但这些点很少。

现在我们假定时间函数 w_t 是通过对非自相关变量进行线性运算得到的。

如果我们知道这个函数的周期图 P，我们就有方法计算时间序列 w_t 最重要的特性。但是在这种情况下确定周期图 P 不是很困难。事实上，我们首先假定式（5-8）中的积分可用离散和近似。然后周期图确定如下：

$$P^2(\alpha)=\delta^2\sum_{h=-N}^{N}\sum_{k=-N}^{N}w(t_0+h\delta)w(t_0+k\delta)\cos\alpha(h-k)\delta \quad (5-23)$$

如果我们写

$$w(t)=\Sigma_x L_x e(t+\delta x) \quad (5-24)$$

我们会得到

$$P^2(\alpha)=\delta^2\Sigma_{xy}L_xL_y\sum_{k=-2N}^{2N}\cos\alpha\delta k$$
$$\times\sum_h e(t_0+(x+h)\delta)\cdot e(t_0+(y+h-k)\delta) \quad (5-25)$$

当 k 是负的时候，关于 h 的和是从 $-N$ 到 $N+k$；当 k 是正数时，$h=k-N$ 到 $h=N$，现在，如果变量是非自相关的且它的平均值等于 0，我们会发现对 h 求和只有 $k=y-x$ 保留不变，即我们有

$$P^2(\alpha)=\delta^2\Sigma_{xy}L_xL_y\cos\alpha(x-y)\delta\Sigma_h e^2(t_0+h\delta) \quad (5-26)$$

其中如果 x 大于 y，h 的和从（$-N+x$）到（$N+y$），如果 x 小于 y，h 的和从（$-N+y$）到（$N+x$）。有人会注意到和运算对（$x-y$）是对称的，和为（$2N+1-|x-y|$）。

如果我们假定任意变量的标准差是合理的常数，且独立于时间，可以写成：

$$\Sigma_h e^2(t_0+h\delta)=(2N+1-|x-y|)\cdot\sigma^2 \quad (5-27)$$

其中 σ 是标准差。如果 L 运算的范围比在周期图中用到的和运

算的范围小，$x-y$ 的差的绝对值相对于 $2N+1$ 很小，我们简单地得到

$$P(\alpha)=\sqrt{\delta}\cdot\sqrt{(2N+1)\delta}\cdot\rho(\alpha)\cdot\sigma \tag{5-28}$$

其中 $\rho(\alpha)$ 是上面定义的运算的表达。

$\rho(\alpha)$ 的定义仅仅基于相对于 L 运算给定的数据。这样在不知道任意变量的时间分布，只知道它是非自相关的情况下，任意变量运用线性运算 L 得到的时间序列的周期图优先决定了。唯一需要知道的是运算的性质和讨论中的变量的平方根。

为了用数学例子证实这个公式，我们已经在奥斯陆的统计实验室做了以下计算。

我们利用挪威国家彩票的一系列图中的每一张图，利用任意变量的最后三位数。我们已经对这个序列进行了 100 次的移动平均。这个运算的图形已由图中 α 的函数给出。因此我们必须认为所得到的时间曲线的周期图与由式（5-28）中常数计算确定的周期图有一样的形式。我们已经在区间上建立了光谱，几乎构成了我们变量的 2 500个观察点。结果已在图中显示。

全拉伸线是根据公式（5-28），理论上连续的周期图决定的，而点画线是从周期图上由经验确定的点构成的曲线。你应该注意到这并不是关于利用一种像最小二乘法找到的曲线形状。完整绘制的曲线由公式直接给出。

我认为在实际观察和理论之间有需要补充的地方。所得到的结

果直接表明了周期存在的原因，周期长度是序列移动平均长度的 0.7，这个序列是由此运算后的任意变量得到的。这个周期的存在由运算的图形中的条纹峰值解释。

现在我想到一个对我更重要的问题。就是确定周期的平均幅度，这个周期是对任意变量进行线性运算得到的。我们看到当区间长度即 $(2N+1)\delta$ 增加，周期图 P 的纵坐标也增加。说得更详细，它增加了区间长度的平方。另一方面，我们从式（5-22）看到，由连续光谱给定的总曲线的振幅减小到 0，当光谱保持为常数时，振幅与间隔长度的平方根成反比关系。

现在，可以合理地认为相同间隔的平均振幅如讨论的期间图。总体来说，这意味着在两种情况下我们可以利用全部可用的区间。这样的假定下，我们得到平均幅度：

$$\overline{C}=\sqrt{\frac{\lim\int_{-T}^{+T}C_t^2\,\mathrm{d}t}{\Sigma T}}=\sqrt{\frac{2\delta}{\pi}}\cdot\sqrt{\int_{\alpha_1}^{\alpha_2}\rho^2(\alpha)\,\mathrm{d}\alpha}\cdot\sigma \qquad (5\text{-}29)$$

我已经做了一系列的实验计算来证实这个公式。我会提到其中的一些。首先，我从一组 1～52 的卡片组中建立变量 e_t。然后对这个变量进行了一些不同的线性运算。特别地，我会讨论其中的三个很简单的运算。

首先，我对距离 10 的点进行了二次差分，运算定义如下：

$$\Delta_{\pm10}^2 u_t = u_{t+10} - 2u_t + u_{t-10} \qquad (5\text{-}30)$$

然后，我们考虑运算：

$$H_{\pm10}\ u_t = u_{t+10} + u_{t-10} \qquad (5\text{-}31)$$

即两项的移动平均是 20 个单位距离。我还会考虑双倍距离相同的运算 $H_{\pm 20}$。最后，我会考虑 Γ_{10} 的简单的移动平均。利用这些基本的运算，我组成了下列运算：

$$A: \Gamma_{10}\ \Delta_{\pm 10}^{2}$$

$$B: \Gamma_{10} H_{\pm 10} \Delta_{\pm 10}^{2}$$

$$C: \Gamma_{10}\ H_{\pm 20}\ H_{\pm 10}\ \Delta_{\pm 10}^{2}$$

我们现在需要讨论的是这三个运算 A,B,C。这些运算的图像已在图中给定，[㊀] 其中 α 是横坐标。

对图像经过简单的观察表明，我们必须找到 20 年的周期和 7 年的周期。在对任意变量进行 A，B，C 的运算后得到的时间序列产生于一卡片组，两个周期很明显。

现在，让我们回到从理解保持经济振动的角度得出的结果的问题。

在前面章节中，我已经讨论了动态关系的系统、需求、供给和产量之间的关系，如果系统在初始位置不受干扰的发展振动会减少。这仿佛是一个悖论，因为在实际中我们知道振动不会减少。振幅会改变，有时会有剧烈地波动，有时波动较小，但不会有系统性的减少。

这个悖论显然被解决了，因为在现实中系统自己不能不受干扰发展。它会受到各种不同任意冲量的冲击。在之前的章节中我表明

㊀ 原稿图缺失——译者注

了如果有人让一个变量不受干扰的发展，它会根据下列公式移动到减少的振动中：

$$y_t = e^{-\beta t} \sin \alpha t \tag{5-32}$$

另一方面，它能表示称下列公式：

$$w_t = \Sigma_x e^{-\beta t} \sin \alpha x \cdot e_{t-x} \tag{5-33}$$

如果接触到时间 $t-x$ 上很多点的任意冲量。

换句话说，w_t 在点 t 的横坐标由线性运算确定，线性运算定义为 $L_x = e^{-\beta x}$ 在任意变量 e_t 上。

我今天提出的理论直接表明时间曲线 w_t 是一条包括一定未减少的振动的曲线，我们甚至可以优先表明这些振动的性质。

我已经计算了一个数学例子来说明这个效果。我用到一个单摆满足振动规律式（5-32）。如果有人让它自己运动，我有集合 $e^{-\beta} =$ 0，95 和 $\alpha = \frac{2\pi}{p}$和期间等于 20。

留给它自己，系统的发展在图中表明。同时这个图代表了公式（5-33)的权重。我们已经计算了任意变量系统的形成。其他序列由挪威的国家彩票图中得到。在得到的时间曲线中 20 年左右的周期是可见的。

当然有一些无规律的事物，但这对我来说使得分析更加准确。

除此之外，不难看出其他的线性运算可能会产生更加有规律的周期。例如，考虑以下运算：

$$\Gamma_{10}^{3}\ H_{\pm 40}\ H_{\pm 20}\ H_{\pm 10}\ \Delta_{\pm 10}^{2}$$

正如上面所提到的，从一组得到的运算，利用这个运算得到的结果已在图中显示。你看到这个周期特别有规律且周期为 20 年。

今天我所讨论的现象对我而言，有趣地阐明了经济周期的持续，特别是，它表明一个人如何综合概括观点和经验的动态规律。

第 6 章

计量函数的统计建设、方程的自主融合及多重变量分析的危险性

假设我们已经持有一个理论方案，这个方案包含表达变量 y 作为变量 $x_1,\cdots,x_n$，的一个函数的某种关系，比如 $y=f(x_1,\cdots,x_n)$。我们也许会问是否可能根据为我们提供了变量详细信息的经验观测值来确定具体的函数形式。很明显，从严格的数学角度来看，如果这个函数被看作是一个完全任意的函数，那么任意有限数量的观测值都不足以来决定这个函数。但是从实践的角度来讲，这个担心并不重要，因为在研究中的绝大多数函数必须满足某些连续性或有限变量条件或其他条件，这些条件允许我们在知道函数在某些离散点的值的情况下，能够非常精确地确定函数形式。

从统计角度和解释我们所得到的结果的角度来讲，还存在一个更根本的问题。这个问题涉及对观测值的统计分布的分析，并且要从这个分布中得出我们由已知的统计数据来获得我们所考虑的函数的特征的某种信息是可能的，而那些信息我们不可能从已知数据中获得这些准确的结论。从计量经济学的角度来讲，这是一个至关重要的问题。事实上，正如我第一篇的讲稿所提到的，这个确定理论

关系的具体和数字形式的问题是计量经济学领域最迫切的问题之一。我今天要谈的正是分析已知数据（确定理论关系形式的一个手段）的重要性。

为了更简单，假设我们研究的关系是线性关系。为了我今天的预期目标，这个线性假设并不是人们刚开始要考虑的一个约束。事实上，我将讨论的最多的问题与变量系统中的维度数量和自由度有关。这些问题在线性情况和更一般的情况下具有相似的特征。

考虑具有如下形式的一种关系

$$y = b_0 + b_1 x_1 + \cdots + b_n x_n = \Sigma_i b_i x_i \qquad (6\text{-}1)$$

$$i = 0 \text{ 到 } i = n x_0 = 1$$

式（6-1）中给出的必定是从 $i=0$ 到 $i=n$ 的和。按照惯例，我们这里设定 $x=1$，这仅仅是为了简化求和符号的使用。重要的问题是要知道一组给定的变量是否能够有助于确定这些 b 值。

很明显，我们也能把关系式（6-1）写成一个方程，例如可以把所有项写在同一边。尽管对于某些问题，也许有必要考虑代替式（6-1)的形式，但是在其他情况下，式（6-1）要更好。

在一个给定的统计数据集中，X 变量的具体含义可能不同。首先，我们也许会碰到每个 x 变量代表不同经济数量的情况，比如 x_1 能够表示某种商品的价格，x_2 代表另一种商品的价格。或者，这些 x 中的某些变量代表这些变量在某个时间点的值，而关系式（6-1）中的 x 代表同样的变量在另一个时点的值。再进一步分析，x_1 可能是某个经济变量，而x_2是同一变量的增长率。人们还可以设想这样一种情况，即 x 中的某些变量是时间的函数，比如x_1等于代表时间的变量 t。初始的两项代表一条直线，这条直线能够看做是人们想消除 y 的一种长期趋势。然而，接下来的内容我一般假定进入关系式的变量是具体的，而不是时间的解析函数。

当我们想研究确定常数值的可能性与不可能性时，会出现一些问题。为了说明这些问题的特点，我首先会处理一个简单的例子。假设我们有一个单一变量 x，即考虑关系式

$$y = b_0 + b_1 x \tag{6-2}$$

这个方程表示（x,y）坐标系的一条直线。我们的问题是要根据 x 和 y 的观测值来估计这条直线。特别地，我对确定斜率 b_1感兴趣。我们知道，如果我们有两个观测值（x',y'）和（x'',y''），那么斜率就可以确定。即斜率可以简单表示为

$$b_1 = \frac{y' - y''}{x' - x''} \tag{6-3}$$

如果观测值不受观测误差的影响并且这两个观测值不在同一点上，那么我们对斜率的估计一般总是可能的。我特别强调的是后面那个条件。

如果观测值 p 有向 p_1发展的趋势（见图 6-1），那么我们基本上能够得到系数（6-3）。从纯数学的角度来看，只有当这两个点完全重合时系数b_1才不能确定。

但是如果观测值受观测误差的影响，那么情况将完全不同。这种情况下，即使 p 和p_1没有完全重合，系数也将无法确定。事实上，如果观测值是

$$X = x + \xi \text{ 和 } Y = y + \eta \tag{6-4}$$

这里 x 和 y 是系统性变量，而 ξ 和 η 是观测误差，那么观察到的系数会是

$$b_1 = \frac{(y' - y'') + (\eta' - \eta'')}{(x' - x'') + (\xi' - \xi'')} \tag{6-5}$$

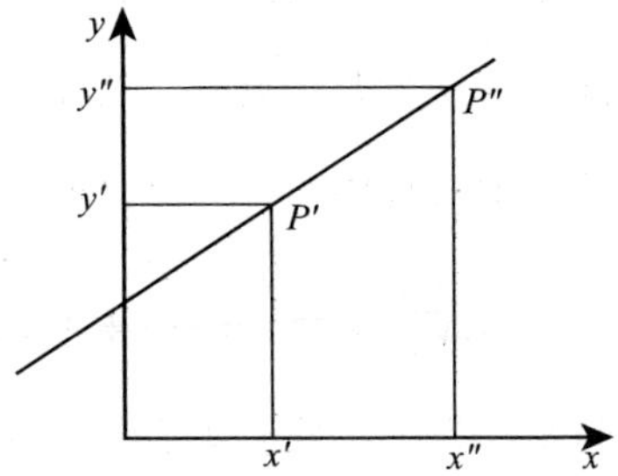

图 6-1　一条由两点确定的直线

如果两个点 p 和 p_1 几乎重合，那么式（6-5）右边实际上表示一个观测值的误差与另一个观测值的误差的比率。因此，为了保证斜率 b_1 有意义则必须要求两个观测值 p 和 p_1 互相之间的距离要足够远，使得它们的差距大大超过观测误差。换句话讲，与预期的误差相比，两个观测值间的系统距离必须足够大。

我们现在转向具有一系列全部观测值的情况，这种情况可以用（x,y）空间的一大群点来表示如图 6-2 所示。

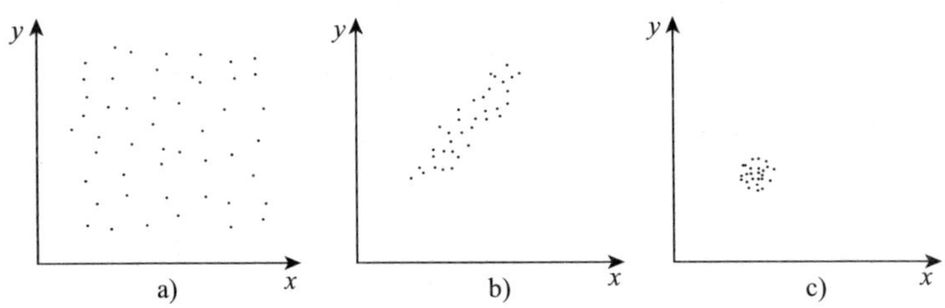

图 6-2　系统变异的模式

很明显，如果要以一种足够精确的方式为这些点定义一条直线，那么条件是要求这些点沿着直线表现出系统分散的形式。换句话说，这些点必须有像图 6-2b）所展现的一个形式。

图 6-2c）代表没有系统变异的情况，这里只有观测误差，而图 6-2a）代表具有太多系统观测值的情况，虽然存在系统变异但是不满足式（6-2)的线性条件。在图 6-2a）的情形下，可能存在第三个变量或者一整组变量，为了得到一个系统关系，我们必须考虑这些变量。其他变量的系统变异解释了这群观测值的无序程度。

在图 6-2a）中，我们认为系统变异有两个自由度或者说观测值的秩等于 2。这种情况下，这些观测值完全无序。在图 6-2b）中，系统变异只有一个自由度并且观测值的秩是 1。这些点构成的形状是扁平的，所以失去了宽度而保持了长度。在图 6-2c）中，变异甚至没有一个唯一的自由度，观测值的秩是 0。这些观测值在两个方向都是扁平的，也就是说这些点构成的形状失去了宽度和长度，并且缩成一个小圆。只有在图 6-2b）中，由等式（6-2）表示的直线能够被有意义地决定。因此，我们能表述以一个有意义的方法根据观测值来确定直线所需的条件，这个条件是观测值的秩等于 1，这个秩不太大也不太小。

迄今为止，关于一个群的秩的定义仅仅基于几何上的直觉，并且暂且觉得足够了。以后我会讨论更精确的准则。

现在考虑这个等式：

$$y = b_0 + b_1 x_1 + b_2 x_2 \tag{6-6}$$

它能表示为（x_1, x_2, y）空间的一个平面。很明显，如果观测值以一种绝对无序的方式分散在空间，即这群观测值的秩等于 3，那么这个群不能确定这个平面的位置。这种情况下，假设存在一个如式（6-6）

的一个关系就太草率了，因为也许存在需要考虑的其他变量。但是如果这群观测值在一个方向上是扁平的，也就是如果它失去厚度而保持它的宽度，即具有一个薄烤饼一样的形状，那么差不多就可以精确定义一个平面。这就是这群观测值秩为 2 时的情形。

有可能出现这群观测值被压扁两次的情况，也就是这些观测值不仅集聚到一个平面，而且它们甚至环绕在这个平面中的某条直线周围。图 6-3 描述了这种情况。现在，这个群的秩等于 1，并且很明显这种情况下这群观测值没有确定这个平面。这种情况中所确定的只有平面中的一条直线。如果我们不考虑给定数据集外的任何其他信息，那么平面有一个不确定度，并且它可能围绕着由观测值确定的直线。

最后，如果这个群又一次被压扁，那么观测值会不仅聚集围绕着一条直线而且会围绕着这条直线上的一个点，因此根本不存在更多的系统变异。目前仅有的变异将被发现具有观测误差的性质。这群观测值的秩现在等于 0。那样，平面甚至更难确定，并且现在我们只知道它肯定通过一个给定点。相应地，它有两个不确定度。

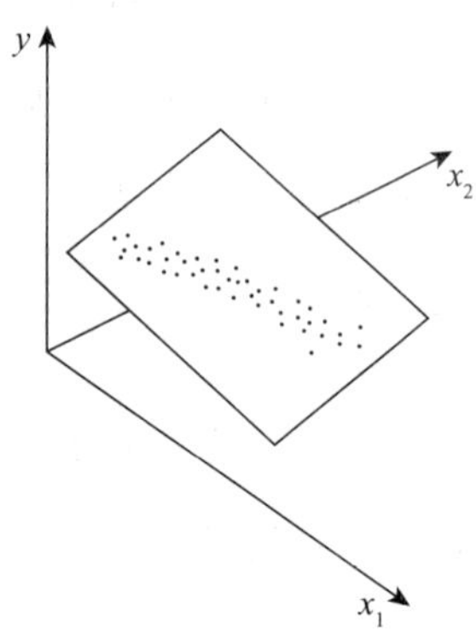

图 6-3　一堆被压扁两次的观测值

如果现在允许通过直觉来概括，我们要求有下面的定理：由一个给定数据集决定的 $n+1$ 个变量间存在线性关系的充分必要条件是代表统计数据的这群观测值的秩是 n。如果秩大于 n，那么变量不满足一个线性关系。另外，如果秩小于 n，那么没有什么能排除观测值存在线性关系，但是数据无助于以一种精确的方式确定平面的常数。常数现在受一个等于 $n-p$ 的不确定阶数的影响，这里 p 是统计秩。

为了以一种更精确的方式构建命题的有效性，有必要定义由一群观测值的秩所表示的更加准确的术语。要做到这点，我们应该首先考虑没有观察误差的情形，也就是我们知道所有当前的变异都是系统变异。然后我们再转向考虑统计学上的情形。

如果我们有 n 个变量 $x_1,\cdots,x_n$，并且对于 N 个点的集合，我们知道这些变量的值，如果不可能找到 n 个异于 0 的常数 $a_1,\cdots,a_n$，使得

$$a_1x_1+\cdots+a_nx_n=0 \tag{6-7}$$

对所有 N 个观测值都成立，那么我们就说这些变量线性无关。反过来，如果可能找到至少有一个或更多的异于 0 的常数满足式（6-7）的关系，那么我们就说这组观测值中的 $x_1,\cdots,x_n$ 线性相关。更一般地，如果在这组变量 $x_1,\cdots,x_n$ 中可能找到一个更小组的 p 个线性无关的变量，并且所有包含大于 p 个变量的组的变量线性相关，那么我们说这组变量 $x_1,\cdots,x_n$ 的秩为 p。

下面关于秩的准则是代数中的一个经典结论。考虑矩

$$m_{ij}=\Sigma_t(x_i^{(t)}-\overline{x}_i)(x_j^{(t)}-\overline{x}_j) \tag{6-8}$$

这里 t 运行在所有 N 个观测值并且 $\overline{x}_i$ 是 x_i 的均值。行列式

$$M=\begin{vmatrix} m_{11} & m_{12} & \cdots & m_{1n} \\ m_{21} & m_{22} & \cdots & m_{2n} \\ \cdots & \cdots & \cdots & \cdots \\ m_{n1} & m_{n2} & \cdots & m_{nn} \end{vmatrix} \tag{6-9}$$

称作矩行列式。我们能证明这个行列式是正定的，也就是这个行列式的值是非负的并且其所有主子式也是非负的。如果至少存在一个 p 阶主子式为正（非零），同时所有阶数比 p 大的主子式等于 0，我们就说行列式（6-9）的秩是 p。这里所定义的这个矩行列式的秩等于变量的秩是一个经典的结论，而我们刚才通过线性关系的存在性或者不存在性定义了变量的秩。

我已经指出这个准则可以以一种稍微不同的形式表述。我们可以说：对于这组变量 $x_i, x_j, \cdots, x_k$，其线性无关的充分必要条件是由号数为 i，j，k 的行和列即式（6-9）给出的子行列式不等于 0。

这样我们可以看到，如果我们知道矩行列式的元素，那么我们可以立即获得所有关于一组变量的秩和各种线性关系的信息。

在代数背景下，这是一个容易运用的准则。但是如果我们现在转向统计学的背景，问题将不再是一个矩行列式是否严格等于 0。在统计学背景下，没有矩行列式会等于 0，因为总是有观测误差会使行列式偏离 0。那么问题是要定义一个行列式是否接近 0，而不是严格等于 0。在统计学上，“接近 0”的准则将取代代数中所使用的严格等于 0 的准则。

首先，很明显有必要介绍行列式定义的一个修正形式，以便这个修正形式不依赖各种变量的度量单位。出于这个意图，我们简单地通过将各个变量除以它的均方值来将变量进行标准化。完成这个步骤后，我们将式（6-9）替换为行列式

$$R = \begin{vmatrix} r_{11} & r_{12} & \cdots & r_{1n} \\ r_{21} & r_{22} & \cdots & r_{2n} \\ \cdots & \cdots & \cdots & \cdots \\ r_{n1} & r_{n2} & \cdots & r_{nn} \end{vmatrix} \tag{6-10}$$

这里的元素

$$r_{ij} = \frac{m_{ij}}{\sqrt{m_{ii}m_{jj}}} \tag{6-11}$$

只是变量的相关系数。可以看出，由上面式（6-10）定义的相关系数行列式总是位于 0 和 1 之间，即 $0 \leqslant R \leqslant 1$。

当所有对角外的元素等于 0，我们就说这个行列式是对角的。这种情况会出现在所有变量不相关的时候。从变量间线性关系的角度来看，我们可以说不相关意味着这个点群处于最大的无序状态。我们可以表明不相关的充分必要条件恰好是行列式（6-10）等于 1。反过来，变量 $x_1, \cdots, x_n$ 线性无关的充分必要条件是行列式 R 等于 0，它是我上面提到过的代数结果的一个推论。因此把 R 作为判断一群观测值无序程度的指标似乎是合理的。如果 R 接近 0，那么观测值有序程度很高，而如果 R 接近 1，则观测值是无序的。

我们能够为行列式 R 提供一个几何上的解释，这个解释能清楚地表明它作为有序程度的一个指标的含义，但是我不会进一步详细阐述。

我们考察两个变量的情形。这群观测值中的重心 C 是一个点，这个点的坐标是 x_1 和 x_2 各自的均值。我们考虑把这个重心作为一个固定点，并且选择两个群里面其他点，如图 6-4 中的点 P 和 Q。

我们考虑由这两个点和重心所构成的三角形的面积。如果群里面所有点存在一个确切的线性关系，那么很明显这三个点肯定位于一条直线上。这个三角形的面积相应等于 0。如果这三个点几乎在一条直线上，那么这个三角形面积会很小。因此似乎可以将这个面积作为这三个点非线性相关程度的一个指标。因此，把所有三角形的面积的均值作为非线性程度的一个总指标似乎是合理的，而所有这些三角形我们可以用所有可能的方式将两个点与重力中心结合来构成。为了消除根据点的选择顺序来构成的各个三角形记号的不方便，采用均方值似乎更好些，即先求面积的平方和然后再求这个和的平方根。如果我们采取这个方法，通过将每个变量除以它的均方来标准化变量，那么我们得到下面的系数

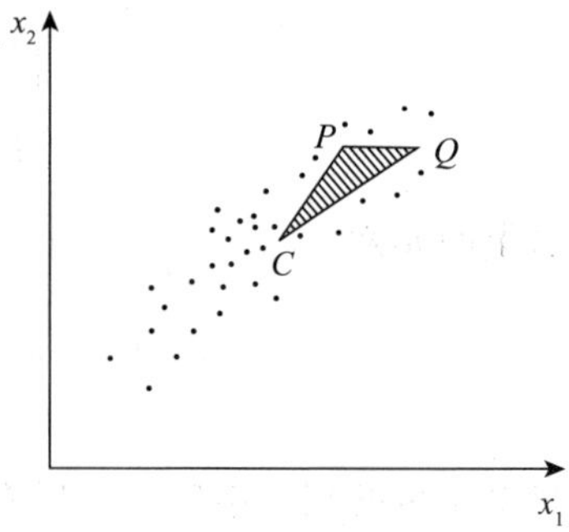

图 6-4　偏离线性的三角形

$$r = \sqrt{R} \tag{6-12}$$

这里 R 是行列式（6-10）。我们称这个系数为“分散系数”。

这个系数是一个能帮助我们决定一群观测值的有序程度的参数。对于一群 $n+1$ 个变量 (x,y)，如果分散系数接近 1，那么我们可以合理推断出它们是无序的，并且因此，存在一个如式（6-1）的关系这个假设必须被拒绝。但是如果分散系数接近 0，那么表明数据中没

有什么能够拒绝这样一个假设。所以有必要研究只由 n 个变量 $(x_1,\cdots,x_n)$ 组成的集合的秩是多少。如果这个集合的分散系数接近 1，那么可以合理认为这个集合是线性无关的，即必定存在如下形式的一个关系

$$ay + a_0x_0 + a_1x_1 + \cdots + a_nx_n = 0 \tag{6-13}$$

并且从统计数据来估计这个线性形式的系数一定是可能的。

然而，我们一定要仔细。一般而言，如果这群观测值的秩等于 n，那么肯定存在一个平面，但是这个平面可能包含 y 轴，即式（6-13）中的常数 a 等于 0。这种情况下，等式不能写成式（6-1）的形式并且通常的统计方法可能被发现有问题。将等式写成式（6-1）的形式来确定 y 对其他变量的回归式这种非常普遍的方法会造成一个不明智的结果。这种情况不发生的条件仅仅是 $x_1,\cdots,x_n$ 线性无关。如果我们考虑这个例子中最小二乘法的形式解的特点，这立刻变得显而易见。通过计算，我们得到下面的结论：如果 $a_1,\cdots,a_n$ 是行列式

$$\begin{vmatrix} r_{yy} & r_{y1} & r_{y2} & \cdots & r_{yn} \\ r_{1y} & r_{11} & r_{12} & \cdots & r_{1n} \\ \cdots & \cdots & \cdots & \cdots & \cdots \\ r_{ny} & r_{n1} & r_{n2} & \cdots & r_{nn} \end{vmatrix} \tag{6-14}$$

第一行中的元素 $r_{y1},r_{y2},\cdots r_{yn}$ 对应的主子式，那么由最小二乘法确定的常数 b_i 将为

$$b_i = -(-)^i \frac{a_i}{\begin{vmatrix} r_{11} & \cdots & r_{1n} \\ \cdots & \cdots & \cdots \\ r_{n1} & \cdots & r_{nn} \end{vmatrix}} \tag{6-15}$$

等式中不包括关于 y 的项，这个事实表明这些 x 线性相关。因此，根据我们的准则，在不考虑观察误差的情况下，这就是式（6-15）分母中的行列式等于 0 的情形。这造成式（6-15）中的系数行列式不合理。这是我们有必要搞清楚的一点。

当等式右边的变量（作为最小化平方时的起始点）已经构成一组几乎线性相关的变量 ψ 时，我们总是会碰到困难。像估计系数的置信区间这样的经典相关性准则，一般揭示不了这种情况下存在的危险。

在我们继续估计关系式（6-1）的常数之前，首先确保变量（y，$x_1,\cdots,x_n$）线性无关是至关重要的，并且还必须要求变量 $x_1,\cdots,x_n$ 还没有形成一个线性相关的集合。为了确保这些条件，我已经介绍了分散系数。这些系数完全不同于经典相关系数。分散系数的平方是普通相关系数的多项式。分散系数绝不可能是不能确定的，除非普通相关系数中的一些是不能确定的。相反，经典系数很可能是不能确定的，而这恰恰是使用它们的危险所在。

容易找到一些例子来详细说明当人们将经典相关系数方法应用到存在线性相关的情况时可能出现的谬误。例如我已经构造了下面的三个序列：y 是代表英语单词的数字，每个字母根据字母表的位置来取值；x_1 是从一个对数表得到的数值，并且 x_2 几乎与 x_1 成比例。这个例子不仅导致 y 和 x_1 间的偏相关系数是一个大的负值（即英语单词与对数表的数字间的相关性），而且也导致 y 和 x_2 间的偏相关系数是一个非常大的负值。y 和两个变量 x_1 和 x_2 的组合也存在一个非常大的倍数关系。正如我们所知道，这个倍数相关系数简单定义为序列 y 和序列（通过让 x_1 和 x_2 等于式（6-6）右边的观测值获得）的相关系数。比较得出，通过分散系数的方法对这个例子分析，得出这里有两个相关的变量，即 x_1 和 x_2，并且变量 y 与系统的剩下部分完全无关，因此想确定式（6-6）的关系是荒谬的。

虽然分散系数是一个有用的工具，但它并不理想。这些系数的理论需要完善但现在还没有做到。因此有必要确定更精确的准则来评估这些系数偏离 0 的程度。出于这个意图，发展一个关于这些系数的概率分布理论将是令人感兴趣的。

比如我们可以假设进入相关系数构成的元素是通过一个比较简单的分布随机抽取的。沿着这个思路，塞缪尔先生已经做了一些十分有趣的工作。比如他已经找到了由不同的变量所构成的相关系数行列式的分布。但这对于我们所考虑的目标来说还不够。我们有必要知道在假设观测值（相关系数来源于这些观测值）是随机的情况下，来自同一行列式的子式是如何分布的。据我所知还没有一个关于这个主题的理论分析。为了在这个问题上取得小小的进展，我已经在我位于奥斯陆的统计实验室开始了通过对大量随机行列式进行经验上的计算来研究它们在统计上的分布。虽然这个工作还没有做到我能够为你们提供非常精确结果的阶段，但我将自我满足地提出一个方案，在这个方案中我已经描绘出这个分布。图 6-5 描述了这个方案。

例如，对于一个 8 阶行列式，我们首先计算所有 $\binom{8}{2}=28$ 个 2

阶主子式并且把它们标记在图 6-5 中的纵轴 2 上。它们全部位于 0 和 1 之间。接下来，我们计算所有 $\binom{8}{3}=56$ 个 3 阶行列式并且把它们标记在图 6-5 中的纵轴 3 上。然后我们将纵轴 3 上的每个点与纵轴 2 上的 3 个点相连，这表明 2 阶子式被包含在 3 阶子式中。这三条线肯定是非递增的直线。用同样的方法，我们将所有 $\binom{8}{4}=70$ 个四阶子式标记在纵轴 4 上，并且用与纵轴 3 上的 4 个点用直线连接，纵轴 3 上的 4 个点代表被包含在第四阶子式中。这些直线肯定也是非递增的。这个图相当清楚地表示了分散系数如何随着阶数的上升而下降。

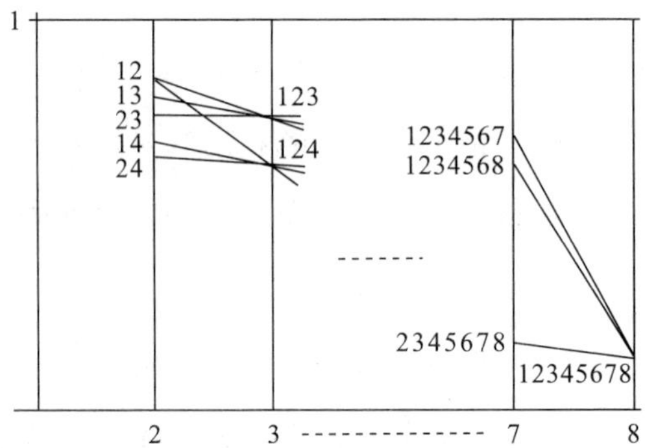

图 6-5　一个八阶行列式的子式结构

到这里，我已经专门把注意力集中在与给定数据集的秩的经验研究的相关考虑上面。[⊖]

为此，我首先会谈到一个区别，这个区别也许看起来非常基础，但是我认为在这里它非常有用。这是一个关于三种相关系数的区别。

⊖ 6-16 原公式缺失。

这三种相关系数我称之为：①结构相关系数；②膨胀融合相关系数（inflated confluent relations）；③平减融合相关系数（deflated confluent relations）。一个例子也许有助于解释这个区别。考虑一个矩形，我们知道，矩形面积 y 是底和高的乘积。如果 y 表示面积的对数，x_1 表示底的对数，而且 x_2 表示高的对数，那么我们有

$$y = x_1 + x_2 \tag{6-17}$$

现在考虑所有底等于高的矩形的集合，即那些矩形满足条件

$$x_1 = x_2 \tag{6-18}$$

对于这类特殊的矩形，我们知道面积等于底的平方。因此我们有

$$y = 2x_1 \tag{6-19}$$

但也存在表示这个特例中的面积的其他表达式，一个不很常用但绝对正确的表达式是：

$$y = \frac{3}{7}x_1 + \frac{11}{7}x_2 \tag{6-20}$$

我们可以看到，当 $x_1 = x_2$ 时，表达式（6-20）准确表示正方形的面积。对于正方形，我们甚至可以用一种更一般的方法写成：

$$y = b_1x_1 + b_2x_2 \tag{6-21}$$

这里 b_1 和 b_2 是满足条件

$$b_1 + b_2 = 2 \tag{6-22}$$

的任意常数。

关系式（6-17）是一个结构关系。它有下面两个特点：第一，它能得到证明而不用考虑其他关系是否满足。在这个意义上，它是一个自治关系。第二，对于右边的所有变量，这个关系是相同的。

也就是说，对于右边的任何值，它都满足。

另一方面，我们称关系式（6-19）是一种平减融合关系。这个关系与结构关系不同，因为当且仅当另外一个关系，即式（6-18）满足时它才成立。但是式（6-19）的右边只有一个变量，我们可以对这个变量取任何值。

反之，关系式（6-20）因为具有下面两个特性而与结构关系有区别。当且仅当某个其他关系，即式（6-18）满足时式（6-20）才成立，或者进一步说，式（6-20）不是对于所有变量都成立。

有必要指出不同情况下关于系数含义上的区别。在结构关系和平减融合关系的情况下，系数有一个定义良好的含义，但是在膨胀融合关系情况下，这些常数没有一个准确的含义。在等式（6-21）中，它表示的只是两个常数的和，而这个和具有任何含义。

当准备从观测值来确定我们已经先验假定的函数的特点时，这种事态会对要继续进行的方法产生重要的影响。首先假设我们已经由先验的考虑得到一个结论，这个结论是一个矩阵的面积必须具有式（6-21）的形式，式（6-21）中的 b_1 和 b_2 是确定的常数，然后假设我们有一定数量的矩形，这些矩形的面积能通过一些程序来确定。比如可以假设这些矩形是一些来自同质纸板的纸片，并且我们可以称出每片的重量。如果数据实际上由具有不同长度和高度的矩形组合构成，那么我们一定会发现我们能够统一确定 b_1 和 b_2，虽然会存在一个小错误，但是对我现在正从事的目标来说并不重要。

但是，另一方面，让我们假设供我们用的经验材料只包含正方形。那么，如果我们试图通过以最小二乘法计算 y 关于 x_1 和 x_2 的回归式来确定 b_1 和 b_2，那么会有下面的结论：如果没有观测误差并且计算非常严谨，那么我们会发现 b_1 和 b_2 的形式都是 0/0。这仅仅表达了一个事实：赋予正方形情况下特征的不是单独的常数 b_1 和 b_2。这些常数实际上是不能确定的。但是如果有观测误差，或者如果我们忽略小数位（尽管实际上并不是这样），那么结论明显完全不同，b_1 和 b_2 的形式将是“误差/误差”。

如果我们接受这个结果是 b_1 和 b_2 的一个确定，那么我们因此具有的是一个失去任何意义的结果。尽管如此，我们可以原谅某些使用这种方法的人，前提是他一直坚信供他所用的数据材料确实呈现出矩形的系统变异。

让我们假设某个人以一个理论方案的方式来批评这个问题，这个方案认为：面积能够写成如式（6-21）的形式的假设与 x_1 等于 x_2 的假设同时成立。如果这样，事情就严重了。这个问题本身的理论地位如此，以至于如果统计数据确实满足所假设的理论条件，那么这会阻碍可用的数据材料给出任何所采用理论的参数的任何信息。

你们也许会说这个例子中的情况是如此明显，以至于没有人会先要求假设式（6-21），然后增加假设式（6-18），并且最后试图利用一个给定的统计数据集来确定参数 b_1 和 b_2。对于这个简单的例子，上面的想法也许是对的，但是在经济统计学领域，采用这个方法会存在一个风险，甚至是一个很大的风险。

事实上，经济领域的关系过于复杂。为了较好地理解一个已知数据材料是否能够确定所假设的函数中的参数，经常有必要开展一个非常深入的研究。老实说，这个分析经常被人们所忽视。

然而我必须承认在如此危险的道路上着手进行的诱惑非常大。事实上，在阐述一个理论方案后，如果统计数据的生成确实受到所设想的理论规律的影响，那么获得一个无限的关系（统计数据一定满足）总是可能的。比如我们可以得到各种包含分布的矩的方程，等等。这些方程一般也包含一些参数，这些参数赋予所采取函数的数字形式以不同特征。因此，为这些方程选择一个等于进入理论方程的参数数量的数字，并且把方程系统看作参数的一个统计上的确定，是非常具有吸引力的。

经过仔细思考，人们也许会发现开始设想的理论关系一般是不够的。因此，人们也许会随意推广这个理论方案，并且对于估计引入的新参数，人们也许会增加一些更多的关系，这些关系可能由不确定地推断得到，而且这些关系与理论参数和观测值的矩有联系。然而，这个步骤是非常危险的。事实上，如果我们不能说明数据中的系统变异可以给出一个确定解答，那么我们将只有一个类似于在同时作出假设式（6-21）和式（6-22），后来试图确定常数 b_1 和 b_2 的解决方案。

我现在转向这样一个问题，这个问题是我们是否清楚即使在 x 变量的这群观测值的秩小于 n 并且随后这些 b 系数不能以一种具体的方式来确定的情况下，我们手头的数据能否为我们提供令人感兴趣的信息。数据材料也许能够允许我们建立系数必须满足的某些条件。这些条件会导致一些附加假设，对于以一种有意义的方法来限制 b 系数的一些可能范围来说，这些附加假设足够了。[㊀]

为了分析这个问题，我们一般假设这群观测值的秩是 ρ，ρ 小于或等于 n。根据定义，这意味着存在一个由 ρ 个变量构成的集合，比如变量 $x_1, \cdots, x_p$ 从而所有其他变量能够表示成这 ρ 个变量常数系数的线性函数。很明显，如果其他变量能够表示成这个基本集合里变量的线性形式，那么整个集合 $x_1, \cdots, x_n$ 也可以写成这个形式。因此我们有

$$x_i = \sum_{j=0}^{\rho} \alpha_{ij} x_j \quad (i = 0, 1, \cdots, n) \tag{6-24}$$

对于小于或者等于 ρ 的 i，我们有

$$a_{ij} = e_{ij} = \begin{cases} 0 & i \neq j \\ 1 & i = j \end{cases} \quad (0 \leqslant i \leqslant \rho) \tag{6-25}$$

由于变量 $x_1, \cdots, x_p$ 线性无关，所以通过增加一个变量所得的集合是线性相关的，因此满足 $i > \rho$ 的系数 a_{ij} 可以由统计资料决定。从而我们可以把所有系数 a_{ij} 看成是已知的。

把表达式（6-24）嵌入到结构条件式（6-1）中，我们发现变量 y 也必定被表示为基本集的一个线性形式，即我们有关系式

$$y = \sum_{j=0}^{\rho} B_j x_j \tag{6-26}$$

既然 ρ 个基础变量构成了一个线性无关的集合，那么如果这群

㊀ 6-23 原公式缺失。

观测值（$y, x_1, \cdots, x_p$）不是无序的，则式（6-26）中的系数 B 可以由统计资料决定。我们打算使用 a 和 B 系数，这些系数能够表示由数据提供的关于关系式（6-1）中结构系数 b 的信息特征。

将式（6-24）引入式（6-1），我们得到一个基本变量的线性形式。这个形式必定等于式（6-26），即我们有

$$\sum_{j=0}^{\rho}\sum_{i=0}^{n} b_i a_{ij} x_j = \sum_{j=0}^{\rho} B_j x_j \quad (j = 0,1,\cdots\rho) \qquad (6\text{-}27)$$

这个关系式必定是个基础变量的恒等式，这些基础变量假定是线性无关的。这意味着我们必定有：

$$B_j = \sum_{i=0}^{n} b_i a_{ij} \qquad (6\text{-}28)$$

换种表达方式，即

$$B_j = b_j + R_j \quad (j = 0,1,\cdots,\rho) \qquad (6\text{-}29)$$

这里

$$R_j = \sum_{i=\rho+1}^{n} b_i a_{ij} \qquad (6\text{-}30)$$

我们将称系数 B_j 为聚集系数（confluence coefficients），而称系数 b_i 为结构系数（structural coefficients）。等式（6-29）表示聚集系数（我们能够从所考虑的统计数据中得到这个系数）等于相应的结构系数加上一个剩余项 R，其中 R 是一个式（6-1）中基本变量的结构系数的线性形式。表示剩余项 R 的线性形式的系数，即系数 a_{ij} 是已知的，但是表达式的系数 $b_{\rho+1}, \cdots, b_n$ 是未知的。这些系数是一些任意的参数，这些参数表明了不确定性是如何进入这个问题的。特别地，既然我们可能已经拥有与结构系数 $b_{\rho+1}, \cdots, b_n$ 有关的补充信息，因

此对我来说，这似乎是公式化这个不确定性的一个十分自然的方法。比如我们可能知道它们绝对值的某一上限。这种情况下，我们发现通过设定聚集系数等于结构系数这个方法来对所犯的错误指定一个上限是很容易的。其他情况下，我们也许能够估计参数 $b_{\rho+1},\cdots,b_n$ 变异范围的界限。这种情况下，我们可以获得的关于结构系数 $b_{\rho+1},\cdots,b_n$ 的信息甚至更准确。

在 $n-\rho=1$ 的情况下，我们可以用一种非常简单的方式用图来描述限制特征，如图 6-6 所示。

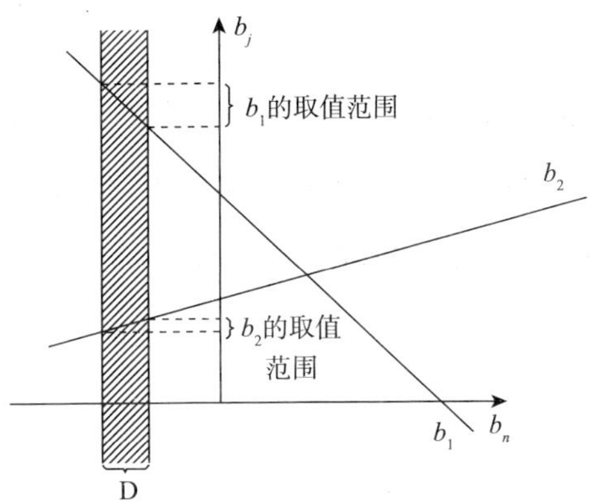

图 6-6　$n-\rho=1$ 的情况下，结构系数的变化范围

注：domain of b_1　b_1 的取值范围；domin of b_2　b_2 的取值范围。

在 $-\rho=1$ 的情况下，只有唯一一个任意参数 b_n，并且我们有

$$b_j = B_j - b_n a_{nj} \tag{6-31}$$

我们把参数 b_n 标记在一条横轴上，把其他结构参数标记在纵轴上。根据式（6-31），很明显，其他参数将由图 6-6 中的一条直线定义并且这条直线将由统计观测值得到。事实上，式（6-31）中的 B_j 和 a_{nj} 是可以由统计数据确定的常数。在图 6-6 中，我们已经标出了

两条直线，即直线b_1和b_2，但是根据问题中包含的变量数量来标出更多的直线并不是难事。

我们现在做出与系数 b_n 可能的变化范围有关的一个假设。举个例子，这个系数可能表示某种商品价格对另一种商品销量的影响。我们也许有先验的理由认为这个影响不会超过某个大小。这样的例子在经济分析中似乎十分普遍。如果设参数 b_n 可能的变化范围是图 6-6中的 D，那么我们马上可以在图中找到 b_1 和 b_2 的变化区域。通过标记直线 b_1 和 b_2 与底为 D 的垂直带相交的这些点可以得到它们的变化区域。

在 $n-\rho=2$ 的情况下，会存在两个任意参数，即 b_n 和 b_{n-1}。我们将这两个参数 b_n 和 b_{n-1} 分别表示在两条不同的轴上，并以第三条轴来衡量所有其他 b 系数，如图 6-7 所示。

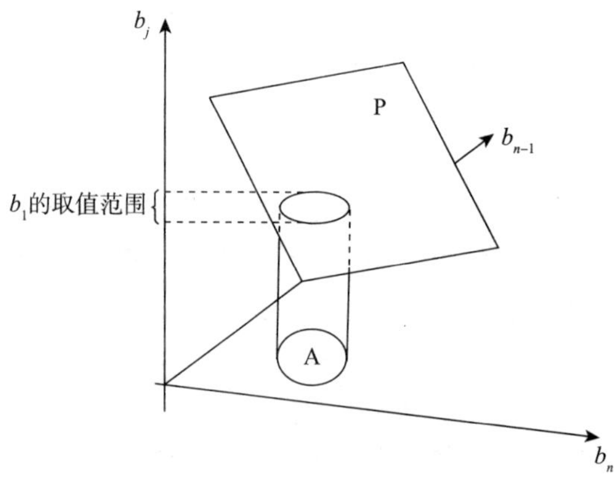

图 6-7　$n-\rho=2$ 的情况下，结构系数的变化范围

一个确定的系数，比如系数b_1，现在由图 6-7 中的一个平面 P 来定义，并且这个平面将完全由统计观测值来确定。关于参数 b_n 和

b_n-1 确定变化的一个已知区域这个假设现在表示为平面（b_n，b_{n-1}）中的某个区域，比如图 6-7 中的区域 A。这个区域在平面 P 上的投影表示系数 b_1 的变化范围。我们在轴 b_j 上只标记了 A 的投影的最高点和最低点。

人们能够给出关于参数 b_n 和 b_{n-1} 可能分布的一个概率函数，而不是仅仅指出它们的界限。这个函数自然会允许来自其他结构参数一致的概率函数。

在变量的不同观测值是及时的连续观测值的情况下，我们似乎可以合理称聚集系数 B 为相位系数（phase coefficients），如同在那种情况，聚集系数表示观察到的变量间的关系，这个关系存在于变量间且与其在同一时间发展，但是结构系数表示人们所假定的某个理论关系的系数，并且从这个理论关系人们已经获得通过消除聚集系数表示这组系统的可能发展。为了举一个非常简单的例子，假设我们有 3 个变量，u_1，u_2，u_3，并且假定我们的理论方案包含这 3 个变量间两个不同的线性关系。这意味着这个理论在（u_1，u_2，u_3）空间会确定两个平面。设这两个平面是图 6-8 中的 I 和 II。这两个平面间的交叉线将代表融合关系。如果我们的变量随时间变化，那么这条线将仅仅是一条历史轨迹，即变量会沿着这条线演进和发展。

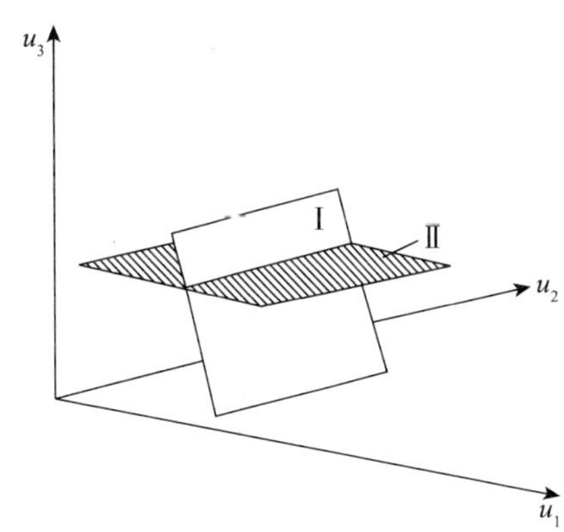

图 6-8　结构和融合的关系

在我们研究随时间运动的情

况下，我们很有可能会陷入系数的统计学确定将变成没有意义这个局面。

我们以有许多振动变量（oscillating variables）的情况为例。假设我们已经消除了变异中的其他成分，即长期趋势和其他长期变异，以便我们的每个变量只呈现单一的震荡模式。现在假设我们有两个有规律的周期函数，理想情况下我们采用两个正弦函数。我们容易理解到如果没有相位差异，它们将严格成比例。因此，在图 6-6 右侧的关系式中，我们无法将这两个函数视为两个变量 x_1 和 x_2。如果这样做，我们将不可能严格和精确地得到系数 b_1 和 b_2。如果在x_1和x_2间存在一个相位差，那么它们将不再线性相关，因此人们现在可以面对式（6-6）的这个关系。但即使在假设相位存在差异的情况下，我们也不可能走得更远。以式（6-1）右边的这三个变量来试图确定一个如式（6-1）的关系是没有意义的，因为如果三个正弦函数的频率相同的话，它们总是线性相关的。

我在讲座 4 中谈到的关于一个孤立市场的动态理论可以很好地解释这种事态。我考虑形式

$$x = a_0 - a_1 p + a_2 \dot{p} - a_3 X \tag{6-32}$$

的一个需求函数。

通过假设某些其他关系，我得出一个结论：所包含的变量，即 p，X，将以同样的频率以衰减正弦函数的形式变化。因此，变量 p，$\dot{p}$ 和 X 总是线性相关的。结果，结构关系式（6-32）中的常数 a（理论方案中的元素之一）不能够通过观察系统的运动来确定。这仅

仅意味着常数的不同初始取值可以得到不同的历史运动。式（6-32）中结构系数 a 不能通过对当前曲线的单一观测来确定，这是这个结构方案的结果。

你们也许记得：通过由式（6-32）开始和通过某些其他结构关系，我得到下面形式的关系

$$\begin{aligned} \dot{p} &= H_0 + H_1 p + H_2 X \\ \dot{X} &= K_0 + K_1 p + K_2 X \end{aligned} \tag{6-33}$$

这些关系式（6-33）是种很自然称作相位关系的融合关系式。它们可以由 p 和 X 的曲线决定。事实上，你们会记得这些计算结果表明 p 和 X 间存在一个相位差。因此，p 和 X 的观测值的秩是 2。

还存在另外的危险，即引入太多变量的危险。出于这个原因，我认为在经济学中，人们通过引入非常多的变量并且通过计算变量间的复相关系数和回归系数所进行某些分析是完全没有意义的。

然而，结构和融合系数还有另外有用的方面要提到。我会谈论到一些系数，这些系数通过采取覆盖一个或多个时期的一个时间间隔的融合系数的均值得到。人们可以把它们命名为对角系数（diagonal coefficients）。

在我们刚才已经考虑的例子中，p 和 X 定义为衰减正弦函数。更灵活的假设是假设它们是非衰减函数。你们记得，我们已经看到即使动态方案导致一个衰减解，如果它们由随机冲击维持，历史曲线也是非衰减的。假设 p 和 X 的振动是非衰减的并且考虑（p,X）

图中的历史曲线的形状。具体如图 6-9 所示。观测图 6-9a)，我们发现这条曲线将或多或少呈现出规则椭圆的形状。椭圆的厚度是这样的：它的主轴的斜率由 p 和 X 间的相位差决定。如果 p 和 X 间没有相位差，那么椭圆会非常细并且在统计上几乎呈现出一条上升的直线（见图 6-9b)。

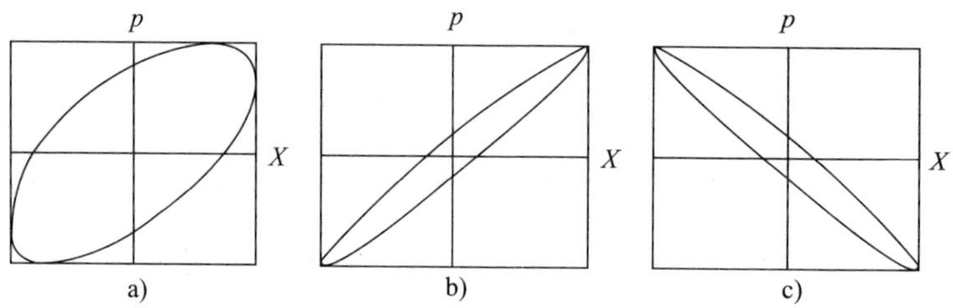

图 6-9　两个非阻尼正弦函数的历史曲线

而如果相位差接近一半时期，椭圆会几乎呈现出如图 6-9c）所示那样一条下降的直线。图 6-9c）中斜线的倾斜情况与图 6-9b）中的相反，但斜率的绝对值几乎相同。这个普通的绝对值将仅仅是两个变量 p 和 X 的振幅的比率。

当相位差发生变化，椭圆的基本轴会连续地在这两个极值间发生连续变化。因此，如果我们在确定曲线 p 和 X 间的相关关系和回归关系前，随意让两条曲线 x 和 P 中的一条前进或者减速（这个步骤经常用于经济学分析中），人们几乎可以得到各种斜率。

特别地，如果我们一直推进两条曲线中的一条，直到相关系数达到最大这点（这也是一个常用的步骤），那么你们会看到人们可以获得一个正的或者负的对角系数。换句话说，我们得到一个系数，这个系数仅仅是两个振幅的比率，而我们通过对时间曲线的一个简单的观测就可以立即确定这个比率。因此我们有必要区分结构系数、融合系数和对角系数。

我这里所发展的关于分析几个变量的危险的推理在定义一个系统变量自身区别一个随机变量方面有一个有趣的应用。让我们再次看关系式（6.1），假定变量x_n的系统变异与随机变量相比不是很强，那么在确定系数$b_1, \cdots, b_{n-1}$方面我们没有必要解释这个变量。人们可以仅仅确定 y 对变量$x_1, \cdots, x_{n-1}$的回归。只要观测值$x_1, \cdots, x_{n-1}$的秩等于 $n-1$，这个步骤将提供一个对系数$b_1, \cdots, b_{n-1}$满意的决定。

但这并不是全部。排除变量x_n不仅是允许的而且也是必要的，同时你们又会面对分析几个变量其他方面的危险。

事实上，让我们假设在分析中包含x_n，通过包含x_n我们可以知道某些以前不知道的事情，并且这样会改进对系数$b_1, \cdots, b_{n-1}$的确定。实际上，这是当包含多于一个变量时人们经常所思考的事情。然而，如果情况是这样，即变量x_n的影响非常小，那么这个变量的引入根本不会改进对常数 $b_1, \cdots, b_{n-1}$的确定。事实上，当我们包含一个以上变量时，有两件事会发生，第一，我们得到一个计算装置，这个装置允许我们考虑早先忽视的某个系统影响。但也有别的事情会发生，这个装置现在更易受随机变量的影响，并且后面的影响也许比前面的影响更大。第二，几乎可以确定，在这里所考虑的情况，后面的影响比前面的更强，也就是当所包含的一个新变量的系统变异与观察误差相比显得轻微时。

假设我们有下面形式的关系式

$$y = b_1 x_1 + b_2 x_2 + b_3 x_3 \tag{6-34}$$

这里我假设对于每个观测值，变量 x_3 是随机抽取的并且与其他变量没有任何联系。进一步，我假设 x_2 的变异非常小。我打算估计常数 b_1，为此，我们可以首先做一个 y 对 x_1 的回归。但我们也可以确定 y 对两个变量 x_1 和 x_2 的回归。容易看到（我不在这里做这个工作），在随机变量 x_3 和其他变量不相关这个非常一般的假设下，b_1 的第一个估计值将优于其他的估计值。

在这条路上，我们被带到一个关于新变量引入的优化问题上面来。有些变量是可以包含的。但有些变量是不应该被包含的，因为包含它们会使得不同系数的统计估计更易受观测误差的影响。通过以一个系统的方法来发展这个思想，我认为人们可以得到随机变量的一个有趣的定义。

我们已经说过，在关系式（6-1）中 n 个变量 $x_1,\cdots,x_n$ 的秩小于 n 的情况下，这些系数 b 不可能以唯一的方式来估计并且我们已经看到在这种情况下，人们可以假设某些常数 b 等于不确定度，并且因此得到一些与其他系数有关的有趣结论。这个步骤可以用于不确定度的数字不是太大的情况下。但现在假设我们有一个确定或者几乎确定的静态理论。那么我们会有一系列变量和许多等于或者几乎等于这些变量数量的方程。在这种情况下，如果统计数据资料已知并且如果数据集已经在我们假定的统计规律的影响下生成，那么统计秩会非常小。如果系统被完美确定，那么秩会等于 0。很明显，在这种情况下，我们已经考虑的步骤没有留下什么，包括为了得到其他系数的结论而对某些结构系数作出假设。现在，有必要设想一个完全不同的方法来引入附加假设。这里，对随机变量的特征作出一些附加假设似乎更令人感兴趣。

为了更简单，我考虑一个特例。这个例子中，我们假设需求曲线和供给曲线的形式分别为

$$\begin{aligned} x &= u + \alpha p \\ x &= v + \beta p \end{aligned} \tag{6-35}$$

其中 x 是数量的对数，p 是价格的对数；α 和 β 分别是需求弹性和供给弹性；u 和 v 是反映随机变异的数量。x 和 p 的时间曲线是已知的。我们可以问这两条曲线是否包含关于参数 α 和 β 的足够信息。

显而易见，如果这些假设满足，人们可以得到下面两个基本方程

$$\begin{aligned} (\alpha\beta - h\beta^2) - (\alpha + \beta - 2h\beta)H + (1-h)K = 0 \\ (\alpha^2 - k\beta^2) - 2(\alpha - k\beta)H + (1-k)K = 0 \end{aligned} \tag{6-36}$$

这里

$$h = \frac{[uv]}{[vv]} \quad H = \frac{[xp]}{[pp]}$$

$$k = \frac{[uu]}{[vv]} \quad K = \frac{[xx]}{[pp]}$$

因此，h 和 k 由随机变量的矩决定，而 H 和 K 由观测值决定。式（6-36)是一个由四个未知数（α,β)，(h,k）和两个方程构成的一个系统。在对 h 和 k 作出某些假设后，人们可以得到关于 α 和 β 的假设。

系统关于 α 和 β 的解是

$$\alpha = \frac{\sigma_x}{\sigma_p}\left[r \pm (\lambda - \rho)\sqrt{\frac{1-r^2}{1-\rho^2}}\right]$$

$$\beta = \frac{\sigma_x}{\sigma_p}\left[r \mp \left(\frac{1}{\lambda} - \rho\right)\sqrt{\frac{1-r^2}{1-\rho^2}}\right]$$

这里 r 是所看到的 x 和 ρ 的相关系数，ρ 是 u 和 v 随机震荡间的未知相关系数，并且 $\lambda = \frac{\sigma_u}{\sigma_v}$ 是 u 和 v 随机波动强度（以标准差来衡量）间的比率。

特别地，如果我们假设需求随机扰动和供给随机扰动不相关，那么我们会得到表达式

$$\alpha = \frac{\sigma_x}{\sigma_y}\left[r \pm \lambda\sqrt{1-r^2}\right]$$

$$\beta = \frac{\sigma_x}{\sigma_y}\left[r \mp \frac{1}{\lambda}\sqrt{1-r^2}\right]$$

通过对供给和需求的随机震荡的强度比率施加一些假设，我们可以估计弹性 α 和 β。时间不允许我来进一步讨论细节。

我所提出的这些方法的基本点是一个分析首先建立在上面一个对人们在系统和随机变异的理论方案上所能作出的不同类型的假设深刻地考察基础上。并且基于一些结果，这些假设意味着对观测值的解释。依我看，经济学家在未来要努力的一个重要部分应该是致力于这类分析，而不是改进正式的统计理论，这些教我们如何计算估计参数的标准差等的正式统计理论。

这些标准差的计算必须依赖于一个对随机变量先验分布的假设。

如果我们想深入分析这些假设，我们会立即转向我已经试图给出例子的这种分析中。

我相信，这样一个对经济假设的系统分析以及它们的结论在未来会把经济学发展成一门精确的科学，在这整个问题上开辟一些新的观点，那时候理论方面将与经验和统计方面完全结合在一起。

第 7 章

时间序列分析法，分解系列、线性运算和反演问题

在几乎所有我们在计量经济学中遇到的时间序列以及在其他序列中，我们发现了某些典型模式，比如短周期、长周期、持续的增长等。有不同的理论可以解释这些变化模式。一些周期可以解释为受迫振动，比如季节性变化。而对其他模式，我们可以用动态关系的形式来解释。事实上，我已经为你们举例说明了动态关系的结构形式如何确定时间曲线的形式，并且我已经向你们表明了这样一个动态系统的震荡是如何受到随机冲击的持续影响。这是理论上的解释观点。

今天，我提出稍微有些不同的观点。假设我们已经有一个已知时间序列并且自问我们是否不能够——甚至在我们已经发展了这个现象的理论解释之前——或多或少在经验上研究一条已知曲线。发展一个能够确定已知曲线组成成分的方法是不可能的吗？这是关于时间序列分解的问题。这也是我今天要讲的问题。

我已经对你们讲过关于时间序列的“谱分析”（spectral analysis）。那实质上是一个分解方法。但是它不是我们所讲例子所需要的方法。

我会告诉你们为什么。谱分析主要在于构造一条被称为“谱”（sprc-trum）的曲线，其中横坐标表示频率，而纵坐标表示与序列频率一致的强度。为了从时间序列曲线中确定谱，有必要对这条曲线求积分，一般这个积分范围必须从负无穷到正无穷。这是谱方法的一个特点，但是在经济分析和其他许多分析中这样做非常不方便。事实上，我们考虑到这些“波”（waves）经常发生某种程度的变化，如时期长度发生改变，等等。如果“波”受随机冲击持续影响，那么从理论上讲，“波”的变化是值得研究的一件事情。就这点而言，利用序列中距离所考虑的某个时间点很远的变异信息来研究这个时间点附近会发生什么是没有道理的。尤其是在利用这样的信息时，对这些信息采取相同权重的做法似乎是不可取的，而谱分析的积分过程正是如此。

比如，在 20 世纪初，人们可以从美国的统计资料和其他几个国家的统计资料中看出一个将近 3.5 年的经济周期。一个非常有趣的事实是，恰好在战争初期的成分的波显示出比和平时期更长。人们也许会用战争初期的不确定性导致经济减速来解释这个事实，或者也许存在其他解释。不管怎样，这个特殊波动时期的变长是一个值得研究的有趣事实。但是如果我们把自己局限在用谱分析方法来研究这个现象，那么我们不会获得这个事实的哪怕是一点点真相。谱分析方法所能告诉我们的仅仅是存在一个平均 3.5 年的周期。

另一个要点是如果资料不包含大量周期，比如小于五年周期，那么谱方法根本不能被运用。在经济学和其他许多领域，我们都需要更灵活的分析时间序列的方法，这个方法应该允许我们能够分析各种单独的“波”。

这样的方法必须是一个区别于谱方法（是一种总体方法（total method））的局部方法（local method），在这个意义上说，谱方法通过考虑所有已知数据来确定一个给定点的情况。今天的讲座将致力于学习一个这样的局部方法，更准确地说是学习一系列局部程序，这些程序都适用于在实际经验中出现的各种特殊情况。我将为你们展示的是一系列我们有必要知道如何去灵活运用的工具，而不是一个呆板使用的独特方法。

我首先举一个非常简单的例子，这有助于给出“局部的”概念，这个概念是我要讨论的方法的基础。我们假设有一个时间变量，这个变量由两项构成，第一项是一个正弦函数，第二项是一条直线：

$$\begin{aligned} w(t) &= y(t) + z(t) \\ y(t) &= A\sin(a + \alpha t) \\ z(t) &= H + \kappa t \end{aligned} \tag{7-1}$$

我们假定总曲线是已知的并且我们建议区分这条曲线的两个组成部分 yt 和 zt。这里你们会有一个对人们可以设想的最简单类别的一个已知时间序列的分解问题。

让我们对总曲线取二阶导数。这个步骤对两个组成部分都有影响，在我们看来这个影响十分有趣。对第二项的影响完全消失。当这两个导数完成后，第二项就不存在了。但是对第一项的影响仍然是令人感兴趣的。

在一阶求导后，正弦函数由一个余弦函数替代，但二阶导数又是个正弦函数。仅有的差异是第一项现在乘上了一个系数 $-\alpha^2$，即第一项只与总曲线的二阶导数成比例关系。事态立即的后果是时间函数 w_t 的这些零表示第一项的零的位置。这是一个相当有趣的结果。事实上，我们现在能够确定第一个成分的基准点（normal points），也就是这个成分从正到负通过的这些点。我们把这些点标记在曲线 w_t 上（见图 7-1）。

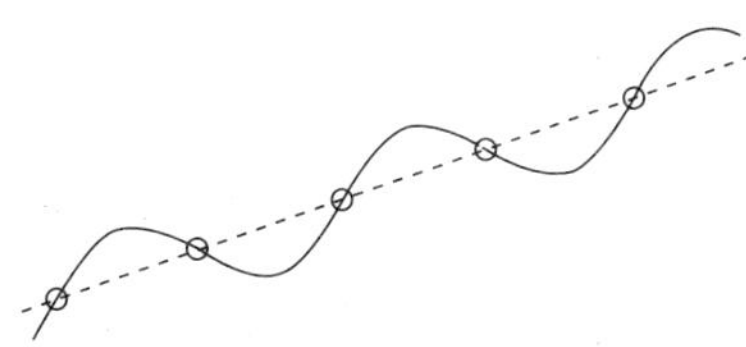

图 7-1　当长期趋势是线性时的标准点

注：Operation 运算；A seven-year cycle7 年周期；A twenty-year cycle 20 年周期；Empiriicalest 观察值；Formula 公式。

我们暂时先忽略所标记的基准点间的整个曲线，然后把我们的注意力仅放在由那些离散点所构成的时间序列上。当第一个成分被消除，这就是我们所要的时间序列。在基准点中，第一个成分的坐标是 0。因此基准点会形成一系列在直线上的点，这条直线表示第二项。如果我们用直线连接那些点，那么分解问题就已经彻底被解决。像这样构成的直线是第二项 z_t，而总曲线围绕这条直线 w 的偏离，$w_t - z_t$，是第一项 y_t。

实践中，我们能够非常迅速地使用标记基准点这个方法。正如你们所看到的，这些基准点仅仅是整个曲线的拐点。事实上，正弦函数有个特征是当它通过 0 时会改变曲率，但是直线根本没有曲率。在实践中，这是一个人们能够用肉眼来作图生动表示的步骤。我们用铅笔首先在已知曲线的小的不规则波动上面描出一个连续和规则的曲线，然后我们通过视力来标记这条连续曲线的拐点。

正如你们将看到的，通过假设曲线中的长期趋势是一条直线，我们所发展的这个方法表现会相当好，即使在长期趋势不是一条精确直线的情况下。事实上，如果长期趋势不是一条精确直线，这些基准点会形成曲线并且能被看作是长期趋势（见图 7-2）。

这个图示方法起作用所必须满足的唯一条件是第二项表示的波动比第一项表示的更小。

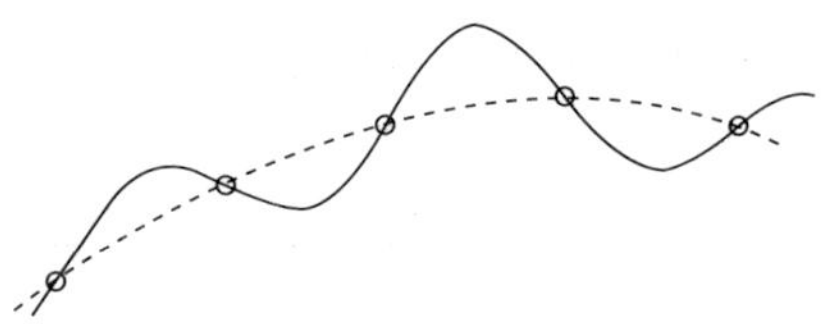

图 7-2　当长期趋势是曲线时的标准点

对于一个初始的快速考察，基准点方法是一个非常实用的方法。它甚至能应用在出现几个成分的情况下，条件使成分之间有一个足够大的差异，也就是第一项的摆动比第二项要更迅速并且第二项的摆动又比第三项要更迅速，依此类推。

我们以标记整个曲线的拐点作为开始。然后我们考察经过这些基准点（以这种方法定义）的一条曲线。接下来我们标记这条新曲线的拐点。它们是更高阶的基准点。我们绘制一条通过这些点的曲线，依此类推。

当我们发现面对一个我们想要研究的新时间序列时，利用这种方法所进行的一个初始分析是非常值得介绍的。我没有说这个方法总是会给出最终必须接受的结果，但是对于这种情况进行一个初始调查来说，这个方法是非常便利的。这样，我们就可以获得对这类也许存在的周期一个快速直观的印象。

出于一些考虑，导致我们运用这个方法的出发点已经不同于原始序列。然而，我们不妨可以使用差分方法。如果序列由两项构成，如一个正弦函数和一条直线，那么二阶差分会产生与我们刚才研究的方法有同样的效果。直线将消失并且正弦函数将仅仅被一个因子相乘。此外，那个系数恰好是在讲稿5中定义的运算因子（operation factor）。

我们也可以考虑用另外的方法来确定基准点，如原始序列的一个移动平均。移动平均是一个在某些点穿过原始曲线的时间序列，并且如果原始曲线由一个正弦函数和一条直线组成，那么这些交点正是基准点。如果注意到一条直线不受一个移动平均的影响，我们能很容易解释这点。相应地，原始序列和移动平均间的差是一个序列，这个序列中直线已经被消除。

如果原始序列非常不规则，那么我们可以采取连续的移动平均并且标记交点，我们不仅要标记原始曲线和它的移动平均的交点，还要标记两个连续的移动平均间的交点。

迄今为止，我已经仅仅通过考虑基准点（也就是第一个成分通过0的点）的方式解决了这个分解问题。我们已经插入了一条通过基准点的线并且把第一个成分确定为初始曲线对这条线的偏离。容易看到，尽管我们这里考虑的这些操作过于简单，如差分和移动平均，但是我们可以获得能够直接表示第一个成分的一条曲线。我们举例来考虑二阶差分的情况。在简单的情况下，即原始曲线是一个正弦函数与一条直线的和，我们会有

$$\Delta^2 w_t = \rho \cdot y_t \tag{7-2}$$

这意味着在每个时间点第一个成分将直接与二阶差分成比例。如果我们知道第一个成分的周期，那么我们可以立刻确定这个比例系数。如果我们考察原始曲线足够长时段的二阶差分，那么可以发现周期是很明显的。事实上，这个周期仅仅是二阶差分的连续的零间距离的2倍。然而这为我们提供了另一种来完成确定第一个成分的方法。我们可以称这个方法为代表法（representative method）。这个代表法也能基于移动平均。我们来考虑通过对两个连续的移动平均采取差分得到的曲线。这个运算仍然是一个线性运算，我们可以表示为

$$\Gamma - \Gamma^2 \tag{7-3}$$

这里Γ代表一个移动平均。应用到时间曲线的运算式（7-3）将再次与第一个成分成比例，条件是第二个成分是一条直线（见图7-3）。

$$(\Gamma - \Gamma^2)\, w_t = \rho \cdot y_t \tag{7-4}$$

这为我们表明必定存在这样一整类线性运算，即我们将它们运用到我们的已知曲线后所得到的结果会与第一个成分成比例。这类运算仅仅是一整类对称运算，这些运算中权重的和等于0，由于对称运算中权重的和等于0，所以一条直线将被消除。

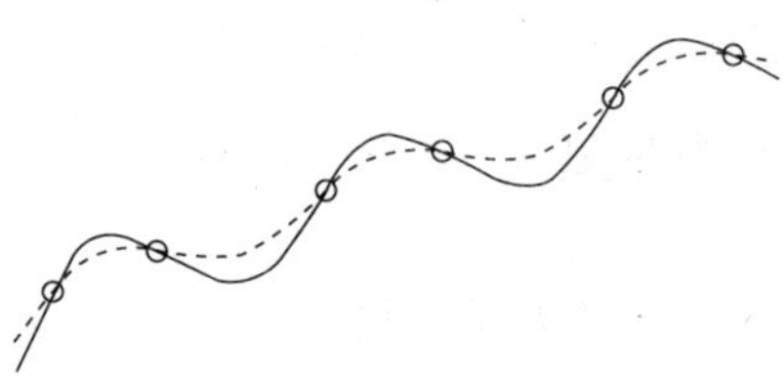

图7-3 基于移动平均的表示方法

如果Ω代表这样一个运算，那么我们有

$$\Omega w_t = \rho \cdot y_t \tag{7-5}$$

这为我们开启了新的视角。我们有可能通过让 Ω 满足某些其他条件来选择我们的运算，比如我们可以要求它消除掉小的、不规则的波动。从实践的角度讲，这个特征很重要也很方便。

在原始曲线的第二项不是一条直线的情况下，如果 Ω 是二阶差分或者是两个移动平均的差，那么比例关系不再严格满足。但我们有可能通过满足比例条件的式（7-5）来安排选择一个一般的运算 Ω。

举例来说，我们假设第二项不是一条直线而是一个很宽的正弦函数。什么条件对于运算 Ω 满足比例关系（7-5）是必需的？充分必要条件明显是运算 Ω 使得它的因子曲线以第二项的频率通过 0。这意味着如果我们有一个频率为α_2的第二项，那么运算因子肯定在点α_2处经过 0。另一方面，如果α_1是第一项的频率，这个运算因子在点α_1处的纵坐标肯定非常大，我们试图找到一个表示。如果运算 Ω 具有那些特征，我们就能说：对于α_1，它是一个放大器（amplifier）而对于α_2，它是一个失效器（nullifier）（见图 7-4）。

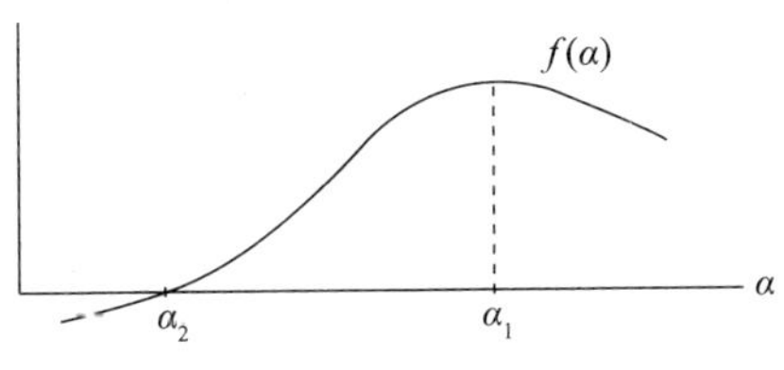

图 7-4　一个运算因子；对 a_1 是一个放大器，对 a_2 是一个失效器

我们现在尝试去阐明我们所考虑的这些情况的一个一般化形式。我们假设总曲线由 n 个成分构成：

$$w = y_1 + \cdots + y_n \tag{7-6}$$

实践中，我们经常会担心频率 $\alpha_1, \alpha_2, \cdots, \alpha_n$ 大小的相对顺序。因此，一个重要问题是要知道如何构造一个具有这些特征的放大运算。我们首先注意到，如果我们不对运算的特征施加条件，那么我们总是能够找到一个运算，这个运算与一个任意给定的运算因子 $\rho(\alpha)$ 相对应。也就是说，我们能够安排一条任意给定的运算因子曲线，这条曲线通过折线或者连续部分连接在一起（见图 7-5）。

我们现在提出一个问题，即如何确定一个线性运算 L，使得这个运算让时间曲线 $L \cdot w_t$ 能够表示一个成分。这个运算 L 具有这个特点的充分必要条件明显是除了它代表的成分的频率邻近以外，它的运算系数（频率的一个函数）对其他所有频率都有非常小的纵坐标。一般来讲，这是一个关于放大率（amplification）的问题。如果 L 具有这个特征，我们就说相对于其他所考虑的成分，L 是这个成分的一个放大器（amplifier）。

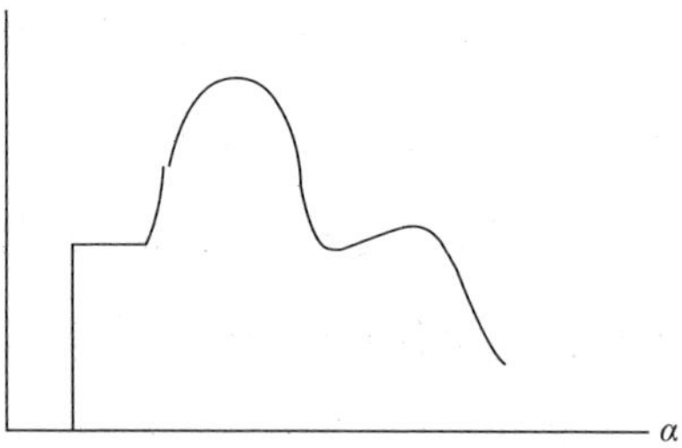

图 7-5　一条拼接运算的因子曲线

而关于我们已经给出的这个曲线形状（只假定曲线满足某些非常一般的条件），我们总是能够找到权重 Lx 的一个系统，以便由这个权重系统定义的运算恰好能让这个给出的曲线作为因子曲线。事实上，根据运算因子的定义

$$\rho(\alpha) = \sqrt{\Sigma_{xy} L_x L_y \cos\alpha(x-y)\delta} \tag{7-7}$$

这个因子恰好是权重的傅里叶变换。反之，每个权重将由因子

曲线的傅里叶变换表示。然而，如果我们有一个给定的任意因子曲线，并且我们想由逆转步骤来准确表示这个任意曲线，那么一般情况下，必须有一个L_x的无穷项并且通常甚至对于非常大的 xs。但在实践工作中，这正是我们更不希望发生的事情。在这里我们可以清楚地看出谱分析观点和我谈到的这个更灵活和实用方法之间本质上的区别。这里讲的放大问题，应该被认为是一个受约束问题而不是被看作一个谱分析中的无约束问题。

假定我们以某种方式构建了一个运算必须满足的某些实际条件。比如项的数量没有代替某个事先给定的数量，或者这些离项运算的中心点的距离不超过某个范围等。我们要如何选择权重来构成一个运算使得一个因子曲线尽可能靠近事先给定的一个曲线。我首先对接近一个给定因子曲线的可能性作一般的评论，然后会提出一些关于构造放大器的实际步骤。

设 α_i 是各个成分的频率。为了表示每个α_i附近因子曲线的形状，我引入下面的参数

$$\wedge_i = \int_0^\infty \varphi_i(\alpha)\,\rho^2(\alpha)\,\mathrm{d}\alpha \tag{7-8}$$

这里 $\varphi_i(\alpha)$ 是非负权函数，满足 $\int_0^\infty \varphi_i(\alpha)\mathrm{d}\alpha = 1$ 。作为一个特例，可以选择函数 $\varphi_i(\alpha)$ 在 a 的某个邻域等于一个常数，而其他值为 0。这意味着，对于每个频率 α_i，我们只知道因子曲线在点 α_i 附近的形状。成分 k 的一个放大器现在将以参数 $\wedge_i$的方式来表示。我们打算用这样一种方式来确定我们的运算，即参数 $\wedge_i$变得非常小除了 $\wedge_k$肯定非常大。或者其他参数 $\wedge_i$与 $\wedge_k$的比率，这个比率必定很

小。我们考虑这些比率中的一个，例如比率

$$\lambda = \frac{\wedge_i}{\wedge_k} \tag{7-9}$$

如果我们引入式（7-7）的 $\rho(\alpha)$ 表达式，那么比率（7-9）能写成

$$\lambda = \frac{\Sigma_{xy} M_{xy}^{(i)} L_x L_y}{\Sigma_{xy} M_{xy}^{(k)} L_x L_y} \tag{7-10}$$

这里

$$M_{xy}^{(i)} = \int_0^{\infty} \varphi_i(\alpha) \cos\alpha(x-y)\delta \cdot \mathrm{d}x \tag{7-11}$$

并且对于 k 也一样。这样，我们所考虑的比率 λ 是两个二次型的比率，系数为$M_{xy}^{(i)}$和$M_{xy}^{(k)}$。

由于权函数 φ_i 是非负的，所以表达式（7-8）表明式（7-9）的分子和分母对于任意给定的权重 L_x 都是非负的。这意味着式（7-10）中的二次型是正定的。

我们暂时假设人们选择权重 L_x 仅仅为了使比率式（7-9）尽可能小。那么这个问题就是要最小化两个二次型的比率。这是代数中的一个经典问题。我们知道这个问题最小的可能值将是方程的最小根。

$$| M_{xy}^{(i)} - \lambda M_{xy}^{(k)} | = 0 \tag{7-12}$$

方程（7-12）要作为行列式来理解，这个行列式的行表示 x 的值，列表示 y 的值。表达式（7-12）清楚表明了所施加的特别条件阻碍我们获得一个准确的放大倍数的方式。如果我们所考虑的 α_i 附近的区间趋于 0，并且如果参数 $\wedge_i$ 代替 $\rho^2(\alpha_i)$，那么通过选择权重 L_x 使得条件 $\rho^2(\alpha_i)=0$ 得到满足显然是可能的。但是如果我们考虑一

个由α_i附近的一个连续点集所构成的区间，例如如果参数$\wedge_i$被定义为一个正常积分，那么$\wedge_i$肯定非零并且是正定的。比率λ的值不可能低于某个正的非零λ_i，而这个数字恰好是方程（7-12）的最小根。为了能够让这个比率成为我们所需要的那么小，要么让式（7-8）中的积分区间趋于 0 并且只考虑有限数目的点$\alpha_1,\cdots,\alpha_n$，要么增加权重的数量趋于无穷。

区分谱方法和这里采用的方法还存在另外一点。

为了着手于放大器的实际构建，我们考虑一些表达式特例，我们已经用表达式（7-8）和式（7-9）给出了这个问题。我们可以首先考虑下面类型的一个运算：在$\alpha=0$和$\alpha=\alpha_1$间，因子曲线的纵坐标必定等于 1，而对于比α_1大的α，因子曲线的纵坐标必定等于 0。我们可以把这个运算称作截断运算（见图 7-6）。

对这样一个因子曲线进行的一个运算将有一个特点，即消除任何比α_1大的频率的振动，但是不影响任何比α_1小的频率。

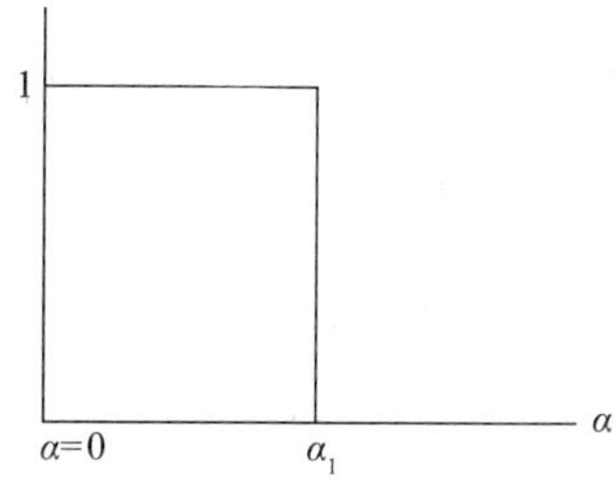

图 7-6　一条截断运算的运算因子曲线

从某个观点来看，这很明显将是理想的校正准则。在选择α_1方面，我们想消除比一个给定的期限更小的时期长度的波动。我们称这个期限为截断时期。如果我们把这个问题作为权重的一个无约束问题来讨论，我们会发现权重L_x必须被选择为曲线

$$\frac{\sin x\delta}{x\delta} \tag{7-13}$$

的纵坐标。这里 δ 是一个缩放因子，我们可以通过选择截断频率α_1这个简单的方法来决定它。而且我们发现它是一个令人十分感兴趣的结果：如果我们施加条件，即如果我们只对一个给定的离散集，如x_1，…，x_m附加权重L_x，那么这些权重仅仅由曲线（7-13）上点x_1，…，x_m的纵坐标给出（见图 7-7）。

图 7-7　截断运算的权重

因此，这个运算取决于一条因子曲线，这条曲线比较接近图 7-6 的因子曲线。很容易理解，只需要在原点相当小的领域内使用权重这个条件将比关于权重的密度的条件会产生更不幸的影响。我们把这个效果称为距离效应（distance effect）。我以后会在一个截断运算中举例说明这个效应的用处。

如果我们要放大的周期是存在于系列中最长的周期，那么我刚才已经表明的运算可以看作是一个具有代表性的放大器。这种情况下，我们明显不得不选择频率α_1来稍微大于我们要放大的成分的频率，并且这个运算会或多或少完全消除其他所有成分只留下所选成分。

但是如果我们要放大一个中间成分，那么我已经指出的运算不能被使用。例如，我们假设所考虑的成分有一个 20 年左右的时期，并且如果我们进一步假设所存在的成分的时期既有少于 10 年的，又有更长的时期，比如说 50 年的，那么有必要使用一个比我指出的运算更复杂的运算。例如我们能够构建一个运算，这个运算我称之为截面运算（a sector operation）。图 7-8 表明了这个运算的因了曲线。

这意味着在 α_1 和 α_2 间，因子等于 1，而在这个区间之外，因子等于 0。这样一个运算能构建作为两个截断运算间的差异频率为 α_1 和 α_2。

我们仍然可以考虑其他种类的运算。比如我们能够施加条件，即因子曲线尽可能靠近所指出的形状，但只限于在 α_3 和 α_4 间。在这些界限之外，我们对运算不施加条件（见图 7-9）。

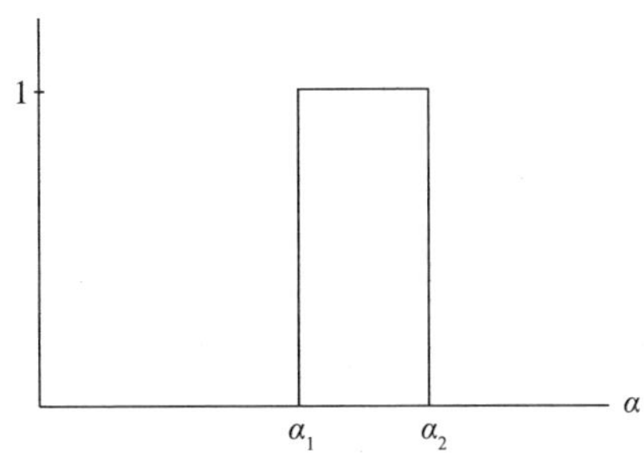

图 7-8　截面运算的运算因子曲线

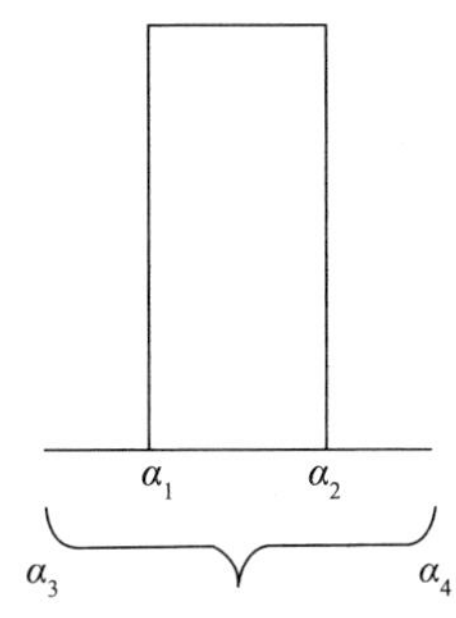

图 7-9　清理运算的运算因子曲线

我们可以期望放弃所施加的条件某个区间外，但必须允许所施加条件区间内更加满意。我们称这样一个运算为“清理运算”（a clearing operation），可以说，它清理了区间［α_1，α_2］内的频率并且我们不关心这个区间外所发生的事情。在权重的计算方面，我们在这里碰到某些困难。然而，我已经发展了一个能给出非常满意结果的迭代方法，但是即使使用这个方法，确定权重依然不是一项容易的工作。

放大器的实际构造也能由其他视角来获得。我们能表达一些基本的运算并且根据这些特殊例子以基本运算的方式运算。作为一个非常简单的放大，我们可以考虑二阶差分和 H 运算，这里 H 运算在讲稿 5 中已经定义，由两项的和构成某个距离。这个基本运算的便利结合允许我们构建运算越来越强的放大器。举个例子，如果我们要放大一个 20 年的周期，我们可以连续应用基本运算

$$H_{\pm 40}\ H_{\pm 20}\ H_{\pm 10}\Delta_{\pm 10}^{2} \tag{7-14}$$

基本运算 $\Delta_{\pm 10}^{2}$ 的因子曲线在与一个 20 年时期相对应的频率附近有一个最大值。如果我们现在连续增加运算 $H_{\pm 10}$，$H_{\pm 20}$ 和 $H_{\pm 40}$，我们会得到图中的曲线。[㊀]

通过这个序列，放大运算变得越来越强，但同时变得越来越窄只是频率恰好在被放大的最大值点。以后你们会知道，这在实践中是一个非常危险的麻烦。例如，我们假设存在一个 10 年周期并且如果我们不确定时期是 8 年、9 年还是 10 年，那么运用一个这么窄的运算会非常危险，如果运算不完全适合给定的时期，成分将被消除而不是被放大。我们在实际工作中必须要时刻记住这种考虑。

最后，我们可以考虑一类放大器，我称之为“局部余弦”（local cosine），其定义如下

㊀ 原书图缺失。

$$L_x = (a^2 - x^2)\cos\alpha x \qquad (7\text{-}15)$$

其中常数 a 的选择满足条件：当式（7-15）中余弦前面的二项式在某点精确等于 0 时，余弦在这点也等于 0。那么这个点是一个联系点并且可以作为这个运算的一个限制，也就是说，权重系统在那点结束。在联系点仔细地确定权重是相当重要的。我们还发现，为了运算能够尽可能远地消除随机波动，这是一个基本的条件。我们可以选择常数 a 来使得运算的长度接近 3.5、5.5 或者 7.5 个时期。[⊖]

从实践的观点来看，一个有趣的事实是：在选择常数 a 的同时，我们发现权重曲线下面的整个面积接近 0。更准确地说，当运算越来越扩大，这个面积将接近 0。但是作为实践中的第一次尝试，这个趋于 0 的近似结果已经令人满意了。这是一个非常方便的特征，因为它保证了在所获得的时间序列中不存在长期趋势，即数据中的任何初始直线都被消除了。

当我们已经通过一个或者其他方法构建一个放大器时，有一个重要的问题要提出来。如同我已经在早先的讲稿中解释的那样，当我们运用一个线性运算时，我们必须总是要提防由这个运算所生成的虚构的周期。

我们决不能避免做的一件关键事情是：当运算运用在一个随机变量上时，我们要构建一个因子曲线来确定由运算所产生的周期是什么类型。根据我已经在讲稿 5 中大概描述的这些方法，这个计算

⊖ 原书图缺失。

对于任何运算实际上都可以操作。对于一个非常强的放大运算，我们也可以用一个简单的程序来确定随机振幅。

然而，对于放大器来说，虚假周期的产生是非常明显的。一个放大器实际上是一个线性运算，这个运算的因子曲线在我们想放大的频率周围或多或少有一个明显的凹痕。但是从我已经在讲稿 5 中所发展的考虑可知，这个运算几乎一定会产生一个虚假周期，而这个周期刚好具备那个频率。那么，我们现在处于一个有些尴尬的境地。我们想知道给定的序列是否包含某个周期。为了发现这个周期，我们有必要使用一个放大器，但是这样做使我们创建正在寻找的同种周期。那么，我们怎样才能知道，我们预期的结果到底是真实地存在于数据中呢，还只是我们所生成的一些结果？讲稿 5 中所发展的方法可以帮助我们回答这个问题。我们可以确定我们可以期望发现的虚假振动的振幅。将一个先验的振幅和经验所观测到的振幅之间做一个比较，可以为我们提供一个线索，有助于认清我们已经发现的振幅是虚假的还是真实的。

为了能够确定虚假周期的振幅，要记得有必要知道随机变量的标准差。我们怎样才能确定这个振幅呢？

有时候我们可以通过一个先验的考虑来确定它，但是在实践中这是个例外。我们经常必须由给定的时间序列来决定它。要做到这一点，我们可以把随机成分看作我们序列的一个组成部分。我们能够尝试通过一个程序来分离那个成分，这个程序有点类似于我们对分离其他成分所进行的考虑。一旦这样一个对随机成分的分离工作完成，那么找到它的标准差明显不是难事。

另一个分离随机成分的方法是，以最小可能的区间来对已知序列运用一个二阶差分运算。我们也可以考虑其他可以作为随机成分的放大器的线性运算。假设我们已经对随机成分以一种或其他方法确定了一个放大器 G，那么时间序列 Gw 的标准差将等于

$$\sigma_{Gw} = \sqrt{\frac{\Sigma_t (Gw_t)^2}{N}} \tag{7-16}$$

其中假定 Gw 围绕 0 变化。

式（7-16）中在 t 上的和采用的是某个时间区间，并且 N 代表求和式中的项数。很明显，式（7-16）的结果取决于区间的选择，因为求和式的大小取决于区间。一般来讲，虽然 σ 取决于求和区间，但是 σ 的变化非常平滑，以至不会在我们的推算中带来任何困难。如果运算 G 能作为一个随机成分的好的放大器，那么我们会近似有

$$\Delta \cdot y_i = \Sigma_j \widehat{\rho_{ij}}\, v_j \tag{7-17}$$

因此，经验表达式（7-16）可以看作是一个序列（通过对唯一成分 e 运用 G 运算所获得的序列）的标准差的近似确定。随后我们确定 e 的标准差也不是难事。事实上，一个随机变量（在没有自相关的意义上）的标准差和一个时间序列（通过运用一个线性运算得到）的标准差之间存在一个简单的关系。于是我们有

$$N\sigma_{Ge}^2 = \Sigma_t (\Sigma_x G_x e_{t+x})^2 = \Sigma_{xy} G_x G_y \Sigma_t e_{t+x} e_{t+y} \tag{7-18}$$

但如果 e 不是自相关的，那么式（7-18）的右边成为

$$N \Sigma_x G_x^2 \Sigma_t e_{t+x}^2 \tag{7-19}$$

如果标准差是常数或者只随着时间缓慢变化，那么我们有

$$\sigma_{G_e} = \sqrt{\Sigma_x G_x^2}\,\sigma_e \tag{7-20}$$

因此，一个随机变量的标准差仅仅被乘以所应用运算的加权平方和的平方根。

这个程序允许我们确定 e 的标准差并且相应地也允许确定平均振幅的标准差，而这些振幅由用于确定初始序列中一个周期性常数的放大器所产生。因此振幅实际上由我已经在早先的讲稿中给出表达式确定。[⊖]

$$A_{L_e} = \sqrt{\frac{2\delta}{\pi}}\sqrt{\int_{\alpha_1}^{\alpha_2}\rho_L^2(\alpha)\,\mathrm{d}\alpha}\cdot\sigma_e \tag{7-21}$$

如果放大器非常强，那么虚假振幅也能由一个更简单的近似表达式确定。事实上，如果我们将一个强的放大器用于一个随机变量，那么结果将会是一个时间序列，这个时间序列的形状几乎像一个正弦函数。众所周知，一个正弦函数的标准差等于振幅除以$\sqrt{2}$。也就是说，如果 y 是一个正弦函数，那么我们有

$$A_y = \sqrt{2}\,\sigma_y \tag{7-22}$$

到虚假振动类似于一个正弦函数的程度时，那么由放大器 L 生成的虚假振幅将会是

$$A_{L_e} = \sqrt{2}\,\sigma_{L_e} \tag{7-23}$$

同时

$$\sigma_{L_e} = \sqrt{\Sigma_x L_x^2}\,\sigma_e$$

因此有

⊖ 讲稿 5，方程（5-29）

$$A_{L_e}=\sqrt{2}\ \sqrt{\Sigma xL_x^2}\sigma_e \quad (7\text{-}24)$$

虽然主要的虚假周期式（7-24）提供了一个非常适合式（7-21）的结果，但是这不再适合于次要的虚假周期。比如在讲稿 5 中的运算 A，B，C 的情况下，我们发现表 7-1 中的虚假振幅。

表 7-1　由放大器产生的虚拟振幅

运算	7 年周期			20 年周期		
	观察值	公式 (7.21)	公式 (7.24)	观察值	公式 (7.21)	公式 (7.24)
A：$\Gamma_{10}\Delta_{\pm 10}^2$	4.7	4.8	16.4	13.5	15	16.4
B：$\Gamma_{10}H_{\pm 10}\Delta_{\pm 10}^2$	8.1	8.6	25.1	25.9	22.4	25.1
C：$\Gamma_{10}H_{\pm 20}H_{\pm 10}\Delta_{\pm 10}^2$	8.9	11	16.7	31.2	32.9	36.7

随着虚假周期的振幅被确定，我们可以围绕由放大器产生的曲线来构建一个带宽，这个带宽等于两倍的平均虚假振幅。我们称这个带为“随机带”（random band）。它表示虚假周期的平均振幅。这个与由线性运算产生的曲线的波动振幅有关的带宽，表明我们是否能够对结果有信心。

作为一个例子，我采用像这样确定的 15 年周期的曲线和随机带以便我们能够辨别 19 世纪欧洲不同国家的小麦价格。在序列的开始，带宽实际上与波动本身大小一样。因此，我们不能从所得结果中得出任何准确的结论，但是在 17 世纪和 18 世纪，随机带的宽度与波动关系非常小。这里似乎允许我们推断出 15 年周期是一个事实。[㊀]

㊀ 该例子的图缺失。

直到现在，我已经考虑过的运算都是用于分离不同成分的线性运算。我将转到一类不是线性运算并且会在许多例子中提供更有力的方法来分离各种成分。为了表明这个方法的特征，我起初假设我们有两个成分y_1和y_2。

假设我们已经应用了两个线性对称运算L_1和L_2，那么我们将获得两个时间序列，我们可以将它们写成

$$\begin{aligned} v_1 &= \rho_{11} y_1 + \rho_{12} y_2 \\ v_2 &= \rho_{21} y_1 + \rho_{22} y_2 \end{aligned} \tag{7-25}$$

这里 v_1是由对一个序列 w 运用运算L_1得到的时间序列，v_2是由对序列 w 运用运算L_2得到的时间序列。ρ_{ij} 是通过对成分y_j应用L_i得到的运算因子。让我们暂时把系统（7-25）看作是两个数量 y 的一个线性系统并且让我们求解这个与这些数量有关的系统。我们将有

$$\begin{aligned} \Delta \cdot y_1 &= \rho_{22}\, v_1 - \rho_{12}\, v_2 \\ \Delta \cdot y_2 &= -\rho_{21}\, v_2 + \rho_{11}\, v_2 \end{aligned} \tag{7-26}$$

其中

$$\Delta = \rho_{11}\rho_{22} - \rho_{21}\,\rho_{12} \tag{7-27}$$

是运算因子的行列式。式（7-26）的右边是我们将通过对 w 运用运算

$$\begin{aligned} L_{1.2} &= \rho_{22}\, L_1 - \rho_{12}\, L_2 \\ L_{2.1} &= -\rho_{21}\, L_1 + \rho_{11}\, L_2 \end{aligned} \tag{7-28}$$

得到的时间序列。⊖

⊖ 该例子的图缺失。

因此，运算式（7-28）是这两个成分的准确的放大器。运算$L_{1.2}$使得时间序列$L_{1.2}\cdot w$与y_1成比例，同时$L_{2.1}\cdot w$与y_2成比例。这两种情况中的比例因子都等于运算因子的行列式。符号$L_{1.2}$表示一个运算产生对成分y_1的代表当成分y_2已经被消除时。同时$L_{2.1}$有相一致的意思。因此，如果我们知道这两个成分准确的频率并且如果已经运用了两个运算L_1和L_2，那么我们能够通过这两个运算的线性组合来得到新的运算，这个新的运算将是成分的准确代表。

这个推理容易被一般化为n个成分的情况。这种情况下，假设我们有n个线性对称运算L_i。设

$$v_i = \Sigma_j \rho_{ij} y_j \tag{7-29}$$

是通过应用这些运算所得到的时间序列。如果系统式（7-29）是关于y变量求解，我们将有

$$\Delta \cdot y_i = \Sigma_j \widehat{\rho_{ij}} v_j \tag{7-30}$$

这里Δ是运算因子的行列式并且$\widehat{\rho_{ij}}$是因子伴随矩阵的元素。这表明由

$$L_{i\cdot 1,\cdots,n} = \Sigma_j \rho_{ij} L_j \tag{7-31}$$

定义的线性运算能被看作各种成分的准确代表。i不被包括在式（7-31）中的序列$1,\cdots,n$中。

一般而言这个运算L_i是任意的。必须满足的唯一条件是这些运算线性与成分y_i线性无关，也就是运算必须使行列式Δ不为0。然而，实践中我们必须尽可能以一种专门的方法来选择运算。我们必须尽可能选择它们作为好的放大器。在极端情况下，即在运算已经

是准确的情况下，放大器具有如下事实特征：运算因子的行列式成为对角行列式。这些考虑表明在实践中我们可以如何发展一个迭代原则。首先，我们可以以一种近似的方法来获得一个关于所要选择的运算特征的想法，比如对普通点的一个图示分析能够指明放大器的选择。其次，我们可以使用放大系统并且通过这样做我们也许可以发现这些常数时期并不准确，并不是我们开始想的那样。于是我们可以通过塑造由式（7-31）定义的新系统来校正对放大器的选择，依此类推。

因此，问题上升到明确是否有一个更直接的确定时期长度的方法。

如果我们能够发展这样一个方法，那么式（7-31）将会给出准确的放大程序。事实上我们能够发展确定时期的这样一个直接方法。其出发点是一个线性运算构成的系统，原则上只需要这个系统不是线性相关的，则这个系统可以是任意的。一般来讲，这个系统必须选择为一个由近似放大器构成的系统。我们通过运用线性运算得到一个由 n 个时间曲线构成的系统，从这个系统出发，我们得到一个特征方程，其中这个特征方程的根给出了频率。这个方法的关键点是它能够用于任何时点的附近。因此，这些根能够确定为时间的函数。如果我们假设式（7-31）中的ρ_{ij} 等于与频率一致的值每个时点那么我们将得到不同成分的一个“移动行列式”（a moving determination）。

因此，我们有一个具有与移动平均方法同样灵活的方法，它可以适用于一个点附近的局部位置，并且在同时分离 n 个成分方面非常有力。

让我们看看特征方程形成后面的原理。我们引入一个新运算L_0，这个运算一般是任意的，如果不与其他的运算线性相关，一般来说，我们应该以这样一种方式来选择它，即它能使出现在一个序列中的所有成分保持完整。因此，选择L_0最合理的操作是我所称呼的截断运算，截断运算消除了我们不想考虑的小的振动但是保持了较长的波动。

我将表明：如果有n个成分，那么$n+1$个时间序列$v_0,\cdots,v_n$是线性相关的，不仅如此，并且线性关系中的系数同样存在于t变量$v_0,\cdots,v_n$之间能够作为一个特征函数的系数。

事实上，让我们考虑时间序列

$$\begin{vmatrix} v_0 & \rho_{01} & \cdots & \rho_{0n} \\ v_1 & \rho_{11} & \cdots & \rho_{1n} \\ \cdots & \cdots & \cdots & \cdots \\ v_n & \rho_{n1} & \cdots & \rho_n \end{vmatrix} \tag{7-34}$$

它在t时刻并且我们能够看到：通过减去从v列第一个p乘以y，第二个p列乘以y等。通过这个步骤，第一列将消失。

因此，在t时刻同样存在一个关系

$$A_0 v_0 + \cdots + A_n v_n = 0 \tag{7-35}$$

如果函数v_i已经被选择为刚才所指出的那样，那么一个比成分数量小的数量不可能是线性相关的。因此，常数A_i被确定远离一个普通因子。因此，如果我们通过任何方法来确定满足式（7-35）的常数A_i的一个系统，这些系数必须与式（7-34）的第一列的元素相一致的较小值成比例。接下来，如果我们通过任意方法来确定系数A_i，线性形式式（7-35）将远离比例因子等于行列式。因此，如果我们用$\rho_i(\alpha)$代替表达式v_i，这里$\rho_i(\alpha)$是L_i的运算因子，那么我们得到一个α的函数，当$\alpha=\alpha_1,\alpha_2,\cdots,\alpha_n$，时，这个函数等于0。因此整个问题由$v_0,\cdots,v_n$间的一个线性关系和用$\rho_i(\alpha)$代替这个关系$v_i$确定。

事实上，设想的线性关系的系数可以以不同的方法来确定。一个似乎非常合理的原则是在所考虑点附近的某个时间区间内，将L_i关于$L_1,\cdots,L_n$的回归使用最小二乘回归方法。那么频率的确定将采取下面的形式

$$m_{ij} = \Sigma_t v_i v_j \tag{7-36}$$

其中求和式包含所考虑点的邻域。设$\rho_i(\alpha)$是运算$i=0,1,\cdots,n$时的因子函数。α的函数

$$m(\alpha) = \begin{vmatrix} \rho_0(\alpha) & m_{01} & \cdots & m_{0n} \\ \rho_1(\alpha) & m_{11} & \cdots & m_{1n} \\ \cdots & \cdots & \cdots & \cdots \\ \rho_n(\alpha) & m_{n1} & \cdots & m_{nn} \end{vmatrix} \tag{7-37}$$

将表示特征函数。这个函数的根是频率α_1，α_2，…，α_n,。

当这些根在一个给定时点被决定，在这个时点的个体成分的纵坐标将由式（7-30）确定。

当我们知道个体成分，我们自然可以形式化一个具有任意系数的线性组合

$$z + \lambda_1 y_1 + \cdots\cdots + \lambda_n y_n \tag{7-38}$$

当前的考虑表明：对于所定义的 z 函数的表达式能够表示成

$$\begin{vmatrix} z & \lambda_1 & \cdots & \lambda_n \\ v_1 & \rho_{11} & \cdots & \rho_{1n} \\ \cdots & \cdots & \cdots & \cdots \\ v_n & \rho_{n1} & \cdots & \rho_{nn} \end{vmatrix} = 0 \tag{7-39}$$

这个形式立即使以给定的系数来确定成分的一个线性形式的所有问题变得清晰起来，并且因此分解问题归属于对运算因子 ρ_{ij} 的确定。

我已经指出的方法能够用不同的方法来归纳。比如，对于确定频率，我们没有必要得出如同式（7-30）和式（7-31）这样的线性运算系统。

我们可以设想一些其他的概括，但我在时间序列的研究中，确定某些由线性运算定义的曲线间一个线性关系的这个思想是古老的。第一批关注用这种方法来确定频率的可能性的人中，有一个是德国数学家和统计学家恩斯特·海因里希·布伦斯（Ernst Heinrich Bruns）。

虽然这个思想不断在文献中被重申，但是似乎理论考虑并没有导致令人感兴趣的实际结果。我认为下面的事实可以解释，即直到现在还在抨击这个问题的作者仅仅是以一种正式的方法来假设某些

线性关系，例如重复差分。他们一直关注于这个事实，即原则上这样一系列运算必须能够确定任意种类波动的频率。换句话说，他们没有考虑各种运算的放大特征。然而，从一个实践的观点来看，这是绝对有必要注意的事情。为了使频率的确定具有某个稳定性，运算（特征方程的形式基于这些运算）近似于我们想研究的波动的放大器是必须的。这就是我刚才坚持这两个观点间存在差异的原因，即根据第一个观点，运算可以是任意种类，而根据实践的观点，特征方程必须基于近似的放大器。

直到现在，我已经假设对于特征方程的形式成分的数量是已知的。实际上，这种情况经常出现。当我们这样进行时，这个工作鼓励我们形成一个与这个数量有关的想法。然而，如果还能够发展一个正式的准则，那当然更好。出于这个考虑，让我们考虑一组对称运算。

$$L_{hk}h = 1,2,\cdots,n;\ k = 1,2,\cdots,n \tag{7-40}$$

作为一个特例，我们有 $L_{hk}=L_hL_k$.

设 $\rho_{hk\cdot i}$是成分 y_i的运算L_{hk}的因子。设 L_{nk} 是通过对这些序列运用L_{hk}得到的时间序列。在这个背景下，让我们考虑 m 阶行列式

$$\Delta_m = \begin{vmatrix} v_{11} & \cdots & v_{1m} \\ \cdots & \cdots & \cdots \\ v_{m1} & \cdots & v_{mm} \end{vmatrix} \tag{7-41}$$

把这个行列式发展成乘积形式 $y_iy_j\cdots y_k$的一个和是肯定有可能的，这里 $i,j,\cdots,k$ 是 n 个数字 $1,2\cdots,n$ 中选择的 m 个数字。这明显

是与 y 的具体含义无关的代数问题并且能表示为

$$\Delta_m = \Sigma_{i,j,\cdots,k} \begin{vmatrix} \rho_{11\cdot i} & \rho_{12\cdot j} & \cdots & \rho_{1m\cdot k} \\ \rho_{21\cdot i} & \rho_{22\cdot j} & \cdots & \rho_{2m\cdot k} \\ \cdots & \cdots & \cdots & \cdots \\ \rho_{m1\cdot i} & \rho_{m2\cdot j} & \cdots & \rho_{mm\cdot k} \end{vmatrix} y_i y_j \cdots y_k \quad (7\text{-}42)$$

式（7-42）中行列式的形式有如下规律：我们用 ρ 代替了行列式（7-41）中的 v，然后在列中增加了下标 $i,j,\cdots,k$。对于在统计分布中的各种问题和时间序列，表达式（7-42）具有完整的一系列非常有趣的应用。

证明这个表达式最简单的方式似乎是通过从 m 到 $m+1$ 来归纳。但是我不会在这里从事这项工作。

表达式（7-42）的一个特例是表达式

$$\Delta_m = \frac{1}{m}\Sigma_{i,j,\cdots,k} \begin{vmatrix} \rho_{1i} & \cdots & \rho_{1k} \\ \cdots & \cdots & \cdots \\ \rho_{1i} & \cdots & \rho_{nk} \end{vmatrix}^2 y_i y_j \cdots y_k \quad (7\text{-}43)$$

它应用在特例$L_{hk}=L_hL_k$中，其中 ρ_{hi} 是运算因子函数 y_i。后面的表达式，特别是它在统计分布中的应用，要归因于丹麦数学家乔根·佩德森·格拉姆［Jorgen Pederson］Gram。

表达式（7-42）表明如果这些 y 是频率不同的正弦函数，那么如果 m 小于成分的数量，被作为时间序列的行列式 Δ_m不可能恒等于0。另外，如果 m 大于$n+1$，那么行列式 Δ_m 在 t 时刻恒等于 0。我们发现这仅仅是通过沿着一个任意列来发展这个行列式并且计算出我们以表达式（7-42）的方式所得到的这些行列式的和。

对一系列行列式 $\Delta_1, \Delta_2, \cdots$ 的分析使我们能够决定当前成分的数量。如果所有直到 Δ_n 的行列式如同时间序列一样演变，同时行列式 Δ_{n+1} 和那些更高阶的行列式恒等于 0，那么成分的数量等于 n。

代替行列式（7-41），我们也能够考虑移动矩的行列式。如同我在一个早先的讲稿中所指出的那样，它是一个经典的代数准则，即一组变量的秩等于矩行列式的秩。n 个成分的情形有一个精确的特征，即 $n+1$ 个派生序列间存在一个线性关系。

第8章 社会规律和机械定律的意义，不变性和刚性，对哲学混乱论的评论

直到现在，我已经在第七次讲座中试图向你们说明我们是如何尝试在政治经济学（从更大范围来看，更准确地说，是在整个人类的经济活动）中引入数量方法的，这正好是计量经济学的内容。我已经强调，计量经济学的精神非常类似于支配物理学和生物学科学的那种精神。

如同物理学和生物学，在计量经济学中，我们尝试用数学来表示规律和精确的数量关系，并且尝试通过借助观测值来确定这些规律和数量关系的具体形式。当我将自己最后一场讲座的演讲主题定为“规律的重要性分析及其哲学解释”的时候，很自然我要讲到关于规律的概念，这些概念不仅存在于经济学中，并且更一般地存在于社会科学、生物科学以及物理科学中。

我们首先考虑“规律”的一个最简单概念，我们用（ξ_1, ξ_2）空间里的一条直线来表述（见图8-1）。

通过一个线性非奇异转换，比如对形式

$$x_1 = c_{11}\xi_1 + c_{12}\xi_2$$

$$x_2 = c_{21}\xi_1 + c_{22}\xi_2$$

（其中行列式$\begin{vmatrix} c_{11} & c_{12} \\ c_{21} & c_{22} \end{vmatrix} \neq 0$）的一个转换$[c_{ij}]$，转换后我们将得到在（$x_1, x_2$）空间的一条直线（见图 8-2）。

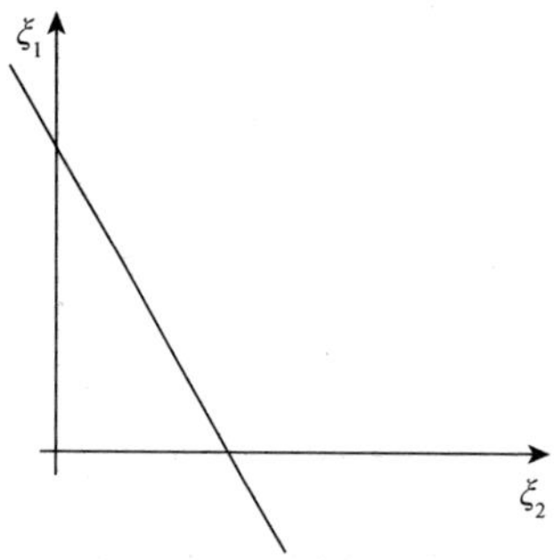

图 8-1　规律的概念：在（ξ_1，ξ_2）空间的一条直线

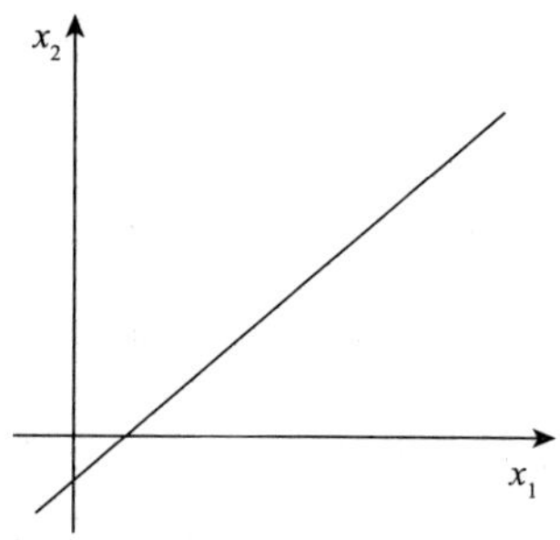

图 8-2　规律的概念：在（x_1，x_2）空间的一条直线

在（ξ_1, ξ_2）的一条直线 Λ 的存在意味着在（x_1, x_2）的一条直线的存在，反之亦然。因此我们可以用两种方式来定义直线。如果你们需要在（x_1, x_2）的某条直线，那么有必要假定一条定义在（ξ_1, ξ_2）的直线。但是不能这样说：因为直线 Λ 发挥了具有完全决定性的作用，所以必须运用$[c_{ij}]$转换来得到一条给定直线 L。

如果我们假设转换$[c_{ij}]$给定，那么由这个转换得到的直线 L 将完全取决于直线Λ。通过用一种便利的方式改变 Λ，你们可以得到任何想要的直线 L，反之亦然。知道关于规律以 L 的形式或以 v 的形式。在（x_1, x_2）的直线和在（ξ_1, ξ_2）的直线只是表示同一事物的两种不同方式。

如果线性关系由经验来确定，那么是否可以问大自然已经确定了这条直线，如果已经通过我们的观测值确定了在（x_1, x_2）坐标系中的直线，那么将知道在另一个坐标系（ξ_1, ξ_2）中，规律也是如此。简而言之，规律的复杂性不受这个转换的影响。

当然，对一个系统内规律的描述也许或多或少是令人高兴的，但是基本上你们总有可能在一个给定的系统内，以数学处理的方式重新得到规律，条件是在另一个系统中你们熟悉它。

准确的数学关系的问题（比如通过严格的数学处理来重新得到规律），没有在不变问题中提出如物理学中的表示方法，例如相对论。这个问题仅与人们通过接受严格的数学关系可以得到的结果有关。

因此，可以这么说，我们这里考虑的不变性问题在逻辑层面上不如物理学的不变性问题。现在我们则自己忙于存在性，规律的各种表达之间的数学联系。

如果在观测值中存在少量没有规律的点，那么与转换有关的情况会发生本质的改变。在这种情况下，转换本身的特征会开始对观测值结果的复杂性产生独立的影响。对于某些类别的转换，这个影响非常大甚至有些转换它们几乎自己来确定 x 空间中规律的类型，同时 e 空间中规律的类型几乎没有影响。

然而这种情况（存在一些没有规律的点）正是我们感兴趣的情况。如果从对所得结果的解释这个角度来看，这种情况甚至是我们感兴趣的唯一情况。事实上，如果我们向自然或者社会提出任何问题，它们都绝不会以数学上的精度来回答我们。在我们试图识别出答案的系统部分是什么之前，我们总是不得不忽视一个没有规律或者随机的因素。

对于解释社会的、物理的和生物的这些规律来说，这个事态起绝对根本的作用。事实上，如果系统性规律的内容和类型（我们试图在不规则的波动中发现它们）确实依赖于系统（从这个系统中我们观测到系统性规律的内容和类型），那么一个规律自身的概念会剩下什么呢？但这不是全部，不仅类型会取决于转换而且规律的刚性也取决于转换，甚至这从根本上更重要。现在，一个规律的存在本身将取决于系统，在这样的一个系统中规律存在，但在另一个系统中它不存在。

我打算讨论遵循这个事态的一些后果。我会讲到关于这个问题的三个方面。首先，我会对统计规律的不变性稍微做一个技术上的评论。然后我会谈到一些关于外部世界的现象的可逆性问题。最后，我会讲到最重要的方面，也就是所观测到规律的刚性问题，从而问题其实是要搞清楚我们已经构造所观察到的规律到了什么程度。

问题的这三个方面将引导我们引向相同的一般结论，也就是我们所有观测值的绝对相对性和我们所有与外部世界有关的结论。我们的最终结论是：外部世界是完全混乱无序的。

为了开始讨论我对观察到的规律的观点，我举一个双变量 x 和 y 的例子。为了更简洁，我首先会考虑线性关系。我们假设我们有

一系列 x 和 y 的观测值。这些观测值为我们提供了一个散点（见图 8-3）。

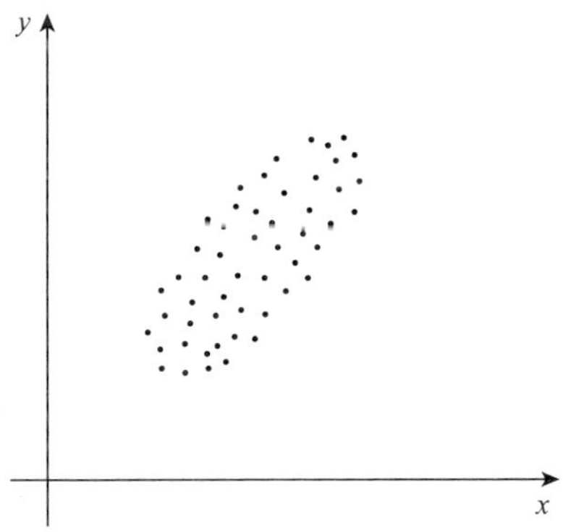

图 8-3　在（x,y）空间的两个变量观测值的一个散点图

如果这个图中存在某种有序的规律，那么我们可以尝试确定一条直线。为了简化，我假设了一条通过原点的射线，即 $y=F\cdot x$。我们可以用不同的方法来确定它，比如最小化在一个方向或者其他方向上的偏离，或者甚至正交。我们有无数个方法来确定它，假设我们使用方法 M。

我们对观测值进行一个线性转换

$$\bar{x}=ax+by$$

$$\bar{y}=cx+\mathrm{d}y$$

而得到（$\bar{x},\bar{y}$）的散点图（见图 8-4）。

我们能够用同样方法确定

$$\bar{y}=\bar{F}\cdot\bar{x}$$

从（$\bar{x},\bar{y}$）开始，我们能发现 x 和 y 间相应的关系。基本的可逆问题是通过直接确定的 x 和 y 间的关系与由中介确定的（$\bar{x}$，$\bar{y}$）中散点的关系一样吗？如果一样，那么我们说方法 M 是不变方法。一般来讲，这个方法离一般的方法还很远。人们甚至可以证明，对于给定的（x，y）人们能够找到一个转换并且确定一组（$\bar{x}$，$\bar{y}$），以至于……⊖

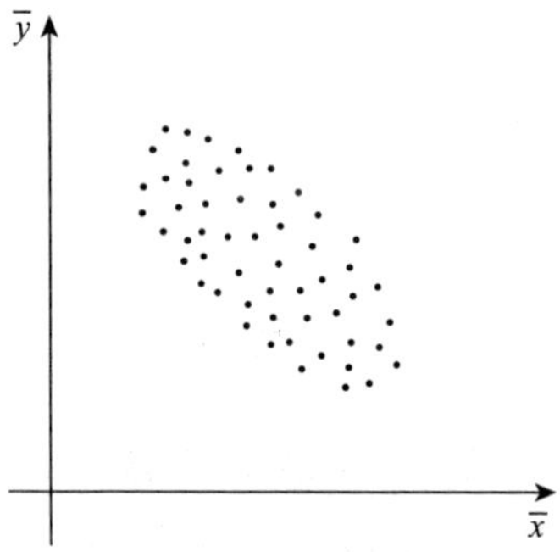

图 8-4　被转换到（$\bar{x}$，$\bar{y}$）的观测值散点图

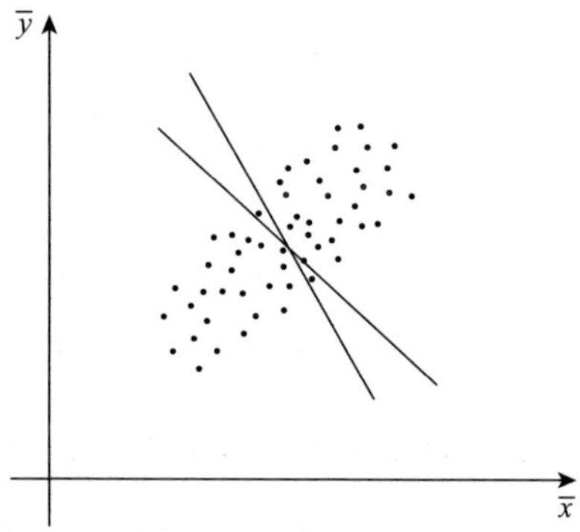

图 8-5　被转换到（$\bar{x}$，$\bar{y}$）的普通回归线

这个结果也许十分让人吃惊，但是与我迟些时候将为你们提供的结果相比，它根本不算什么。

人们可以提出关于确定一个不变性方法的问题。让我们看看我们如何才能对付这个问题。设一个由 F 定义的方法，F 是观测值的一个函数。为了更具一般性，我们引入观测值 z_1，z_2 … 的函数，比如

$$F = F(z_1, z_2 \cdots)$$

⊖ 弗里希（Frisch）的手稿不完整并且这里有些内容省略了，但是所隐藏的意思是从（x，y）到（$\bar{x}$，$\bar{y}$）这两条普通回归线的转换成新回归线完全不一致，见图 8-5。

那么 $\bar{F}$ 值可以通过下面的转换得到：

$$a\bar{F} - \mathrm{d}F + bF\bar{F} = c$$

人们可以得到方程或者减少问题到许多偏线性方程。

例如，假定有三个变量

$$m_{xx} \quad m_{yy} \quad m_{xy}$$

那么人们可以得到一个由三个偏方程构成的系统。人们能够看到方程

$$y = (\mathrm{sgn}(r))\frac{\sigma_y}{\sigma_x}x \tag{8-1}$$

对于所有单位的改变和所有旋转是如何保持不变的。

我们可以在非常一般的条件下（甚至具有这个特征的仅有的方程）说明我已经分析的这种方法。因此人们可以得出结论：不存在取决于三个变量 m_{xx}，m_{yy} 和 m_{xy} 的不变的回归。事实上，方程式（8-1)在一个一般的转换下不是不变的。我们可以问是否不存在一个唯一的 y 或者是否存在两个 y？答案是有且仅有一个，但是很复杂，即

$$F = \frac{\sigma_y}{\sigma_x}(r \pm i\sqrt{1-r^2})$$

另一方面，人们能够引入……取决于线性矩，但是解会变成非常武断。它虽然是不变的，但是不适用于资料，甚至会位于线性回归部分之外。所有这些表明：就我们正在寻求的意义而言，不存在真正不变的方法。

这似乎表明客观地用数学来表示规律基本上是不可能的，甚至

似乎定义变化本身的含义也很困难。

我转向这个有趣的问题的另一方面：难道物理现象的不可逆性不能为我们提供一个不变的和客观的原理吗?

众所周知，由热力学第二原理，人们已经尝试推断出非常一般的结论。人们已经把它看作是一个外在的原理，这个原理使我们能够解释进化的概念。这个世界似乎以一种方式在运动，而这个方式不依赖于我们解释它的方式。我会非常简单地为你们介绍一下这个原理的内容。当然，我不是一个物理学家。

我们考虑一个力学系统，其中

U=系统的总能量

W=系统受到的机械功

Q=系统接收的热量

T=系统的绝对温度

S=系统的熵

J=转换系数

第一原理：

$\mathrm{d}W+J\mathrm{d}Q$是一个精确的全微分。由$\mathrm{d}U=\mathrm{d}W+J\mathrm{d}Q$可以定义一个函数$U$（除去一个附加常数项）。由于$U$是一个函数，并且途中没有什么损失，因此能量是守恒的。

第二原理：

由于存在路径使得$\mathrm{d}Q/T$是一个精确的微分，因此我们通过

$dS=dQ/T$ 来定义一个函数 S。我们将可利用的能量定义为 $A=U-JTS$。A 是能源的一部分，这部分能源能够在机械上利用，而剩下的 JTS 只能以热量的形式恢复。

第二原理表明：

几乎所有以 S 增加来演化的现象都是“不可逆”现象。可用能量总是在下降，也就是能量在衰减。我们通过稍微归纳，这是通向一个统一混乱的演化，其中没有显著的有组织生命。只有一些现象（基本上是一些异常现象）是可逆的，这意味着它们的演化发生在 $S=$ 常数时。

随着时间的推移，虽然这个世界已经变得十分有序，但是它朝着完全无序的方向在发展。那么这等于说：如果我们能够使历史倒流，那么我们会发现一个越来越有序的世界，即一个非常明显复杂的系统部分。

在我看来，这样一个归纳不合情理。对于分析某些地球上的现象和宇宙现象来讲，增加熵的想法毫无疑问是一个非常便利的理论工具。但是这个想法不是一个永恒的原理，如果把宇宙作为一个整体，人们将这个原理运用到宇宙的演化中时会碰到进一步的麻烦。

我们首先注意到这个原理没有表达一个代数上的事实，如果相关系数由实数计算所得，那么这个值绝对不会比 1 大。第二原理没有基于这个考虑。如果它是基于这个考虑，那么我马上会接受这个原理，因为我不想否认具有这些形式的直接观测值是实数。

但是人们已经试图通过先前一个方法来证明这个原理，也就是用统计技术的方法。简而言之，证明的过程如下：如果我们让系统根据它的动态规律来发展，在某个时间后最可能的情况是一个在相位空间的统一的分布，也就是在每个单位将存在大约同样数量的点并且这些点的速率也会以统一的方式分布。我们能够说明这样一个分布的概率会随着时间增加，并且对于一个以这个可能的趋势演化的系统，我们将绝不会增加熵。这意味着什么呢？

有必要说下面的话：概率只是两个抽象集合间的一种关系。概率有意义的条件是必须指向两个集合而不是仅仅指向其中一个。为了能够说某个延伸有一个确定的概率，有必要指明这个概率定义于哪组。

比如人们能够这样说：如果我们放松条件，使得大量系统的相空间分布都为 Φ_0，那么在时间 t 后的相空间的分布将是 Φ。为了能够表明最后的分布 Φ，我们有必要知道初始分布 Φ_0 和系统的动态规律。现在确实存在许多种 Φ_0 都与一个单一的 Φ（也就是统一的分布）一致。但也有特殊的分布 Φ_0 不与这个统一分布一致。但是不允许我们再这样说。为了使得表述精确，我们有必要表明概率必须被理解。因此，我们唯一能说的是根据我们的经验，自然创立的初始条件 Φ_0 这么少，以至最后的分布 Φ 也非常少。

但是它不是一个先验的证明而仅仅是一个经验事实。如果允许我们依赖于一个经验事实，那么人们能够更简单地说自然经常会在最后创立相同的分布。

因此，在经验规律方面，有必要寻求第二原理的正当理由。而如果人们引入这个原理则可以用一种简洁的方式解释大量的现象在这里是毫无疑问的。但是人们没有必要受到一些成功的特例（即使是很多成功的例子）的鼓舞而把它作为一个普遍的原理。事实上在许多情况下这个原理都不能应用。

我们首先引用由 n 个质点组成的系统的例子，这 n 个质点的运动由一个动态理论确定。热量的概念没有进入这里，因此有 $W=U$，结果 W 是一个函数而不是泛函，熵是一个常数。这是一个反驳这个原理的经典例子。然而，我不会太重视它。人们可以把它看作是一个边缘的例子。如果人们能够指出一个现象，这个现象中以无序的一个指数形式表现的预设的熵实际上在变小，那么一个真正有力的异议会被提出。对我来说这样的现象似乎存在。首先我们所有的生物现象都是如此。一朵花从一粒种子发展起来，并且这朵花的组织会变得越来越完美，这个现象对无序会增加这个原理来说就是一个非常明显的反驳。你们也许会说这是生物现象并且第二原理只适用于静物现象。对于这个原理，我们这里也许有一个重要的例外，这表明在我们在得出太一般的结论之前我们必须非常谨慎。

即使是静物现象，我似乎也可以找到一些例外。我们考虑雨滴落入海洋的例子。这是一个增加熵的现象。事实上，下雨点的势能是已知的，它转变成动能并且以一种完全无序的方式分布在微粒的海洋中。这是一个能量明显衰退的例子。现在我们让这种现象反过来发生。我们将有一个减少熵的现象。我们来专门考虑一滴特殊雨点上升的例子。我们可以怎样解释这个现象呢？我们不能完全解释但是我们大概可以这样说：在一个给定的运动中，我们能够以一种十分合理的工具来记录能量向某个点的一个自发累积量。可以说振动能量突然被聚集起来，它不需要任何理由而从各个方向自发而来。但是，即使是这样，在能量自发积累后，我们马上会看见一滴小雨点离开海水，它开始上升并且把聚集的能量转变成势能。

现在，没有任何当前的现象在某种程度上类似于雨滴跳出水面吗？我不是个物理学家，但是对我来说，雨滴离开水面和放射现象这两者之间似乎肯定有些相似之处。人们试图通过以一个次以太空间的自发振动来解释电子的发射难道不是正确的吗？如果我已经错误理解了这个理论方案，那么我准备改正，但是条件是直到一个新的说明出现，这个说明能让我相信这两个现象间有某些相似。

因此，必须运用的智能结构实际上如下：

(1) 具有常数熵的现象。

我们能够用一个类似于有限的质点系统的系统来研究现象。熵的特征会一样，即使世界往回播放。

(2) 熵增加的现象。

电热现象以一种普通的方式结束。生物或者放射现象往回播放。

(3) 熵减少的现象。

生物和放射现象。热现象往回播放。

我认为重要的事情不是一个可逆或者不可逆的一般原理，而是关于一个属性。对于不同的现象，这个属性可以是正的、负的或者为0。

与其说存在一个熵不断增加的宇宙规律，人们还不如可以在某一天能够以证明能量守恒原理相同的方式来证明熵守恒原理。那么熵增加这种现象的出现将归因于一个事实，这个事实是直到现在，人们知道这些现象中最简单易懂的一部分，这部分可以说是基本的热力学方面的性质。

我现在开始我的第三个也是最重要的主题。在对统计转换中的不变性或者相当缺乏不变性的研究中，我们已经首要考虑了规律的类型。现在我会转向规律的刚性。我会用一个我认为是非常具有启发性的例子来说明：刚性可以由转换产生。我会证明下面的命题：

假设存在变量（ξ_1, ξ_2）的一系列观测值。假设我们对这些观测值的特点完全一无所知，只知道它们没有形成一个严格的线性系统，也就是是我们排除掉所有观测值正好位于一条直线上这种情况，如图 8-6所示。

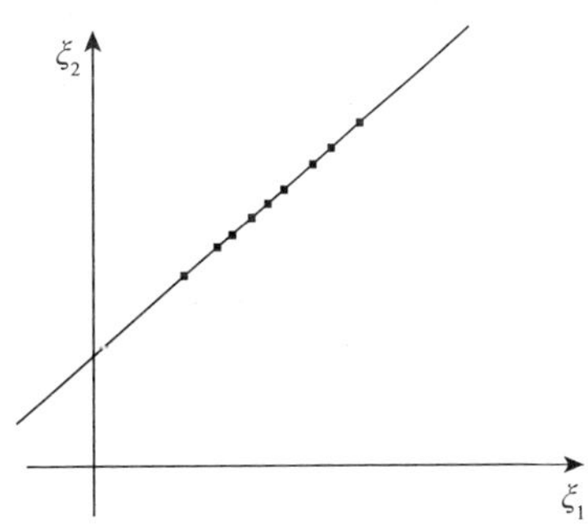

图 8-6　退化为一条直线的散点图

从解释观测结果的观点来看，我们对这个极端例子没有兴趣，因为我们知道这样的情况几乎不会出现。但是对线性的偏离程度可以是我们所希望的那么小。为了用一个准确的方式来描述，我们先看看分散系数

$$\sigma = \sqrt{1-\rho^2}$$

其中 ρ 是 ξ_1 和 ξ_2 间的相关系数，即

$$\rho=\frac{\mu_{12}}{\sqrt{\mu_{11}\mu_{22}}}$$

其中 μ_{ij} 是矩 $\mu_{ij}=\sum\xi_i\xi_j$。不失一般性，我们可以假设变量（ξ_1,ξ_2）的值位于它们的均值附近。

我们现在通过规定

$$0<\sigma_0\leqslant\sigma$$

来表达我们的假设。这里 σ_0 是某个给定的数。这个数在任何情况下都可以被选择为你们所希望的那么小，比如 $\sigma_0=0.000\ 000\ 000\ 000\ 000\ 01$。

关于这个分布，我们所知道的唯一信息是数字 σ_0。除此之外我们一无所知。分布（ξ_1,ξ_2）可以像图 8-7a）或者图 8-7b）中一样高度有序。它也可以像图 8-7c）中一样完全无序。我们对此完全一无所知。

a) 一个高度有序的负相关散点图　b) 一个高度有序的正相关散点图　c) 一个完全混乱的散点图

图　8-7

但是另一方面，人们问我是否能进行一个线性转换来使得观测值的新变量（x_1,x_2）散点呈现出一个组织，这个组织的分散系数高于一个给定的数，也就是

$$s = \sqrt{\left|\begin{pmatrix} r_{11} & r_{12} \\ r_{21} & r_{22} \end{pmatrix}\right|}$$

是 x 空间的分散系数，其中

$$r_{12} = \frac{m_{12}}{\sqrt{m_{11}m_{22}}} \text{ 并且 } m_{ij} = \Sigma x_i x_j$$

那么我们可以给出一个数 $s_0<1$，以便 s 在（x_1, x_2）变量中必定满足 $s_0<s$。并且如果你们喜欢，你们可以给出比数字 σ_0 大的数字 s_0。但是还有更多可做的事情，比如人们可以规定回归线以某个精度接近一个给定的斜率。举个例子，如果你们特别喜欢倾斜角度为 37 度并且下降的直线，那么你们也许需要得到那个结果。我预先声明一个观点：你们不能需要一条严格垂直或者水平的直线。

我会向你们表明：如果数字 σ_0 给定，但是没有关于观测值(ξ_1, ξ_2)的任何其他信息，那么我们总可能找出一个非奇异转换，这个转换以规定的特征给出了（x_1, x_2）空间的一个结果。

证明如下。设

$$x_1 = c_{11}\xi_1 + c_{12}\xi_2$$

$$x_2 = c_{21}\xi_1 + c_{22}\xi_2$$

是所考虑的转换，那么人们能够容易计算出矩 m_{ij} 可以表示为如下矩 μ_{ij} 的形式

$$m_{11} = c_{11}^2\mu_{11} + 2c_{11}c_{12}\mu_{12} + c_{12}^2\mu_{22}$$

$$m_{22} = c_{21}^2\mu_{11} + 2c_{21}c_{22}\mu_{12} + c_{22}^2\mu_{22}$$

$$m_{12} = c_{11}c_{21}\mu_{11} + (c_{11}c_{22} + c_{12}c_{21})\mu_{12} + c_{12}c_{22}\mu_{22}$$

我们考虑集合（x_1, x_2）中这两条基本回归线，也就是在两个方

向 x_1 和 x_2 各自通过最小误差平方和得到的直线。我们容易发现这两个方程是

$$m_{22}x_1 - m_{12}x_2 = 0$$

$$-m_{21}x_1 + m_{11}x_2 = 0$$

因此，这些线通过原点。只有它们的斜率令我们感兴趣。我们首先考虑第二条线的斜率，它会是

$$\frac{m_{21}}{m_{11}} = \varphi(\rho,\lambda) = \frac{c_{11}c_{21} + (c_{11}c_{22} + c_{12}c_{21})\rho\lambda + c_{12}c_{22}\lambda^2}{c_{11}^2 + 2c_{11}c_{12}\rho\lambda + c_{12}^2\lambda^2} \quad (8\text{-}2)$$

这里 $\lambda=\sqrt{\frac{\mu_{22}}{\mu_{11}}}$ 是 ξ_2 的均方与 ξ_1 的均方的比率。

这个比率可以在 0 和 $+\infty$ 间变化。我们现在要考虑作为 λ 的一个函数式（8-2）的变化情况。首先，我们发现 ϕ 的分母不可能为 0，因为它是正定函数 m_{11}。其次，人们能够容易确定分母的根是

$$c_{11}^2 + 2c_{11}c_{12}\rho\lambda + c_{12}^2\lambda^2 = 0$$

其中 $\lambda'_1 = -\frac{c_{11}}{c_{12}}\ (\rho + i\sigma)$

$$\lambda'_2 = -\frac{c_{11}}{c_{12}}(\rho - i\sigma)$$

当 $\sigma>0$ 时，根是虚数。

因此我们可以推断 ϕ 是 λ 的一个连续函数。此外，上面的计算表明函数 ϕ 有一个最大值和一个最小值，并且如果可以方便选择转换系数，那么当 $\lambda=\infty$ 时函数是有限的。人们因此可以获得 ϕ 的确切上限和下限。与此类似，对于其他基本回归，人们可以考虑斜率系数 $\frac{m_{12}}{m_{22}}$。作为这个分析的一个结果，人们得到非常简单的限制条件

$$\left|\frac{m_{21}}{m_{11}}-\frac{h+k}{2}\right| \leqslant \frac{1}{\sigma}\cdot\left|\frac{h-k}{2}\right|$$
$$\left|\frac{m_{12}}{m_{22}}-\frac{\frac{1}{h}+\frac{1}{k}}{2}\right| \leqslant \frac{1}{\sigma}\cdot\left|\frac{\frac{1}{h}-\frac{1}{k}}{2}\right| \tag{8-3}$$

这里 h 和 k 是转换矩阵第一行和第二行的系数间的比率。也就是说，这个矩阵能写为

$$\begin{pmatrix} c_{11} & c_{12} \\ hc_{11} & kc_{12} \end{pmatrix}$$

式（8-3）表明第一个和第二个回归线的斜率系数近似等于 h 和 k 的算术和调和平均。当 h 和 k 是相邻的数字时，这个近似更精确。因此，如果我们选择的数量 h 和 k 互相非常靠近，那么这两条回归线会变得十分相似。但是这表明 x_1 和 x_2 间的相关系数会变得非常接近 0。当 σ 大于 σ_0，我们发现我们能够通过选择 h 和 k 足够接近来使得整个近似步骤达到我们所希望的精度。因此，为了满足所有施加的条件，我们不得不只能选择非常接近的 h 和 k 来规定（x_1，x_2）回归线的斜率系数，然后让 h 和 k 尽可能接近这个常数，但是我们不能让 h 和 k 完全相等。

最后这个条件很重要，因为如果 h 严格等于 k，那么转换会异常。一个要注意的令人感兴趣的要点是如果你们想得到一个具有高度组织的（x_1，x_2）的散点图，那么我们有必要运用一个非常接近于奇异转换的转换。当你们让转换向一个奇异转换变化时，组织程度会逐渐增加。在要求一个严格奇异的转换这种限制情况下我们得到一条关于（x_1，x_2）准确的直线。

常数 c_{11} 和 c_{12} 没有进入约束表达式（8-3），这意味着整个步骤独立于这些系数，换句话说，我们必须要做的转换没有完全决定这个转换，并且它仍然有两个自由度。

为了提供一个数字例子，我作出如下选择：（ξ_1，ξ_2）是从纽黑文市（New Haven）的电话本中随机选择的数字。变量代表与均值的差。（若干年以前，我在耶鲁大学工作时做过这个试验。）然后我做出下面的转换：

$$x_1 = \xi_1 + \xi_2$$

$$x_2 = 1.1\xi_1 + \xi_2$$

因此，我们有 $h=1.1$ 和 $k=1$。

算术平均是 1.050，调和平均是 1.047。我们几乎不能在一幅提供经过转换的观测值的散点图中识别出这两个数的差异。同时值得注意的事情是：如果你们想收集新的观测值，比如从巴黎的电话本中收集观测值，那么你们会明白无误地验证到一个显著的规律，即 x_2 几乎总是比 x_1 高 5%。[⊖]

我没有做更多变量情况下的这个计算，也没有做出一个非线性关系情况下的这个计算，但是我认为绝对确定的是，在更一般的情况下也会出现一个类似的效果。我们似乎不仅可以生产有序而且也能生产无序。

在我们遇到的很多问题中，无论它是来自社会、生物方面还是

⊖ 用来说明电话本例子的这些图缺失了。

物理方面，只要不是大多数，可以肯定地说，没有比选择坐标系进行分析更好的选择了。但那时我们在哪里呢？通过变量的一个转换，我们能够使一个规律的表象消失，或者我们能够创造一个规律并且给它一个我们所喜欢的表象。因此我们被迫接受的结论是我们已经观察到的任何规律和规则只是我们采取一种特殊方式（在这个特殊方式中，我们已经选择了我们的坐标系）所达到的一个效果。

但是，那么科学的目标是什么呢？对科学的不断关注是为了发现能与所谓的事实越来越符合的理论框架和新的坐标系。如果科学发现理论与事实不一致，那么它会修正它的理论方案，它会引入其他的变量，总之它会做出一个转变。做完这些工作，它会自豪地宣布现在它已经成功地发现一个与经验更一致的方案。这意味着什么？这意味着科学已经做出比以前更加接近奇异转换的转换。我们也许能够说它已经朝着一个宏伟的转变更进了一步，这个宏伟的转变包括所有人能够想到的变量并且这个转变是严格奇异的。这样一个转换“将”为我们“解释”——我允许自己把“将”和“解释”加上引号——它将为我们解释所有观测到的事件并且会不存在任何异议而做到这点，正像如果我们让 h 严格等于 k，变量 x_1 和 x_2 已经正确解释了发生的任何事情。

你们也许发现这样一个观点是令人不能接受的，你们会更喜欢把科学活动看作是在对永远位于我们之外的客观真相作无趣的研究。并且你们也许会说：即使我们已经对我们所观测到的事物这种混乱特征进行长期的哲学探讨，你们还是不会信服，因为你们在直觉上或多或少会觉得人类终究必须具备一种辨别能力，这种能力能让你们区分出哪些是你们自带的，哪些是自然所赋予的。

此时，我们已经到了有必要对我在这里向你们所提供的观点得出最后结论的时候了。我们有必要把这个观点转化为生物学方面。我们假设某些类型的生物具备能记录影响（ξ_1,ξ_2）的感觉器官，我们有其中一个生物。它生活在一个混乱的世界中并且它既没有预测未来的方法也没有以自然的力量为自己服务的手段。因此，它很可能会灭绝。但是其他的生物会发展，也许一些生物提供了由（x_1,x_2）影响的感觉器官。这些生命生活在一个非常美丽的世界里。它们为了发现世界的规律而会发展自然科学。它们的科学将研究同类奇异转换（生物转化已经通过这类转换发生），但还不止如此。科学，由于受到它成功的鼓舞，将可能从事推测和对新的奇异转换（远远超越生物转化）的研究，这已经定义了感觉器官，并且在那个新的领域，同时抽象的和完全根据经验发现新的所谓自然规律存在无限的可能性。

这些新的科学探险很可能会对生活产生反响并且也许会对物种的生物进化产生反响。生物进化和科学发展之间将存在相互依赖的关系，这非常类似于一个煽动政治家和人民间的关系。在这个相互依赖关系的影响下，生物的生命和科学的生命会继续它们的进化。在进化期间，科学一定会不断记录新的重要发现。但是世界会越来越远离一个客观世界。

那么我们为什么要进行科学研究？因为我们也许能够有望减轻发展中的物种的至少一点点痛苦，因为进化总是伴随着痛苦，这（我们绝不会怀疑其存在性）才是唯一的、普遍的、永恒的原理。

注 释

[1] 1969年12月10日拉格纳·弗里希和简·丁伯根首次共同获得阿尔弗雷德·诺贝尔经济学奖，此引文摘自英国皇家科学院院士埃里克·伦德伯格教授致二人的颁奖词，网址 http：//nobelprize. org/nobel _ prizes/economics/laureates/1969/press. html.

[2] 肯尼斯·阿罗，约翰·奇普曼，阿尔弗雷德·考尔斯1960年在《计量经济学》杂志（第28卷，第2期，1960），简·丁伯根，保罗·萨缪尔森等人1974在《欧洲经济评论》（第5卷，第1期，1974）以及约翰·奇普曼，劳伦斯·克莱因，兹维·格里里奇，爱德蒙·马林沃德，皮特·雅各布和让·雅克·拉丰，以及迪（1953），约翰森（1969），安德维（1985），摩根（1990），亨得利和摩根（1995），彼尔考特（1995a，1995b），杜邦·基化（2003）等人共同指出，“弗里希的生活和贡献，无论是学术上的还是制度上的，其实都关乎一个特殊的荣誉问题”。

[3] 例如，弗里希1936年在牛津大学计量经济学会议上即兴提出的结构模型理论只作为计量经济学报告出现，从未正式出版（菲尔普斯·布朗，1937年）。

[4] 弗里希在1933年及随后几年日程都非常繁忙，显然那时他根本没有意识到需要将庞加莱会议的手稿整理并出版，然而等他发现时为时已晚。

[5] 法语正文里有关拼写和语法上的小细节已经逐渐被修正。在某种程度上，挪威本土的表达方式在翻译时被保存了下来。弗里希在原始文稿的空白处也做了大量的笔记，如何对这些笔记进行准确翻译将是一个巨大的挑战。有些是手稿本身存在缺陷的问题，又或者是表达方式模糊不清、缺失以及

插图不完整所造成的问题。

[6] 弗里希于1973年1月逝世。

[7] 摘自弗里希获奖时的自述，见网址 http://nobelprize.org/nobel_prizes/economics/laureates/1969/弗里希-autobio.html.

[8] 不久之后，弗里希凭借他在1920年制作的一套银咖啡试样获得了他的工艺证书文凭。

[9] 弗里希和玛丽有一个女儿拉格纳·安托瓦内特，生于1938年，和一个孙女，纳迪亚·弗里希·哈斯纳维，是挪威著名的电视台主持人。玛丽于1952年离世；1953年，弗里希与阿斯特丽德·约翰内森结婚。

[10] 弗里希在报告中对于他在大学里所从事的活动给予了详细的描述（弗里希档案，奥斯陆大学，经济学系）。他说，他原本打算通过研究函数理论来扩展他的数学知识，但是巴黎的几年学习改变了他的想法，使他决定运用数学知识来进行经济学研究。他对于那些有关价值理论研究结果检验的文献很感兴趣，但是这些文献很少。他对于货币边际效用测度方法的研究取得了一定的成果，并作为其文章的重要组成部分出现在弗里希（1926a）中。他还参与了对时间序列分析方法的研究。紧接着他还参加了德尚的"经济学说史"系列讲座，这些讲座由圣日耳曼 ·马丁在"中国工业经济"讲座、里斯特的"国际货币基金组织革命"讲座、福雷"统计理论"讲座、莱维"商业银行经济理论史"讲座以及纪德的"合作"讲座共同组成。

[11] 耶鲁大学邀请了弗里希，但是费舍尔承担了全部的费用。在此之前股市风暴刚刚使得费舍尔拮据不堪，但他还是信守了承诺。

[12] 洛克菲勒基金会在美国以外的一些国家所支助的经济研究，主要局限于制度上的支持。尽管在斯德哥尔摩和哥本哈根都有洛克菲勒基金会机构，但是支助的力度也非常有限；刚开始是一年5 000美元支持5年，部分项目

会得到进一步的支持。

[13] 这个经济学机构虽然设立在这所学校里，但不是学校的一部分，直到1945年它才正式成为这所学校的一部分。

[14] “我跟随我的老师有幸参加了您的讲座，我对它们非常感兴趣。这些讲座最吸引我的地方在于它们将您的科学个性展现给了众人，一个与在文章中完全不同风格的演讲者。然而，如果数学功底不够深厚的话，对于这些讲座的理解将会很困难。由于我在这方面没有做过任何的练习，所以我的进步比较慢。”（熊彼特写给弗里希，1935年5月10日）

[15] 后来又出现了这个问题，挪威申请加入会员，但是对于谈判条件全民投票的结果是以多数没有会员端而终止于1972年。而在此事结束的短短几个月前，弗里希刚刚离世，他如果知道这个结果一定会无比高兴的。

[16] 在宣传系列讲座六的宣传海报上，标题字“autonomes”（自治区）被不小心删除。弗里希创造了在1931年春提出的“自主结构关系”概念的术语；见彼尔考特（2007）。

[17] 正如上面所提到的，他在巴黎的几年时间里一直致力于效用测度的研究，但他早在1919年的一次公共经济学考试试卷中就已经开始关注效用测度的问题了。在文章结尾他提到了用效用测量工具来评估所得税累进的必要性。他这样写道，“人首先不能惧怕那些看似不可能发生的事情。历史证明，人类所拥有的能够遵从亚里士多德的说法，“测量不可测的”，引自安德维和索恩斯塔德（1998：6）。

[18] 弗里希对于Jevons的敬重，也同样对于Pareto，这在于他们对于转变经济学为科学的贡献，然后是作为计量经济学的前辈。这从他们都是弗里希主编的《计量经济学》杂志的小组成员的事实中可以很明显地看出，在杂志的3，225-27和6，1-21早期的问题分析中都有单独的致敬。过去唯一的先锋是同样值得赞誉的Cournot，Wicksell，von Thunen，Edgeworth and

Walras，他们都是弗里希的英雄。和弗里希的观点处在同一水平的 Irving Fisher 那时是计量经济协会的主席。

[19] 弗里希（1926a）的第一部分，在此处他原来设定的公理得以陈述，被命名为“效用的数量”，这即同样是作为 Fisher（1917）的第一章节的题目。

[20] 这已经被保存忘记感谢 John S. Chipman，他在 Chipman et al.（1917）翻译并评论了弗里希隐晦发表的文章。

[21] Pareto 有关素描的一个观点能够在 Pareto（1909，264-65）中找到，见 Chipman et al.（1971：326）。

[22] 弗里希讨论的“从边际效用到总效用过渡”也可见于弗里希（1926b），相关的部分却没出现在 1992 年的译本中。

[23] 弗里希提供的讲稿 2，不久之后就被要求贡献给丹麦统计学家 Harald Westergaard 的纪念文集，见弗里希（1933b）。

[24] 由于弗里希通常不会留下任何线索给他可能影响的每一位作者，这就表明在这个事件中他是十分直白的。Bowley 在当时是社会计量经济学委员会的成员。

[25] 弗里希（1933b）在卡塞尔卷中过于强调了数值解。很明显地从讲稿 5 中看出来，当弗里希在巴黎演讲时，这项数值工作将会继续，但并不会及时完成模型的解使之在那里得以呈现。Zambelli（2007）声称，在任何情况下的解决方案都是正确的，模型并不表现出周期。

[26] 1933 年理论议程上“商业循环”的重要性也出现在弗里希的编辑政策经济学中。他介绍了有关此理论的两个年度调查，一个关于商业循环理论，另一个关于其他所有的理论问题。

[27] 我们可能如下表达分析动力学和历史动力学之间的区别：任何抽象的经济理论，无论静态的还是动态的，都建立在有关制度设定通常假设的这一确定背景下。历史动力学是专注于这些一般的描述静态和动态的环境类型理

论现象的进化过程。即是，描述一般假设的制度框架内的抽象理论的静态或动态有了结果（Fisher，1929b 1992：400-1）。

[28] 见 Bjerkholt（2007），Boianovsky and Trautwein（2007）。弗里希在商业循环解释中的一般理论逻辑观点可见于弗里希（1931c），但又仅存于 Norwegian。

[29] 在 20 世纪初，Einarsen（1904）成为了北欧经济学家的一个关键参考人物。其中之一有关 Einarsen 和弗里希思想观点的继承者是 Einarsen 的儿子和弗里希的学生 Johan Einarsen，他到达罗威的边境学习 Einarsen（1938）。主要成果出版于经济统计评论（20（1938）：1-10），后期又发表于 Hansen 和 Clemence（1953）。J. Einarsen 的研究是关于商业和工业海军舰队的年龄结构的。同时随着它的复兴这些问题又被提及，这被引用于 Haberler 的繁荣和萧条一文中。

[30] 这篇文章提交太晚以至于没能及时送抵讨论 Tinbergen 工作的会议中。同时仍然像弗里希半朦胧中的其他一些部分。

[31] La democratie，为了生存在其当前的危机中，有赖于这种相当新的经济分析（Fisher，1950：474-75）。

致　谢

本书的编写已经获得了来自法国外交部的宙斯盾计划，挪威研究理事会的埃吉德项目以及奥斯陆大学经济学系的财政支持。在本书编写的不同阶段，我们先后获得了来自法国巴黎第一大学负责人安妮·凯特（Annie L. Cot）教授以及主管法国交通和安全研究院经济学系和社会学系的教授琼一卢普·马德雷（Jean-Loup Madre）的帮助和支持，对此我们表示由衷地感谢。

我们真诚地感谢奥斯陆大学图书馆在早期提供的技术支持以及挪威国家图书馆的手稿部所提供的帮助；由奥斯陆大学经济学系助手马吕斯·奥斯迪（Marius østli）和安娜·高德（Anna Godøy）为重建图形所做的贡献；由克努特·希斯艾特（Knut Sydsæter）和赵波（Zhao Bo）所提出的数学建议以及来自铎秦（Duo Qin）、玛丽·摩根（Mary Morgan）、希尔德·博杰（Hilde Bojer）、朱莉·安杜邦（Julien Dupont）和英格·博杰寇登（Inger Bjerkodden）在语言校正方面的支持与鼓励。

我们更要对那些参与2006年12月阿姆斯特丹研讨会中历史和经济学方法论项目和2006年12月巴黎一大经济学会议（the Cercle d'Epistémologiec Economique）以及2007年6月在杜克大学举行的计量经济学夏季会议（the Econometric Society Summer

Meeting)——计量经济学历史会话的与会人士表示最真诚的谢意。

最后，我们也不能忽略金·安德威格（Jens Chr. Andvig）对本书所做的贡献，他开创了对拉格纳·弗里希在两次世界大战之间科学活动研究。

参考文献

Aftalion, A. (1909) 'La réalité des surproductions générales', *Revue d'Economie Politique*, 12–13: 696–706.

Åkerman, J. (1928) *Om det ekonomiska livets rytmik* [*On the Rhythms of Economic Life*], Stockholm: Nordiska bokhandeln.

Andvig, J. Chr. (1985) *Ragnar Frisch and the Great Depression*, Oslo: Norsk Utenrikspolitisk Institutt.

Andvig, J. Chr. and Thonstad, T. (1998) 'Ragnar Frisch at the University of Oslo', in S. Strøm (ed.) *Econometrics and Economic Theory in the 20th Century: The Ragnar Frisch Centennial Symposium*, New York: Cambridge University Press, 3–25.

Beaud, M. and G. Dostaler (1993) *La pensée économique depuis Keynes*, Paris: Seuil.

Bjerkholt, O. (1995a) 'Introduction: Ragnar Frisch, the originator of Econometrics', in O. Bjerkholt (ed.) *Foundations of Modern Econometrics: The Selected Essays of Ragnar Frisch*, Vol. I, Aldershot, UK: Edward Elgar.

Bjerkholt, O. (1995b) 'Ragnar Frisch, Editor of Econometrica 1933–1954', *Econometrica*, 63: 755–65.

Bjerkholt, O. (1998), 'Ragnar Frisch and the foundation of the Econometric Society and *Econometrica*' in S. Strøm (ed.) *Econometrics and Economic Theory in the 20th Century: The Ragnar Frisch Centennial Symposium*, New York: Cambridge University Press, 26–57.

Bjerkholt, O. (2005) 'Frisch's econometric laboratory and the rise of Trygve Haavelmo's Probability Approach', *Econometric Theory*, 21: 491–533.

Bjerkholt, O. (2007) 'Ragnar Frisch's business cycle approach: the genesis of the propagation and impulse model', *The European Journal of the History of Economic Thought*, 14: 449–86.

Boianovsky, M. and H.-M. Trautwein (2007) 'Johan Åkerman vs. Ragnar Frisch on quantitative business cycle analysis', *The European Journal of the History of Economic Thought*, 14: 487–517.

Boumans, M. J. (2003) 'How to design Galilean fall experiments in economics', *Philosophy of Science*, 70: 308–29.

Chipman, J. S., Hurwicz L., Richter, M. K. and Sonnenschein, H. F. (eds) (1971) *Preferences, Utility, and Demand, New York*: Harcourt Brace Jovanovich.

Clark, J. M. (1917) 'Business acceleration and the law of demand: a technical factor in economic cycles', *Journal of Political Economy*, 25: 17–35.

Desrosières, A. (1993) *La politique des grands nombres. Histoire de la raison statistique*, Paris: La Découverte.

Divisia, F. (1953) 'La Société d'Econométrie a atteint sa majorité', *Econometrica*, 21: 1–30.

Dupont-Kieffer, A. (2001), 'Deux approches de l'économie quantitative de l'entre-deux-guerres: l'économétrie de Ragnar Frisch face à l'empirisme de Wesley Clair Mitchell', *Revue économique* 52: 605–15.

Dupont-Kieffer, A. (2003) 'Ragnar Frisch et l'économétrie: l'invention de modèles et d'instruments à des fins normatives', doctoral thesis, Université Paris 1, Pantheon-Sorbonne, Paris.

Einarsen, Einar (1904) *Gode og dårlige tider* [*Good and Bad Times*], Copenhagen: Gyldendalske Boghandel Nordisk Forlag.

Einarsen, J. (1938) *Reinvestment Cycles, and their Manifestation in the Norwegian Shipping Industry*, Oslo: University Institute of Economics.

Fisher, I. (1917 [1892]) *Recherches mathématiques sur la théorie de la valeur et des prix*, Paris: Giard & Briére.

Frisch, R. (1926a) 'Sur un problème d'économie pure' ['On a problem in pure economics'], *Norsk Matematisk Forenings Skrifter*, Series 1, 16, 1–40.

Frisch, R. (1926b) 'Kvantitativ formulering av den teoretiske økonomikks lover', ['Quantitative formulation of the laws of economic theory'] *Statsøkonomisk Tidsskrift*, 40: 299–334.

Frisch, R. (1926c) , 'Sur les semi-invariants et moments employés dans l'étude des distributions statistiques', doctoral dissertation, Det Norske Videnskaps Akademi, Oslo.

Frisch, R. (1927a) 'Sammenhengen mellom primaerinvestering og reinvestering' ['The relations between initial investment and reinvestment'], *Statsøkonomisk Tidsskrift*, 41: 117–52.

Frisch, R. (1927b) 'The analysis of statistical time series'. Mimeograph, New York.

Frisch, R. (1929a) 'Correlation and scatter in statistical variables', *Nordic Statistical Journal*, 1: 36–102.

Frisch, R. (1927b[1992]) 'Statikk og dynamikk i den økonomiske teori', *Nationaløkonomisk Tidsskrift*, 67: 321–79. (Sections 1–3 trans. as 'Statics and dynamics in economic theory', *Structural Change and Economic Dynamics*, 3: 391–401.)

Frisch, R. (1931a) 'Johan Åkerman: Om det ekonomiska livets rytmik' ['Johan Åkerman: On the rhythm of economic life'], *Statsvetenskaplig Tidskrift*, 34: 281–300.

Frisch, R. (1931b) 'The interrelation between capital production and consumer-taking', *Journal of Political Economy*, 39: 646–54.

Frisch, R. (1931c) 'Konjunkturbevegelsen som statistisk og som teoretisk problem' [The business cycle as a statistical and a theoretical problem']. *Förhandlingar vid Nordiska Nationaløkonomiska mötet i Stockholm,* 15–17 June, Stockholm: Ivar Häggströms Boktrykkeri och Bokförlag AB, 127–47, 218–34.

Frisch, R. (1932a) *New Methods of Measuring Marginal Utility,* Tübingen: Verlag von J. C. B. Mohr (Paul Siebeck).

Frisch, R. (1932b) 'Capital production and consumer-taking – a rejoinder', *Journal of Political Economy*, 40: 253–55.

Frisch, R. (1932c) 'Capital production and consumer-taking – a final word', *Journal of Political Economy*, 40: 694–94.

Frisch, R. (1933a) 'Propagation problems and impulse problems in dynamic economics', in K. Koch (ed.) *Economic Essays in Honour of Gustav Cassel*, London: Allen & Unwin, 171–205.

Frisch, R. (1933b) Monopole – Polypole – La notion de force dans l'économie, *Nationaløkonomisk Tidsskrift*, 71: 241–59. (Trans. as 'Monopoly – polypoly – the concept of force in the economy', *International Economic Papers*, 1: 23–36.)

Frisch, R. (1934a) *Statistical Confluence Analysis by Means of Complete Regression Systems,* Publication no. 5, Oslo: Institute of Economics.

Frisch, R. (1934) 'Circulation planning: Proposal for a national exchange organisation of a commodity and service exchange', *Econometrica,* 2: 258–336 and 422–35.

Frisch, R. (1938/1995) 'Statistical versus theoretical relations in economic macrodynamics', paper submitted to a League of Nations conference; reissued in O. Bjerkholt (ed.) *Foundations of Modern Econometrics: The Selected Essays of Ragnar Frisch*, Aldershot: Edward Elgar, Vol. I: 272–87.

Frisch, R. (1946) 'The responsibility of the econometrician', *Econometrica* 14, 1–4.

Frisch, R. (1950) 'L'emploi des modèles pour élaboration d'une politique économique rationnelle', *Revue d'Economie Politique*, 60: 474–98 and 601–34.

Frisch, R. (1970a) 'From Utopian theory to practical applications: the case of econometrics', Réimpression de *Les Prix Nobel* en 1969, 213–243. Available online <http://nobelprize.org/nobel_prizes/economics/laureates/1969/frisch-lecture.pdf>.

Frisch, R. (1970b), 'Econometrics in the world today', in W. A. Eltis, M. F. Scott, and J. N. Wolfe (eds). *Induction, growth and trade: Essays in honour of Sir Roy Harrod*, Oxford; Clarendon Press, 152–166.

Haavelmo, T. (1973) 'Minnetale over professor, dr. philos. Ragnar Frisch', Oslo: Det Norske Videnskapsakademi, Oslo.

Hansen, A. H. and Clemence R. V. (1953) *Readings in Business Cycles and National Income*, New York: W.W. Norton & Co.

Hendry, D. F. and Morgan, M. S. (eds) (1995) *The Foundations of Econometric Analysis*, Cambridge: Cambridge University Press.

Johansen, L. (1969) 'Ragnar Frisch's contributions to economics', *The Swedish Journal of Economics*, 71: 302–4.

Klein, J. L. (1997). *Statistical Visions in Time: A History of Time Series Analysis 1662-1938*, Cambridge: Cambridge University Press.

Klein, J. L. and Morgan, M. S. (2001). *The Age of Economic Measurement*, annual supplement to *History of Political Economy*, Vol. 33, Durham, NC: Duke University Press.

Klein, L. R. (1998) 'Ragnar Frisch's conception of the business cycle', in S. Strøm (ed.) *Econometrics and Economic Theory in the 20th Century: The Ragnar Frisch Centennial Symposium*, New York: Cambridge University Press, 483–98.

Maas, H. (2001) 'Mechanical reasoning: William Stanley Jevons and the making of modern economics, thesis, University of Amsterdam.

Mitchell, W. C. (1913). *Business Cycles*, Berkeley, CA: University of California Press. (Reissued, 1941, as *Business Cycles and Their Causes,* Berkeley, CA: University of California Press.)

Morgan, M. (1990) *The History of Econometric Ideas*. Cambridge: Cambridge University Press.

Morgan, M. S. and Morrisson, M. (eds) (1999) *Models as Mediators. Perspectives on Natural and Social Sciences*, Cambridge: Cambridge University Press.

Pareto, V. (1909) *Manuel d'Economie Politique*, Paris: Giard & Briér.

Phelps Brown, E. H. (1937) 'Reports of the Oxford Meeting, September 25–29 1936', *Econometrica*, 5: 361–83.

Porter, T. (1995) *Trust in Numbers: The Pursuit of Objectivity in Science and Public Life.*

Princeton, NJ: Princeton University Press.

Porter, T. (2001) 'Economics and the history of measurement', in J. L. Klein and M. S. Morgan (eds) *The Age of Economic Measurement*, annual supplement to *History of Political Economy*, Vol. 33, Durham, NC: Duke University Press.

Schønheyder, K. (1927) 'Produktionscyklerne og kriserne' ['Production cycles and crises'], *Statsøkonomisk Tidsskrift*, 41: 57–116.

Slutsky, E. (1915) 'Sulla teoria del bilancio del consumatore', *Giornali degli economisti e rivista di statistica*, series 3, 51: 1–26.

Slutsky, E. E. (1927) 'The summation of random causes as the source of cyclic processes' [in Russian with English summary], *Problems of Economic Conditions*, 3: 34–64.

Strøm, S. (1998) *Econometrics and Economic Theory in the 20th Century: The Ragnar Frisch Centennial Symposium*, New York: Cambridge University Press.

Yule, U. (1927) 'On a method of investigating periodicity in disturbed series, with special reference to Wolfer's sunspot numbers', *Philosophical Transactions of the Royal Society of London*, Series A, 226: 267–98.

Zambelli, S. (2007) 'A rocking-horse that never rocked: Frisch's "Propagation problems and impulse problems"', *History of Political Economy*, 39: 145–66.

出版说明

经济学作为一门社会科学，本质是用来解释社会经济现象的一套逻辑体系，社会科学理论贡献的大小决定于被解释现象的重要性。因此，研究世界上最大、最强国家的经济现象，从而总结成理论的经济学家，也就容易被认为是世界级的经济学家。

随着中国经济在世界地位的提升，中国经济在世界经济学研究中的重要性随之提高，当中国的经济成为全世界最大、最强的经济时，我们也将迎来中国籍世界级经济学大师辈出的时代。

诺贝尔经济学奖被视为经济学的最高奖项，诺贝尔经济学奖的历史本身就是一个绵延不断的故事，每位获奖经济学家的建树都代表了20世纪经济学取得的一个重要进展。这些散落在历史长河中的作品陈述的观点与模型，如今也许随便抽一本现行的经济学教材，读者就可以找到，但是一本好的教材可以让你迅速了解经济学家的贡献，却无法告诉你他们是如何做出这些贡献的。

"诺贝尔经济学奖经典文库"精选了从1970年至今的历届诺贝尔经济学奖获得者的代表性成果和最新成果，力求翔实反映世界经济学界对当时经济问题的关注、认识和思辨。其中不少作品反映和分析了当时存在于世界中的政治、经济以及社会发展等方面的现实问题，书中不乏作者对许多问题的激烈观点和尖锐看法，我们需特别注意这些观点仅代表作者本人当时对这些问题的认识和态度，并不代表我们可以全部认同作者的观点，我们需用客观辨证的态度来阅读这些经济学家的作品，知道这些著名的经济理论原创者最初的思想轨迹，当时他们是如何引入问题、分析问题并得到结论的，从而更为客观地了解这些理论演进和产生的状况。

这套书旨在帮助广大读者掌握分析和观察、论述经济问题的科学方法，为广大读者提供一个攀登经济学知识殿堂的阶梯。希望能得到您对本书的点评，也欢迎您推荐相关图书出版，反馈信箱 hzjg@hzbook.com。

机械工业出版社华章公司经管出版中心

2015年1月

诺贝尔经济学奖经典文库

站在巨人的肩头，眺望21世纪经济学的雄伟殿堂

厉以宁 何帆 专文推荐

经济学领域必备必读之书

政治算术：西蒙·库兹涅茨与经济学的实证传统

作者：罗伯特·威廉·福格尔 等 ISBN：978-7-111-49233-7 定价：50.00元

聪明激进派的经济政策：混合经济

作者：詹姆斯 E. 米德 ISBN：978-7-111-49228-3 定价：55.00元

经济增长黄金律

作者：埃德蒙德·菲尔普斯 ISBN：978-7-111-49091-3 定价：55.00元

生活水平

作者：阿马蒂亚·森 等 ISBN：978-7-111-48773-9 定价：55.00元

效率、平等和财产所有权

作者：詹姆斯 E. 米德 ISBN：978-7-111-49213-9 定价：40.00元

为什么我也不是保守派：古典自由主义的典型看法

作者：詹姆斯 M. 布坎南 ISBN：978-7-111-47930-7 定价：45.00元